高等院校**通识教育**新形态系列教材

U0692005

大学生心理健康教育

王丽 李海玲 ◎主编

王岳飞 刘璐 李卉◎副主编

人民邮电出版社

北 京

图书在版编目（ＣＩＰ）数据

大学生心理健康教育 / 王丽，李海玲主编. -- 北京：
人民邮电出版社，2021.9
高等院校通识教育新形态系列教材
ISBN 978-7-115-57293-6

Ⅰ．①大… Ⅱ．①王… ②李… Ⅲ．①大学生－心理
健康－健康教育－高等学校－教材 Ⅳ．①G444

中国版本图书馆CIP数据核字(2021)第177761号

内 容 提 要

　　本书旨在从知识、技能、情感层面出发，帮助大学生了解心理健康常识、掌握心理调适技能、改善情绪情感体验，全面提升大学生的心理健康素养。本书共 9 章，内容包括心理健康概述、健全自我意识塑造、健全人格的塑造、学习心理、人际交往概述、恋爱与性心理指导、情绪管理、压力与挫折应对、生命教育与危机应对。

　　本书注重理论与实际相结合，引入了大量真实案例，案例的内容与大学生的生活息息相关。本书既可作为大学生心理健康教育相关课程的教材，也可作为大学生的自学书。

◆ 主　　编　王　丽　李海玲
　　副 主 编　王岳飞　刘　璐　李　卉
　　责任编辑　孙　澍
　　责任印制　王　郁　马振武
◆ 人民邮电出版社出版发行　　　北京市丰台区成寿寺路 11 号
　　邮编　100164　　电子邮件　315@ptpress.com.cn
　　网址　https://www.ptpress.com.cn
　　三河市君旺印务有限公司印刷
◆ 开本：787×1092　1/16
　　印张：13　　　　　　　　　　2021 年 9 月第 1 版
　　字数：265 千字　　　　　　　2025 年 8 月河北第12次印刷

定价：43.00 元

读者服务热线：(010)81055256　印装质量热线：(010)81055316
反盗版热线：(010)81055315

本书编委会

主　编　王　丽　李海玲

副主编　王岳飞　刘　璐　李　卉

编　委　尤亭亭　王　婷　刁琳琳　褚晓珂

　　　　秦洪庆　刘施施　魏一众　刘名森

　　　　于　超

今年是我从事心理健康教育工作的第十年，一路走来，感慨良多。从开始的每周只有一个来访者，到现在的应接不暇，我看到了时代发展带来的精神需求的增加，也感受到了大学生们在适应变化、面对冲突时的茫然与挣扎。党的二十大报告指出，要推进健康中国建设，把保障人民健康放在优先发展的战略位置，要重视心理健康和精神卫生。我和同行们认为，高校心理健康教育工作亟待转型升级，应由被动型、矫正型、保障型向预防型、育人型、发展型转变。这就要求我们下大力气抓好知识普及环节，以课堂教学为主渠道，给大学生打好"预防针"，提高他们的"免疫力"。

大学生面临着自我意识探索、亲密关系塑造等重要的成长课题。为了优化课堂氛围，帮助大学生领会和掌握相应知识，顺利渡过成长危机，我协同李海玲老师任主编，王岳飞、刘璐、李卉任副主编的编写团队共同编写了本书。

在编写本书的过程中，我们始终坚持如下原则。

1. 倡导积极心理学理念，突出发展性。本书内容注重引导大学生关注自身潜在的或习得的积极品质和习惯，激发大学生自我完善的内在潜能，让大学生用积极正面的心态面对问题和困难，并持续感受积极优势带来的成就和体验，最终帮助大学生实现潜能的开发和人格的完善。

2. 打造体验式教学模式，突出实用性。本书设有导入案例、课堂活动、技能学习等板块，弱化了理论知识的灌输，更加关注知识的可操作性，让大学生从"身边人、身边事"中感同身受，从而唤醒大学生自发地解决问题。体验式教学模式的创新课堂教学，可以给学生深刻的学习体验。我们希望在以大学生为主体、以教师为主导的教学模式下，能够实现知识普及、情感体验、价值观塑造等目标的有效融合。

3. 强调大学生的主体地位，突出朋辈互助。高校人际互动包括师生互动和学生之间的互动，本书内容的设计注重突出大学生的主体地位，创设学生之间的互动场景。学生之间的切磋交流不仅能够深化大学生对自然、社会、人生的理解与感悟，也能够培养大学生相互沟通的能力和良好的德行。

4. 引入思政元素，突出德育效果。本书设计了心理情景剧、体验活动、案例分析等板块，以期在轻松愉悦、自然而然的氛围中感染大学生，实现大学生无意识状态下的"无痕教育"，帮助大学生形成稳定、深刻与恒久的价值体系。

基于以上原则，本书共设计了心理健康概述、自我意识、人格健全、学习心理、人际交往、恋爱心理、情绪管理、压力与挫折应对、生命教育及危机应对等9章内容。在编写过程中，我们参考了国内外高校的教材与研究成果及相关网络资料。在此，对前辈和同行们的辛苦付出表示感谢！本书还有很多有待改进的地方，敬请读者和同行们提出宝贵的意见与建议，帮助我们完善本书的内容，给广大读者更好的阅读体验。

王丽

2023 年 5 月

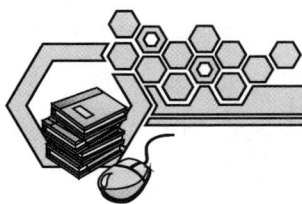

目录

第一章

心生万物——大学生心理健康概述

导言

世界卫生组织对许多国家的调查研究表明，在全世界的人口中，每时每刻都有 1/3 左右的人有这样或那样的心理问题。我国正处于社会转型时期，社会变革必然冲击家庭、学校和社会的方方面面，而种种社会矛盾、人际关系矛盾、社会的诸多心理冲突等，也必然突出地从青少年的心理状态中反映出来。什么样的状态才可以称为健康？大学阶段容易遇到哪些心理问题？如何做到心理健康的自我保健？这些问题的答案对大学生而言尤为重要。通过本章的学习，你可以：

◇ 知晓心理健康的概念和标准、大学生的心理健康发展任务；

◇ 认识大学生常见的心理问题；

◇ 了解促进心理健康的途径。

导入案例

梅梅是一名大一学生，她的父母均为企业员工，家庭经济状况一般。梅梅从小学到高中一直都是"别人家的孩子"，品学兼优。父母把她视为掌上明珠，学校把她作为重点培养对象，周围同学相当羡慕她。但自从进入大学以来，她变得焦虑不安、情绪低落。因为她发现很多同学比自己优秀，他们知识面广、优势突出，再加上她竞选班干部落选，她感觉自己被冷落了，非常难过。回到宿舍时，舍友们之前都有说有笑，但一见她回来就不说话了。梅梅感觉很痛苦，但没有朋友可以倾诉，随后她睡眠出现问题，食欲下降，注意力也不集中了……

案例中的梅梅发生了什么？我们以此为案例展开对大学生心理健康知识的学习和探讨。

第一节 和谐走向"心"成长——心理健康导论

一、揭开"心"的面纱：心理健康概述

要更好地掌握与大学生心理健康相关的知识，我们首先要了解心理现象和心理健康的基础知识。

（一）了解心理现象

心理是心理活动的简称，心理的表现形式就是心理现象。心理实质上是人脑的一种机能，即人脑对客观现实主观能动的反映。脑是心理的器官，脑本身并不产生心理现象，心理现象是客观事物作用于人的感觉器官，通过大脑活动产生的。心理现象由心理过程和个性心理构成。

1. 心理过程

心理过程是动态的，主要包括认知过程、情感情绪和意志过程。

认知过程是心理过程的基础，始于感觉，之后产生知觉、记忆、思维和想象等活动或过程。比如当人看到一个苹果时，人脑对这个苹果的颜色、气味等属性的反映就是感觉，而人脑对其颜色、形状、质感、味道等多种属性的整体反映即为知觉。种种感觉和知觉在人脑中储存起来就成了记忆。在记忆的基础上借助语言，人脑就可以对客观事物进行抽象和概括的反映，这就是思维。人脑还可以在思维的基础上创造新的事物形象，这种心理活动就是想象。上述从感觉、知觉到思维、想象的过程就是人的整个认知过程。

人在认知中所接受的信息经过大脑的加工，传输至下丘脑及其边缘系统，就产生了对这些信息的内心体验或者感受，即为情感，情感的外在表现就是我们常说的情绪。

根据这些信息，大脑还会经历一个意志过程。意志过程是人在认识的支持与情感的推动下，有意识地克服内心的障碍和外部的困难，坚持事先预定的目标的过程，即建立意图、编制活动程序、确定目标，然后调节和控制行为以实现目标的过程。

认知过程、情感情绪和意志过程都不是相互独立的，它们是心理现象中的不同方面。情感情绪和意志过程中都含有认知的成分，它们都是由认知过程派生出来的；情感情绪和意志过程又会对认知过程产生影响。

2. 个性心理

个性心理是每个个体所具有的稳定的心理现象，主要包括个性倾向性、个性心理特征和自我意识。

个性倾向性是指个体对事物的态度和行为的内部动力系统，表现了一个人的意识倾向。个性倾向性由需要、动机、兴趣、理想、信念、世界观和价值观等具有一定动力性和稳定性的心理成分组成。个性倾向性是个性心理的重要组成部分，它对相关的心理活

动起着支配和控制作用。

个性心理特征是指人的多种心理特点的一种独特的结合，是个体身上经常表现出来的、本质的、稳定的心理特点。它主要包括个体的能力、气质和性格等，表现了个体典型的心理活动和行为特点。

自我意识是个性心理结构中的自我调节系统，主要包括自我认识、自我体验和自我控制 3 种成分。

心理过程具有共性，而个性心理具有个别性，体现了个体之间的差异。人的个性心理的形成和发展是在一定的社会影响和教育下，通过心理过程来反映客观现实而逐渐定型化的结果，是个体社会化的过程。同时，已经形成的个性心理又反过来制约每个人的心理过程并在心理过程中表现出来。例如不同性格的人对同一事物的评价不同。

（二）理解心理健康

1．何谓健康

世界卫生组织在 1948 年成立时公布的《世界卫生组织宪章》里指出："健康不仅仅是没有疾病或虚弱，而且是在身体上、精神上和社会适应方面的完好状态。"1989 年，世界卫生组织又将健康表述为："一个人只有在躯体健康、心理健康、社会适应良好和道德健康 4 个方面都健全，才算是完全健康的人。"这样的健康就是我们要追求的，它可以让我们拥有美好的人生体验。当我们处于这种健康状态时，我们的内心就会充满幸福和快乐。

2．心理健康

1946 年，第三届国际心理卫生大会提出："所谓心理健康是指在身体、智能及情感上，在与他人心理健康不相矛盾的范围内，将个人心境发展成最佳的状态。"

1999 年，世界卫生组织提出了人的身心健康"五快三良好"的八大标准：吃得快、便得快、睡得快、说得快、走得快，良好的个性、良好的处事能力、良好的人际关系。

扩展阅读

心理健康与躯体健康

两个人去医院检查身体，他们有共同的症状，都需要拍 CT，而后两人都被初步诊断为"脑瘤"，需要进一步确诊，以判断肿瘤是良性的还是恶性的。

检查结果出来后，病人甲被告知得的是恶性脑瘤，活不过一个月；病人乙被告知得的是良性脑瘤，切除治疗即可。

病人甲拿着确诊单瘫坐在原地，已没了挪动的力气，然后非常绝望地被家人搀扶回去。病人甲日渐消瘦、意志消沉，最终在专家"规定"的时间内离开了人世。而病人乙拿到良性确诊单后欢呼雀跃，立即拿出手机通知各位亲友自己被死神"赦免"，同时相约友人摆宴庆祝。在接下来的日子里，病人乙开心地生活，脸色开始变好，皱纹似乎也减少了，步伐变得轻盈，他的喜悦感染着身边所有的人。在回家张罗摆宴庆祝的同时，他也积极地配合医生做肿瘤切除手术。手术很顺利，他也恢复了健康。

然而讽刺的是，甲乙两人的确诊单被不小心给错了对象：实际上得恶性肿瘤的是病人乙，而病人甲得的只是良性肿瘤。

在现实生活中，心理健康和躯体健康是相互联系、相互作用的，并且心理健康每时每刻都在影响着人的躯体健康。如果一个人拥有健康的心理，就会达到较好的内在和谐，提高个人免疫力，从而促进躯体健康。反之，如果一个人心理长期处于抑郁等不健康的状态，则会影响其体内激素的分泌，从而使其抵抗力下降，疾病也可能乘虚而入。

3. 大学生心理健康的意义

一个人即使很聪明、很努力，但如果没有健康的心理，也无法体验美好的人生，幸福快乐就会离他而去。对每一位大学生来说，在大学阶段树立良好的心理健康观对其健康成长和顺利发展至关重要。

（1）心理健康是大学生身心健康的需要。不良情绪容易引发"身心疾病"，如高血压、心脏病、胃溃疡、癌症等，或出现抑郁、焦虑、强迫等症状。过度的不良情绪或长期处于不良情绪会使人的大脑功能严重失调，导致各种神经症状或精神疾病，严重者还会做出伤害自己或他人的行为。

（2）心理健康是大学生适应社会的需要。在学习、工作和生活中，只有具有良好的个性品质，自信、创新、合作、进取等精神，以及拥有迎接挑战、战胜压力的心理素质，和较强的环境适应能力，大学生才能更好地适应当今社会的发展。

（3）心理健康是大学生发展自我的需要。自卑、愤怒、紧张、焦虑、抑郁等消极情绪出现时，人对外感知的能力会降低，从而限制其潜能的发挥；积极、乐观、自信、意志坚强者则能很好地挖掘自己的潜能。良好的性格、乐观的情绪、坚强的意志等对人的智力发展和成就取得具有巨大的推动作用；性格有明显缺陷、情绪不稳定、意志薄弱者，在学习、生活和工作上往往会四处碰壁，其发展也会受到阻碍和限制。

二、我"心"可量：心理健康的标准

（一）我国古代心理健康

心理健康的现代概念源于西方，西方对于心理健康问题的研究成果也相对较多，但这并不意味着我国古代的哲贤宗师们就没有探讨过心理健康及其相关问题。事实上，中华传统文化中有许多内容论及了心理健康。如孔子的"一以贯之""己所不欲，勿施于人"，"孟母三迁""见贤而思齐""近朱者赤，近墨者黑"等。

我国古人曾提出"天人合一"的心理健康标准。天人合一的思想最早是由庄子提出的，后被汉代思想家、政治家董仲舒发展成为天人合一的哲学思想体系。天人合一可以被解读为人与自然的和谐以及人内在的和谐。即一个人的心理是否健康，要看其是否与外在环境保持和谐及其内在是否和谐。其实，这种和谐也是当今学者们界定心理健康的核心依据。

（二）现代心理健康标准

1. 心理健康的界定

1946 年世界心理卫生联合会（World Federation for Mental Health，WFMH）对心理健康的界定如下。

（1）身体、智力、情绪十分调和。

（2）适应环境，人际交往中彼此谦让。

（3）有幸福感。

（4）在工作和职业中，能充分发挥自己的能力，过高效率的生活。

2. 经典的心理健康标准

美国心理学家马斯洛和米特尔曼在 1951 年合著的《变态心理学》一书中，列举了如下 10 条正常人的健康心理标准，被公认为"经典的心理健康标准"。

（1）有足够的自我安全感。

（2）能充分了解自己，并能对自己的能力进行适度的评估。

（3）生活理想和目标能切合实际。

（4）能与周围现实环境保持接触。

（5）能保持人格的完整与和谐。

（6）具有从经验中学习的能力。

（7）能保持良好的人际关系。

（8）能适度地表达和控制情绪。

（9）能在不违背社会规范的前提下，有限度地发挥自我的个性。

（10）能在不违背社会规范的前提下，恰当地满足个人的基本需求。

3. 我国学者提出的 8 个心理健康标准

（1）智力水平正常。智力一般是指人的观察力、想象力、思考力和操作能力等能力的综合。智力水平低下者在社会适应、学习、工作和生活中会遇到障碍，易产生心理不平衡，从而产生自卑、抑郁等不良情绪。因此，智力水平正常是人们正常生活、学习和工作的基本条件，也是人们适应周围环境变化所必需的保证。

（2）正确认识自我。自我意识是人的意识发展到高级阶段的产物，是个体对自己的认识和评价，它反映了个体对自己的态度。心理健康者的自我意识明确，能够正确认识自己的长处与短处，能对自己的能力、性格和优点等做出恰当、客观的评价，有自知之明，能悦纳自我，做力所能及之事，使个体与环境保持和谐。

（3）情绪稳定可控。情绪在心理健康中起着重要作用，情绪异常往往是心理疾病的先兆。心理健康者的情绪较稳定，能调整、控制自己的情绪，能克制、合理地宣泄不良情绪；情绪反应与环境相适应；能保持心态良好，自信、富有朝气，对生活充满希望，善于从生活中寻求乐趣，在学习中获得幸福感；积极、乐观、开朗、满足等情绪占据主导地位。

（4）个人意志健全。意志过程是自觉确定目的，并根据目的支配和调节自己的行为，从而克服困难的心理过程。意志在人的个性中占据重要地位，也是判定个体心理是否健康的重要依据。意志健全表现在行动的自觉性、果断性和顽强性上。心理健康者在行动中有明确的目的，能适时做出决定并自觉执行，还能较长时间地保持专注，并运用切实有效的方式克服困难和挫折，实现既定目标。

（5）人格健全稳定。人格是个体比较稳定的心理特征的总和。健全统一的人格即个体的所想、所说、所做都是协调一致的。心理健康者的个性相对稳定，勇于面对现实，不过分乐观或悲观，以积极进取的人生观作为人格的核心，并以此为中心把自己的需求、愿望、理想、目标和行动统一起来。

（6）正常适应社会。正常适应社会意为个体与客观现实环境保持良好联系，心理行为顺应社会文化的进步趋势，符合社会规范的要求，为社会所接纳；具有积极的处世态度，与周围社会广泛密切接触，对社会现状有较清晰正确的认识；勇于探索，对自己的行为负责，以有效的办法解决环境中的各种困难，根据环境的特点和自我的情况，能动地适应和改造现实环境，以达到实现自我与奉献社会的协调统一。

（7）人际关系和谐。个体的心理健康状况主要是在与他人的交往中表现出来的。和谐的人际关系既是心理健康不可缺少的条件，也是获得心理健康的重要途径。心理健康者乐于与人交往，能用尊敬、信任、友爱、宽容、谅解等积极态度与别人相处，能在与别人交往的过程中分享、给予和接受爱与友谊；归属于一定的集体，有志同道合的友伴，能和集体与他人休戚相关、安危与共、同心协力；乐于牺牲个人的欲念，为集体和他人谋求幸福；在交往中保持独立而完整的人格，有自知之明，不卑不亢；能客观评价别人和自己，善取人之长，补己之短；与他人交往的过程中，积极的态度多于消极的态度，交往动机端正。

（8）心理符合年龄。人的发展有很多阶段，每个阶段都有相应的心理发展任务，不同年龄的人的心理特点不同。如果一个人的心理发展落后或是超前于生理发展，就容易出现心理健康问题。例如儿童过于早熟和成年人太幼稚都常常被看作心理不健康的表现。心理健康者应该具有与其年龄、角色相匹配的心理行为特征。

4．积极心理学背景下的大学生心理健康标准

积极心理学是 20 世纪 90 年代在美国兴起的一个心理学研究新领域，以分析人的健康品质为依托，着重挖掘人的发展潜力，并从多个角度对人进行解读，引导人们朝着美好生活前进，从而促使人们健康生活。

积极心理学背景下的大学生心理健康标准如下。

（1）开放的自我接纳心态。自我接纳是坦然面对真实的自己。自我接纳包括悦纳自己，接受自己在身体、性格或能力等方面的正向价值，也包括接纳自己在身体、能力等方面的缺陷。即在面对真实的自己和自己的认知处于不断发展的过程中，能以积极的心态面对自己及社会中的人和事，能接受持有不同观念的人和各种各样的事，并愿意成长。

（2）积极乐观的生活态度。积极乐观是人的一种品格，是在生活过程中形成的一种释放自己的风格。无论成功或失败，积极乐观者都能及时总结原因，沉稳应对。乐观的生活态度能将生活中的挫折、消极体验等转变为暂时的影响，把生活中的成功及积极体验归结为人格的影响。乐观是一种精神面貌，有利于大学生缓解压力，有利于其在逆境中成长，进而形成健康心理。

（3）主体情绪的积极性。情绪是影响人生活的关键因素，人的情绪是由积极和消极两方面组成的。相关研究显示，高效团队中的积极情绪与消极情绪的比例大概为 6：1，而低效团队中的积极情绪与消极情绪的比例大概为 1：1。积极的情绪是在积极心理学背景下，大学生心理健康的主要标准之一，积极的情绪常与愉悦的体验相关，积极的情绪能拓展大学生的思维，帮助大学生取得成功，使其获得成就感。

（4）生活的希望感和意义感。希望是在逆境中支撑一个人坚持下去的特定情绪。当大学生对未来充满希望时，希望感和意义感能帮助其有效地应对暂时的压力和不幸。因此，大学生只有获得希望感和意义感，才能更好地完善人格，进而体验生活带来的幸福感。

（5）充满爱和共情能力。共情主要是指能站在他人的角度思考问题，能认同他人，接受他人的意见，并能与他人达成共鸣。基于积极心理学视角的心理健康的人，在对自我进行高度接纳的基础上，能接纳周围的人，并在了解自己情绪的基础上了解他人的情绪，关爱他人。

（6）良好的人际关系和较高的安全感。人具有社会属性，需要生活在各种人际关系中。人在身体或心理出现危机时会出现一种感受，心理健康者能对这种感受进行控制，不会对他人产生敌意，不会猜忌他人、漠视他人。心理健康者的人际关系是协调、和谐的。当大学生拥有良好的人际关系时，可以对他人产生信任、依赖、忠诚等情感，进而更有安全感。

三、我"心"所向：大学生的心理发展任务

（一）大学生分离个体化

扫一扫

积极心理学

案例

一位大学新生的独白

"当我刚刚步入大学的时候，面对食堂不可口的饭菜，一到吃饭时就觉得很无奈；对'教无定法'的教学方式，我不知道应该怎样'主动觅取'；面对性格各异的舍友，我感到陌生而又孤独；我躺在床上辗转反侧，一连失眠好几天。我非常想念父母，如果他们

在我身边，我可以向他们求助。可现在，我该怎么办？"

案例中的这位新生遇到了什么问题？他该如何解决？

每个人都会面临与家庭"分离"的时刻，有的大学生会因失去与家庭的联结而感到害怕、恐惧；有的大学生会因害怕被控制、失去自主性而希望和父母保持距离，希望自己的事情自己做主。正是这样的粘连，让很多大学生踌躇不前，心生困顿。其实只有正确认识和解决这样的矛盾冲突，大学生才能不断确立自我意识，逐步走向独立。

处在青春期的大学生随着自我意识的萌发，逐渐想脱离家庭的管束，然而其心理发展的不完善会导致其不能完成"分离"。当今社会中出现的"啃老族"、家长为大学生陪读等现象都属于分离个体化问题。

分离是指大学生逐渐脱离家庭的过程。

个体化是指大学生逐渐从不自主依赖他人的状态转变成独立自主的状态。

研究表明，成功地完成分离个体化是大学生在青春期的一个关键性发展任务。分离个体化理论认为，0～3岁是人的第一个分离个体化阶段，主要是为个体分离奠定基础，12～18岁是第二个分离个体化阶段，青春期的心理分离的成功与否决定了个体成年时的人格和社会关系是否健康。

大学生分离个体化的主要任务：一是对从儿时至今不断内化的父母形象做新的合理审查，以摆脱对家庭的依赖；二是不再被内化的价值观束缚，相信自己能够成为自己想成为的人；三是重建一个独立的自我，能够自我决定、自我承担责任；四是与家庭保持恰当的距离（存在一定联系并彼此支持），有自己独立的空间，在家庭外建立新的关系，如友情、爱情等。

课堂活动

自问自答

分成若干小组并选出组长，小组成员分别就以下问题进行思考并作答，然后由组长组织进行组内分享。活动时间控制在15分钟以内。

问题1：我是什么样的人？（主要从个人能力、价值观等方面进行思考。）

小学的我：

中学的我：

现在的我：

问题2：我的变化大吗？

我拥有了什么：

我感觉自己还缺少什么：

大学毕业时的我会成为一个什么样的人：

大学毕业5年后的我会成为什么样的人：

（二）自我同一性

作为自我发展和人格完善的核心，建立自我同一性是大学生面临的重要心理发展任务，这将对大学生当前和今后的心理健康与社会适应能力产生重要影响。

爱利克·H.埃里克森在 1968 年出版的《同一性：青少年与危机》中，提出了自我同一性的概念："个体在过去、现在和未来这一时空中对自己内在的能力、信仰和个人历史等具有一致性和连续性的主观感觉和体验，以及为他人所知觉到的个体自身的一致性和连续性，是个体在特定环境中的自我整合。"即人格发展的连续性、成熟性和统一性。

埃里克森人格发展理论中的个体成长的 8 个阶段，都以自我同一性为核心。自我同一性的形成使个体对"我是谁""我会成为一个什么样的人""我如何适应社会"等问题形成坚定和连贯的意识，使个体拥有自信和自我价值感，给予个体人生的方向感和意义性。

研究者马西娅在埃里克森的自我同一性理论的基础上，根据个体在探索和承诺两个维度发展水平的高低，将个体自我同一性的发展状况分成了 4 种状态（见图 1-1），分别是同一性获得、同一性延缓、同一性早闭和同一性扩散。

马西娅认为，同一性获得是个体自我同一性发展的最佳状态，自我同一性的形成与发展是由同一性扩散或早闭状态向同一性延缓或同一性获得状态转变的过程。个体自我同一性的发展状况如表 1-1 所示。

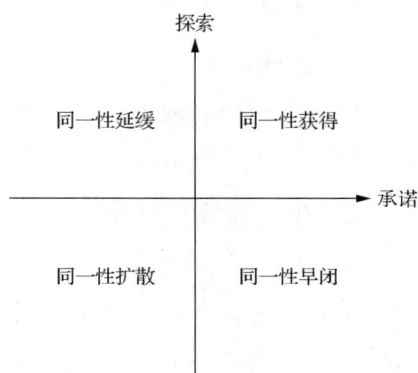

图 1-1　马西娅同一性状态模型

表 1-1　个体自我同一性的发展状况

状态类型	通常表现	人格特点
同一性获得	高探索高承诺。这类人已经经历了探索，选择了自我投入的目标和方向，并对特定的目标、信仰和价值观做出了坚定、积极的自我投入，具有更高的自主和自尊水平以及自我发展潜力，对外部环境有更强的适应性	主动进取、开放
同一性延缓	高探索低承诺。这类人正在寻找生命的价值和方向。他们要做出一个承诺，但在各种选择间犹豫不决。他们往往具有较高的焦虑水平，并通过拒绝、发泄和认同来控制焦虑，同时表现出较低的决断性	好高骛远、负面情绪较多
同一性早闭	低探索高承诺。这类人没经历过危机或探索，过早地做出了投入（非自觉的），以别人对其的期望为投入方向，具有高水平的专制性、低水平的自主性和外控行为方式，是老师、家长眼中的"好学生""好孩子"	缺乏主见、保守
同一性扩散	低探索低承诺。这类人既没有对各种选择进行探索，也没有做出承诺。没有明确的生活目标，没有方向且缺乏活力，外向性较差，在人际交往上容易出现障碍	任性随意、被动、退缩

在大学阶段，大学生不断反省自我，探索自我，思考人生，建立自我同一性，经历种

种内心自我评价与认知之间的矛盾和迷惘，情绪起伏大，容易产生心理问题。良好的自我同一性状态意味着大学生对自己有充分的了解，能够确立自己的理想与价值观念，并对未来的发展做出自己的思考和规划。自我同一性受阻，易导致大学生不能正确地认识自我，从而信心不足。很多大学生本该在青春期就完成的自我发展任务，被推后或阻断至成年早期，出现了自我同一性发展普遍滞后的现象。自我同一性危机是当代大学生普遍存在的问题，但自我同一性危机的来临并不意味着灾祸降临，它更多的时候代表的是个体人格发展中的一个重要转折点。

四、谁主我"心"：大学生心理健康的影响因素

人的心理是极为复杂的。大学生心理健康的影响因素既包含个体内在因素，也包含外部环境因素。

（一）个体内在因素

1. 遗传

虽然个体的心理内容不是遗传的，但是心理活动的生理基础是受遗传基因制约的。大量研究表明，抑郁症、多动症及双向情感障碍等精神疾病的发生与遗传有关。

2. 生理疾病或缺陷

脑损伤、严重的躯体疾病或生理机能障碍会导致个体的一些心理活动不能正常进行。如甲状腺机能低下时，个体会出现感觉迟钝、行动迟缓、思维迟滞、嗜睡等现象，而甲状腺功能亢进者则会出现神经过敏与情绪激动等现象；严重的脑损伤会导致器质性心理障碍或精神失常。有研究表明，额叶损伤者会发生人格改变、智力降低、抽象思维出现障碍，行为退化到原始简单的形式等现象；较严重者会对自己的行为缺乏估计能力，对行为是否恰当丧失判断能力。

（二）外部环境因素

1. 家庭环境

家庭是个体最初的成长和学习环境，也与个体的情感表达、行为模式及亲密关系等有密不可分的联系。研究表明，家庭教养方式、家庭情绪氛围、家庭经济状况及家庭结构等都会不同程度地影响大学生的身心健康。

父母是孩子的第一任老师，如果在少儿时期，父母的认知不统一，观念与行为不一致，就会使孩子产生困惑。家庭教育方式会直接影响大学生的行为和心理，父母对大学生期望过高、管教过于严厉，会导致大学生缺乏个性，容易产生焦虑、依赖等心理困扰和问题；而开明民主、潜移默化的教育方式有利于大学生心理的健康发展。父母感情和谐、家庭成员相亲相爱的家庭氛围，会直接影响大学生的心理，对大学生的个性成熟和形成良好人格具有积极的意义。家庭相对贫困的大学生容易产生心理不适感，尤其易出

现自卑心理。与独生子女相比，非独生子女需要考虑他人的想法和感受，容易产生多方面的心理压力和困扰。单亲家庭、重新组合家庭等家庭结构也会对大学生的心理产生一定影响。如果婚姻破裂的父母将不满和愤恨施加在大学生身上，还会导致大学生产生怀疑、否定别人的心理和行为，甚至会影响其今后的恋爱和婚姻生活。

案例

她的焦虑你懂吗？

刚刚步入大学生活的陈慧，每次考试都名列前茅，但她心里藏着一个小秘密，这个小秘密既难以启齿又常常给她带来烦恼——每次考试前她都非常焦虑，甚至会觉得胸闷、失眠……当她稍有一些压力时，这种感觉就会出现，随着事情渐渐平息，这种感觉才会渐渐消失。这种情况从她上中学的时候就开始了。从她记事起，她妈妈遇事就非常容易焦虑。每次陈慧感到焦虑的时候，她妈妈比她还要焦虑，比如在高三的时候，她虽感到焦虑，但还可控，她妈妈则是每天在家里大气都不敢出，尤其是她高考期间，家里的电视几乎没有开过，父母讲话也都是小心翼翼的，如果她说自己晚上睡不好觉，她妈妈也会跟着睡不好。

家庭环境对大学生的心理健康和成长的影响长久而深远，但其影响在大学生进入大学阶段后，就会成为过去式，其影响的程度也会发生变化，因而这种影响是可以破除的。要想做到破除家庭环境的影响，大学生一要学会独立，只有不依靠他人，才能追求自我；二要有明晰的目标，清楚自己想要的是什么，才会有积极的动机和行为；三要理解家人，接纳家人对你的不认同，同时也接纳你对家人的不认同，求同存异，没必要同化彼此；四要做"透明人"，永远不在背后说别人坏话，真诚地对待每一个家人，专心经营与家人的感情和亲密关系；五要解决分歧，从改变自己着手，不苛求家人，用自己的行动去影响家人。虽然我们无法选择自己的家庭，也无法改变已经发生的事情，但我们有力量"重塑"自己的生活。

2. 学校环境

学校是个小社会，是大学生生活、学习和从事实践活动的主要场所。让每个大学生拥有健康的心理素质也是学校教育目标的组成部分。高校在向大学生传授知识的同时，也会通过各种校园文化活动、社会实践活动、校风建设和各种心理健康教育等形式对大学生的心理进行教育，为其将来踏入社会做好准备。

优美的校园环境，丰富多彩的校园文化活动和社会实践活动，良好的校风、教风和学风等，都是学校为大学生健康成长提供的积极外部条件，有利于大学生保持心理健康，从而心情舒畅、精神振奋、目标明确、态度积极、生活充实。尤其是高校注重开展的心理健康课程和心理咨询等心理健康教育的相关工作，可以多方位地帮助大学生提高人际交往能力，学会适应社会，克服学习、就业、竞争等的压力，缓解紧张、焦虑等不良情绪，逐步成长为人格健全的有用之才。

3. 社会环境

人类生活的开展必然需要以相应的社会环境为依托，社会环境主要分为社会大环境、科技大环境和社会价值观。

（1）社会大环境。当今大学生生活在物质生活较为优越的时代，会拥有更多的爱和关注，但更多的关注有时也会变成一种压力。很多大学生思想过于单纯，承压能力较弱，加上其接触的文化更加多元化，自我意识强烈，注重自我价值的实现与自身发展，若在竞争中落空或遭遇失败，他们就很容易出现心理问题。

（2）科技大环境。在当下网络发达的环境中，移动互联网渗入生活的方方面面，各种网络社交平台层出不穷，网络已成为大学生的生活必需。网络对大学生的思想和行为方式产生了极大的影响，并带来了新的问题。一方面，网络为大学生拓宽了获取资源的渠道，他们乐于通过网络探索不同领域并进行深入了解，能够积极获取外部的资源。但另一方面，网络对大学生的心理健康也存在潜在的负面影响。例如，在社交方面，很多大学生沉迷于虚拟网络，缺乏与外界的信息交流；对网络人际关系的依赖性导致其欠缺现实人际交往能力，容易产生社交恐惧。

（3）社会价值观。部分大学生在社会价值观方面存在认知偏差，如对文凭和名牌大学学历过于看重，人生视野逐渐窄化，这对其多元价值观的建立极为不利。此外，大众传媒普及发展，满是商业物质取向的内容也影响了大学生的心理健康，拜金、享乐等主义很容易迷惑大学生，甚至导致大学生产生严重的价值观偏差问题。

第二节　说说"心"里话——心理咨询

随着人们对心理健康重视度的提高，心理咨询也渐渐被人们接受，但还有相当一部分大学生对心理咨询不太了解，不知道心理咨询到底是什么以及心理咨询如何影响心理健康。

一、寻找"知心人"：心理咨询概述

（一）什么是心理咨询

扩展阅读

心理咨询≠窥探内心

有些来访者会觉得心理咨询就像算命、占卜，很神秘，认为只要自己简单地说几句，心理咨询师就能猜出他心中的想法，否则就是心理咨询师的水平不高。因此，部分来访者不愿意或羞于向心理咨询师吐露自己的真实想法。事实上，心理咨询师并没有可以窥探他人内心世界的特异功能，心理咨询师只是运用心理学的知识、理论和方法，对来访者提供的一定信息进行讨论和分析，并以此解决来访者的心理问题。因而，来访者一定要相信心理咨询师，并尽可能详尽地提供有关信息，这样才有助于心理咨询师找到问题的症结，更利于心理咨询师做出正确的判断并帮助来访者解决问题。

心理咨询是指在良好的咨询关系的基础上，由经过专业训练的心理咨询师运用心理学的有关理论和技术，帮助有一般心理问题的来访者的过程，以解决或缓解来访者的心理问题，促进来访者的良好适应和协调发展。

（二）心理咨询面面观

1. 心理咨询的服务对象

心理咨询的服务对象是正常人、正在恢复或已复原的病人。当然，来访者可能是一个人，也可能是一对夫妇、一个家庭或一个群体。如果个体经医院确诊为精神障碍，就需要寻求专业的心理治疗。

扩展阅读

心理咨询≠心理治疗

心理咨询与心理治疗有许多相似之处。两者都是为了帮助来访者成长和改变，维护和增进来访者的心理健康的助人过程；两者所采用的理论方法也基本一致。心理治疗和心理咨询都强调构建良好的治疗关系以及相关人员的专业性。但心理咨询与心理治疗并不等同，两者之间的区别详见表1-2。

表1-2　心理咨询与心理治疗的区别

不同点	心理咨询	心理治疗
服务对象	专门针对正常人、正在恢复或已复原的病人	主要针对具有严重心理障碍的病患
专业人员	受过心理学专业训练的心理咨询师	受过医学训练或临床心理学训练的医生或治疗师
任务	帮助来访者由被一般心理问题困扰的正常人转变为人格健全且能向自我实现不断迈进的人	帮助病患由心理异常转化为心理正常
干预策略	重视过程中的支持性、指导性、发展性，强调对来访者潜能和资源的挖掘、利用，耗时相对较短	重视治病，重视病患人格的重建和行为的矫正，耗时相对较长，可能只需治疗几次，也可能需要治疗几个月甚至几年，有时还需要服药配合治疗
服务机构	多在学校、社区等非医疗机构中开展	多在医院、诊所等医疗机构中开展

2. 心理咨询是针对心理健康的服务

心理咨询是一种促进心理素质和生活智慧的提高，并极大限度地促进大学生心理健康发展的专业服务。因此，大学生遇到学习、环境、人际关系和情绪压力等各种心理困扰或问题，有明显的消极情绪和行为，并被困扰多日而不能自我调整解决时，就需要主动寻求心理咨询师的支持与帮助，使自己尽早摆脱困扰。心理冲突形成的时间越长、程度越强，解决它所需要的时间也会越长，而当出现严重的情绪以及行为问题，如转变为严重的精神疾病时，心理咨询可能无能为力，只能依靠心理治疗了。

扩展阅读

心理咨询≠无所不能

许多来访者会将心理咨询"神化"，认为心理咨询师无所不能，心理咨询就像一把"万能钥匙"，什么样的心结都能一下子打开，所以他们常常因为咨询一两次没有达到其理想的"豁然开朗"的心境，而对心理咨询失望，就再也不去了。然而，解决心理困扰是一个连续、艰难、逐渐的改变过程。因为心理问题常常与来访者的个性及生活成长经历有关，就像一座积封已久的冰山，来访者如果没有强烈的求助和改变的动机，没有恒久的决心与之抗衡，是难以使"冰消雪融"的。所以，来访者对心理咨询要有正确的理解和合理的期望，做好"打持久战"的心理准备，不宜急于求成，因效果不佳就否定心理咨询。

3. 心理咨询师的形象

心理咨询是一项专业活动。心理咨询师必须是接受过严格的专业学习培训、拥有提供这项服务所必需的专业素养的专业人员。

扩展阅读

心理咨询师≠"救世主"

一些来访者把心理咨询师当成"救世主"，将自己所有的心理问题全都丢给咨询师，以为心理咨询就像医生诊断、开药或手术治疗一样，能把它们全部解决，而自己无需思考、无需努力，也无需承担责任，只要对心理咨询师绝对服从、配合就行。然而在心理咨询过程中，心理咨询师并不能把自己的价值观和愿望强加给来访者，也不能替来访者做决定，心理咨询师只能起到分析、引导、启发、支持、促进来访者改变和成长的作用。来访者需要认识到，"救世主"只有一个，那就是自己。只有改变自我、战胜自我，最终才能超越自我，实现理想目标。而把自己的问题全部交给心理咨询师，自己消极被动，推卸责任，只会一事无成。

4. 心理咨询的功能

心理咨询不会为来访者提供"灵丹妙药"，它是心理咨询师运用心理学的知识、理论和方法，用倾听、提问、表达、观察与共情等技术，从心理上帮助来访者分析其所面临问题的实质，找出引起问题的原因，为来访者解决问题而开阔思路、提出合理化的参考建议，以解决来访者心理或精神方面存在的困扰或问题，缓解其不良情绪，促成来访者在心理、行为方面的积极改变，从而达到帮助来访者成长的目的。即"授人以渔"，而非"授人以鱼"。心理咨询师在帮助来访者处理好当前的问题的同时，还能助其提高认知水平，增强自信心，发展和完善人格。

心理咨询是一个商谈的过程，心理咨询师会使用语言和非语言手段，达成咨访双方心灵上的沟通。具体来说，心理咨询可以帮助来访者全面了解自我、正确认识自我、认识内部冲突、面对现实、纠正错误观念及不合理的信念、改善人际关系，还能帮助来访者做出新的有效行动，增加心理弹性。

正如世上没有包治百病的良药一样，心理咨询的作用也是有限的。心理咨询作用的大小不仅取决于心理咨询师的学识和努力，还取决于来访者的意愿和行动。心理咨询的效果需要以良好的咨访关系为基础，咨访双方要合力协作；并取决于来访者的配合程度，即来访者一定要抱有积极改变的决心和信心。

扩展阅读

心理咨询 ≠ 做思想工作

部分来访者对心理咨询有一种比较极端的认识：心理咨询就像在做思想工作，给来访者讲道理，没有多大作用。其实，心理咨询与做思想工作是有本质区别的。做思想工作的目的是说服对方并让对方服从，遵循的是社会规范、道德标准和集体意志；而心理咨询是有严谨的理论基础和程序的，心理咨询师会运用专门的心理学理论和技巧帮助来访者寻找心理问题的症结所在。在整个咨询过程中，心理咨询师一直会保持客观中立的态度，而不是给来访者摆事实、讲道理或进行批评教育。某些心理障碍患者还需要结合药物的治疗，心理咨询则对来访者起到支持的作用，这不是做思想工作能取代的。

二、走近心理咨询：心理咨询的原则

心理咨询是专业的"聊天"，既然专业，就得遵循相应的规矩。

（一）来访者自愿原则

心理咨询能起作用的前提是来访者有求助意愿，可以在咨询过程中得到滋养，最终实现个人成长。张日昇将这一原则称为"来者不拒，拒者不追"原则。

（二）保密原则

保护来访者的隐私是心理咨询师必须遵守的职业规范。为来访者保密是咨访双方建立相互信任的咨询关系的前提，也是咨询顺利开展的基础。

在没有得到来访者同意时，心理咨询师不得将在咨询过程中来访者的言行泄露给任何人或机构，不得在咨询以外的场所谈论来访者的事情，更不能把来访者的事情当作茶余饭后的谈资。个案记录、测验资料、信件、录音、录像和其他相关资料均应在严格保密的情况下进行保存。在公开案例研究或发表有关文章需要使用来访者的个人资料时，必须充分保护来访者的利益和隐私。

扩展阅读

哪些情况属于保密例外？

《中华人民共和国精神卫生法》（以下简称《精神卫生法》）第四条中有这样的规定："有关单位和个人应当对精神障碍患者的姓名、肖像、住址、工作单位、病历资料以及其他可能推断出其身份的信息予以保密；但是，依法履行职责需要公开的除外。"如果有以下情形，有关单位和个人就可以予以保密例外处理。

（1）来访者同意将保密信息透露给他人。

（2）发现来访者有危害自身甚至自杀的可能，必须通知有关人员采取适当措施进行保护。

（3）发现来访者有危害他人的情况，必须采取必要措施，通过有关部门或来访者家属，以防止意外事件发生。

（4）来访者有危害生命的传染性疾病，必须通知有关部门采取必要措施。

（5）心理咨询中报告有虐待老人、儿童等法律规定的例外情况，需要报告有关部门。

（6）卫生、司法或公安机关出于工作需要要了解来访者情况时有关单位和个人应该配合，不得做虚伪的陈述或报告。卫生、司法或公安机关有关人员也负有相应的保密义务。

（7）出现针对心理咨询师的伦理和法律起诉时，其可以提供必要证据。

（三）时间设置原则

在心理咨询中需要进行时间设置，主要的目的是把咨询控制在双方注意力最容易集中的时间段，以提高咨询效率。

（1）咨询时间。一般来讲，一次咨询的时间为50分钟左右。咨询时间超过一个小时，来访者与心理咨询师较容易产生心理疲劳，影响心理咨询的效果。

（2）咨询频率。经典精神分析理论认为咨询频率通常是每周4～5次，其他形式的咨询一般是每周1次。心理咨询师可以根据来访者的状态进行危机评估，以确定具体的咨询频率，从而取得更佳的咨询效果。

（3）疗程。从首次咨询到咨询目标实现的整个咨询过程所持续的时间长度即为疗程。咨询的疗程因来访者的心理发育水平、咨询目标的设置以及选用的咨询技术而不同，可以有数月到数年的差异。

（四）转介原则

当遇到以下情形时，心理咨询师在咨询时进行转介。

（1）超出心理咨询范畴。心理咨询的服务对象是正常人，如来访者是精神障碍患者或疑似精神障碍人员，心理咨询师应及时进行转介。《精神卫生法》第二十三条明确规定，心理咨询人员不得从事心理治疗或者精神障碍的诊断、治疗。心理咨询人员发现接受咨询的人员可能患有精神障碍的，应当建议其到符合本法规定的医疗机构就诊。

（2）咨访关系不匹配。如心理咨询师对咨询问题不擅长，可以将来访者转介给合适的心理咨询师；当心理咨询师在咨询过程中遇到个人重大问题，不适合继续进行咨询时，也可以适当转介。

转介的原则是维护来访者的权益，使咨询效果最大化。来访者应做好自我心理建设：转介不是因为"病"得多严重，或者心理咨询师不喜欢自己，而是为了让其取得更好的咨询效果。

三、"心"有千千结：大学生心理咨询的内容及类别

（一）大学生心理咨询的内容

大学生心理咨询是面向全体大学生提供的心理辅导。除了为有心理疾病的大学生提供支持性访谈外，大学生心理咨询更多的是对有心理困惑的大学生实施有效的调节，以提高其心理素质，促进其身心健康成长。常见的大学生心理健康问题主要表现为以下几类。

（1）关系类：如恋爱情感、朋辈关系、亲子关系等方面的问题。

（2）成长发展类：如提升自信心，生涯规划，求职择业，学习、工作、生活之间的平衡等方面的问题。

（3）适应类：如大学生活环境适应、跨文化适应等方面的问题。

（4）情绪调节类：如压力调节、失眠（非器质性原因）、恐惧、焦虑、抑郁等方面的问题。

（5）学业类：如学习困难、考前焦虑、学习动力不足等问题。

（6）其他类：如性心理支持、游戏和网络成瘾、家庭遭遇突发变故等方面的问题。

从以上内容可以看出，大学生心理咨询的范围很广，涉及大学生活的方方面面。当大学生出现一些困惑，但经过一段时间的自我调节仍不奏效时，大学生应及时寻求心理咨询师的帮助。

课堂活动

思画人生

整个活动时间控制在 20 分钟左右。

（1）每人准备一张纸，在纸上画一条横线用来代表你的一生（参见图 1-2），从左至右标注你的年龄：在最左端写上 0（你的出生时间），在最右端写上你的预计寿命（如 90），

按比例在线上标注你现在的年龄（如18）。

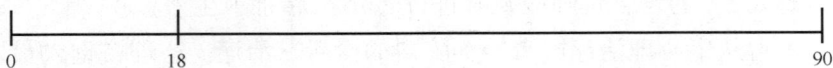

图1-2　思画人生参考图1

（2）在现在年龄之前的位置，用红色的笔写上让你最开心的事情，如在7岁时加入少年先锋队，在10岁时期末考试成绩全班第一等；用蓝色的笔写上让你不开心的事情，如在15岁时中考失利等。（参见图1-3）

小组讨论：看看你大学之前的部分，是红色的文字多还是蓝色的文字多？你的感受如何？（时间控制在6分钟左右）

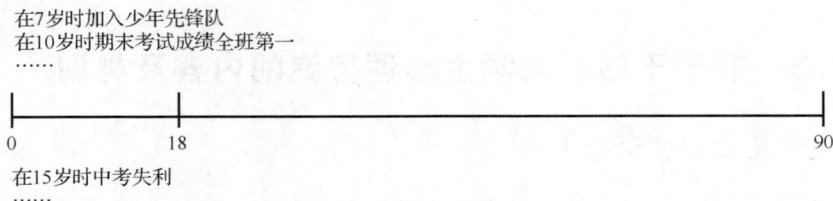

图1-3　思画人生参考图2

（3）用黑色笔按比例把你退休后的时间从右至左划掉（大约为生命线长度的1/3）。

（4）用黑色笔按比例把你从现在到退休前的睡觉时间从退休时间处由右至左划掉（每天睡眠8小时，大约划掉从现在到退休时的生命线长度的1/3）。

（5）用黑色笔按比例把你学习和工作时间段内的学习、工作和吃饭的时间划掉（每天学习和工作8小时，吃饭3小时，一周学习或工作5天）。

小组讨论：看看你的生命线（参见图1-4），从现在到黑色笔划去的，还剩下多少？你能用这些时间做什么？（时间控制在6分钟左右）

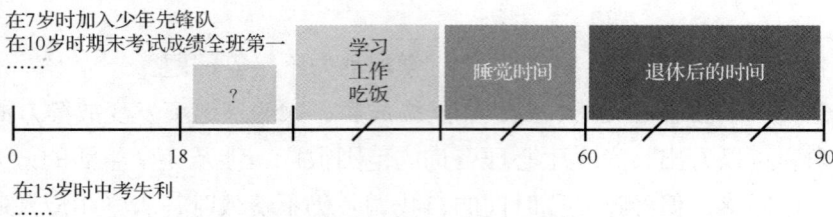

图1-4　思画人生参考图3

（二）大学生心理咨询的类别

你想象过心理咨询是什么样的吗？是像电影里那样坐在躺椅上，半梦半醒、自由发散的样子吗？实际上，大学生的心理咨询按照不同标准可以有不同的类别。

1. 按照咨询对象的人数划分

（1）个体咨询。这是指心理咨询师与来访者进行一对一的心理咨询的模式。个体咨询既可以选择面谈形式，也可以通过电话或网络等途径进行。个体咨询是最为经典和传统的，也是最常见的一种心理咨询形式。其优点是针对性强，保密性好，来访者的顾虑小，便于咨访双方及时、深入地沟通交流，几乎适用于解决各类心理问题及障碍。个体咨询比较适合个人的深层次心理问题的探索。

（2）团体咨询。心理咨询师根据来访者问题的相似性或来访者自发组成主题小组，通过小组内的人际交互作用，整合行动、团体训练、情景学习、朋辈支持等相关技术，使小组成员在共同的主题活动中观察、学习、体验，共同商讨、训练、引导，认识自我、探讨自我、接纳自我，调整和改善与他人的交往、学习新的态度与行为模式，解决小组成员共同的发展问题或共有的心理问题。团体咨询是基于团体动力学原理，在团体情境下为来访者提供心理帮助与指导的一种咨询形式。其优点是感染力强，影响广泛；省钱、省时、省力，效率高；真实经验易迁移到生活中，后续效果好；适用范围广，对克服孤独、孤僻、害羞等社会心理障碍有较好的作用。

团体咨询比较适合那些在团体中放得开的人，也更适合在人际交往方面有困扰的人。如果想在人际交往方面有所突破，不妨尝试一下团体咨询。

（3）家庭咨询。家庭咨询是以一个家庭为单位进行的心理咨询形式，需要家庭成员集体参加。家庭咨询的目标是协助家庭消除异常、病态情况，以执行健康的家庭功能。家庭咨询的特色是不过分关注个人的心理构造与问题，而聚焦于家庭成员的互动关系与结构，从家庭的角度系统地解释与澄清出现的问题行为与症状。家庭咨询现较多地用于解决青少年的行为问题（如学习问题、人际问题和神经症性的问题）、进食障碍和心身疾病、青年夫妻的冲突、原生家庭的衍生问题等。

需要注意的是，不论哪种咨询形式都要尊重主体的求助意愿，如果有家庭成员还没做好咨询准备，心理咨询师不能强迫对方参与，可以先对其他家庭成员做个体咨询。

2. 按照咨询的服务对象划分

（1）发展性咨询。发展性咨询的服务对象是无明显心理冲突，基本适应环境的健康人群。心理咨询师主要帮助来访者解决其在个人成长过程中出现的困惑，如新环境的适应、职业的选择、个人的成就突破等。发展性咨询的目的是心理咨询师引导来访者更好地认识自己，挖掘来访者的潜能，提高来访者的学习和生活质量。

（2）健康性咨询。健康性咨询的服务对象在现实生活中出现过明显的心理冲突，如因为考试感到焦虑，出现睡眠障碍和饮食问题，因被分手出现偏执和适应不良等问题。健康性咨询的目的是缓解或消除来访者的不良症状，增强其心理弹性，提高其适应能力。

（3）障碍性咨询。障碍性咨询的服务对象患有心理疾病，如抑郁症、强迫症等，导致其社会功能明显受损。在实际工作中，此种咨询称为支持性访谈，咨询目的是陪伴来访者度过治疗期，辅助其完成精神科医生为其做出的治疗方案，以帮助来访者恢复正常生活。在此期间，心理咨询师还需常常开展危机评估，防止出现危机事件。

3．按照咨询的形式划分

（1）面谈咨询。面谈咨询是用得最多、最有效的一种咨询形式，即心理咨询师与来访者面对面地进行咨询，如高校、医院或专业心理咨询机构的咨询门诊使用的多是此种咨询形式。

（2）现场咨询。现场咨询是针对很多来访者有共同的心理问题（如地震、海啸、疫情等灾害后的灾民的心理问题）时，较为可行、有效的一种形式。心理咨询师可以深入现场接待来访者，这种形式对于一些有共同背景或特点的心理问题有较好的效果。

（3）网络咨询。网络咨询是随着互联网发展起来的一种新型心理咨询形式，来访者借助网络，通过文字、语音或视频，在线与心理咨询师互动问答。其独特优势是突破了地域的限制，拉近了来访者与心理咨询师之间的距离。网络咨询由于可以在咨询过程中匿名，安全感较强，且保密协议具体化、程序化，因此网络咨询被越来越多的人接受。但网络咨询也有不足，比如双方的真实身份不易识别，心理咨询师对来访者所起到的作用不足，因信息交流不充分容易引起误会等。

（4）书报专题咨询。书报专题咨询是指通过在报刊、广播、网站等大众媒体上开设心理健康咨询专栏或专题节目，或出墙报、黑板报等形式，进行心理知识宣传以及对普遍性心理问题进行解答。这种咨询形式意在引起有类似问题的大学生对宣传解答的问题的重视，受众面较大。

4．按照咨询所需时间划分

（1）短程咨询，所需时间为 1～3 周，主要针对一般性心理问题。

（2）中程咨询，所需时间为 1～3 个月，一般涉及较严重的心理问题。

（3）长期咨询，需要 3 个月以上的时间，主要解决的是严重的或神经症性心理问题。

第三节　为何你的"心"意乱——精神障碍

案例

小王今年读大二，在班上担任班长。大一时他积极向上，在保证学习节奏稳定的同时，为班级事务跑前跑后，还参加了学校的轮滑社团，忙得不亦乐乎。但最近一段时间，他找不回原来的状态了：学习没劲，辅导员交代的事情总是出岔子，对任何事情都提不起兴趣，"没意思"的想法经常从他的脑子里冒出来。

在辅导员的劝说下，小王来到了学校的心理咨询中心。心理咨询师在听了他的描述后，怀疑他抑郁了，随后建议他去医院的心理门诊进行进一步的诊疗。小王听后一口回绝："我有这么严重吗？放假后，我回家休息两天就好了！"原来小王对心理健康问题缺乏认识，一听要去医院，就以为自己已经病入膏肓，同时又觉得如果让同学、老师和父母知道，他就会被"另眼相看"。在心理咨询师的耐心讲解后，他同意在父母的陪伴下就医。

后来，小王被确诊为抑郁症，医生建议他服药治疗，同时可以结合心理咨询。回到宿舍，他看着医生开的药却犹豫了起来："我真的需要吃药吗？"

一、拨开心理"阴霾"：精神障碍概述

（一）什么是精神障碍

精神障碍是指由各种原因引起的感知、情感和思维等精神活动的紊乱或异常，能导致患者出现明显的心理痛苦或社会适应等功能损害。严重精神障碍是指症状严重，导致患者社会适应等功能受到严重损害、不能完整认识自身健康状况或客观现实，或者不能处理自身事务的精神障碍。

可见，精神障碍是一种综合征，其特征表现为个体的认知、情绪调节或行为方面有临床意义的功能紊乱，它反映了精神功能潜在的心理、生物或发展过程中的异常。精神障碍通常与在社交、职业或其他重要活动中显著的痛苦或伤残有关。而像对死亡这样的应激源或丧痛的、可预期的或文化认同的反应，并非精神障碍。异常社会行为和主要表现为个体与社会之间的冲突并非精神障碍，除非这种异常或冲突是上述个体功能失调的结果。

（二）常见的错误观念

（1）精神障碍是一种说不出口、见不得人的病。在科学技术日新月异的今天，精神卫生知识不断普及，人们的心理健康意识不断增强，对精神障碍的接纳程度也在逐渐提高。精神障碍不是一种说不出口、见不得人的病。

（2）精神障碍患者都是小心眼。精神障碍的发病原因比较复杂，往往受遗传、环境等因素的共同影响，并非由于精神障碍患者都是小心眼。

（3）出现精神障碍只要扛一扛就没事了。事实并非如此，如抑郁症患者脑内有多种神经递质出现了紊乱，需要用药物加以干预，并非扛一扛就没事了。

（4）治疗精神障碍药物的副作用都很大，能不吃尽量不吃。精神障碍患者是否需要服用药物和服药的剂量都需要遵医嘱；有些病患不遵医嘱，造成的后果可能是复发率高，甚至病情进一步恶化。

（三）精神障碍的诊断

有同学会问，那如何才能知道自己或他人的精神是不是有障碍呢？截至目前，诊断精神障碍尚缺乏有效的生物学指标，心理医生多是通过询问以下 4 个方面的情况后综合

判断的。

1．行为

行为是个体表现出的各种举止、反应，是判断其是否存在精神障碍最为直观和有效的指标之一。

我们可以通过以下行为来初步判断个体是否存在精神障碍。

（1）能否维持正常的学习、生活。

（2）能否保持与周围人群的正常沟通。

（3）是否表现出他人难以理解的言行举止。

（4）行为活动是否明显减少或增多。

（5）是否表现出自杀意向、自杀行为或制订自杀计划。

2．情绪

情绪是指伴随认知和意识过程产生的对外界事物的态度，是人脑对客观外界事物与主体需求之间关系的反应，是以个体需要为中介的一种心理活动。它是对一系列主观认知经验的统称，是由多种感觉、思想和行为综合产生的心理和生理状态。在情绪的支配下，个体会产生各种行为，并且个体的认知也会受到影响。

我们可以通过以下情绪来初步判断个体是否存在精神障碍。

（1）总体情绪感受如何。

（2）情绪反应是否和环境、诱因相匹配。

（3）是否频繁出现消极情绪（忧伤、焦虑等）。

（4）情绪是否存在波动，波动程度如何。

（5）情绪是否受本人的控制，是否有情绪失控的倾向。

（6）是否存在情感解体或混乱的表现。

3．认知

认知指个体认识外界事物的过程，即个体对作用于自身的感觉器官的外界事物进行信息加工的过程。潜在危机评估过程中的认知指的是人的总体思维能力（分析能力、记忆力、注意力、逻辑思维能力等）和个体对问题以及人的看法。

我们可以通过以下认知来初步判断个体是否存在精神障碍。

（1）对问题的分析能力如何，是否符合实际。

（2）自我认知水平如何，是否存在自我怀疑、自我否定等情况。

（3）注意力水平如何，是否能够保持必要的注意力。

（4）记忆力水平如何，是否存在长期记忆、短期记忆的损害。

（5）逻辑思维能力如何，是否存在思维混乱的现象。

（6）是否存在强迫性思维等异常思维。

4.　生理表现

生理表现是指一些和心理问题相关联的，可以观察到的生理层面的表现。

我们可以通过以下生理表现来初步判断个体是否存在精神障碍。

（1）睡眠状况如何，是否有入睡困难、睡眠质量不高、早醒（与抑郁症相关）等症状。

（2）饮食状况如何，是否存在厌食、过度饮食、暴饮暴食等情况。

（3）是否存在物质依赖，如吸烟、沉迷网络游戏或借助其他物品来消磨意志等表现。

（4）是否有身体不适等感受，如抱怨自己身体感觉不好或有其他症状等。

以上内容只是给大家提供初步判断的依据，大家并不能仅依此下定论。如果你或者他人出现上面的异常情况，你们应求助心理咨询师或到专科医院进行诊疗。通常情况下，如果这些异常情况持续的时间比较短，比如几天到一周的时间，大家一般不用太在意；如果持续两周及以上的时间，则大家需要及时寻求相应的帮助。

二、认识"心灵感冒"：大学生常见的精神障碍

（一）中国精神障碍分类与诊断标准类型

《CCMD-3 中国精神障碍分类与诊断标准（第三版）》将精神疾病分为 10 个类型。

（1）器质性精神障碍。

（2）精神活性物质与非成瘾物质所致精神障碍。

（3）精神分裂症和其他精神病性障碍。

（4）心境障碍。

（5）与癔症、应激相关的障碍、神经症。

（6）与心理因素相关的生理障碍。

（7）人格障碍、习惯和冲动控制障碍、性心理障碍。

（8）精神发育迟滞、童年和少年期心理发育障碍。

（9）童年和少年期的多动障碍、品行障碍、情绪障碍。

（10）其他精神障碍和心理卫生情况。

（二）大学生较为常见的精神障碍

下面让我们一起来了解一下大学生比较常见的精神障碍：焦虑症、抑郁症、强迫症、双向情感障碍、进食障碍。

1.　焦虑症

焦虑症以焦虑和紧张情绪为主，并伴有植物性神经系统症状和运动性不安等特征。

焦虑症主要分为两种：一是急性的焦虑症，发作时心悸、呼吸困难、胸闷、四肢发麻、出汗、发抖，患者惊恐万分，似乎死亡迫近，可能会大声呼救；二是慢性的焦虑症，

是焦虑症的主要类型，患者对客观上并不存在的某种威胁、危险和坏结局感到担心、不安和害怕，患者虽认识到这是杞人忧天，但不能控制，颇为苦恼；患者容易被激怒，对声音过敏，注意力不集中，记忆力不好；患者有恶心、腹泻、呼吸加快等躯体症状或头痛、肌肉紧张等运动症状。

2. 抑郁症

抑郁症是由各种原因引起的以抑郁为主要症状的心境障碍或情感性障碍。

《CCMD-3 中国精神障碍分类与诊断标准（第三版）》指出：以心境低落为主，与处境不相称，并至少有下列 9 条中的 4 项症状表现。

（1）兴趣丧失、无愉快感。

（2）精力减退或有疲乏感。

（3）精神运动性迟滞或激越。

（4）自我评价过低、自责或有内疚感。

（5）联想困难或自主思考能力下降。

（6）反复出现想死的念头或有自杀、自伤行为。

（7）睡眠障碍，如失眠、早醒或睡眠过多。

（8）食欲降低或体重明显减轻。

（9）性欲减退。

简而言之，抑郁症的基本症状就是"三低、三无、三自"，即"情绪低落、思维迟缓、意志减退""无用、无助、无望""自责、自罪、自杀"。严重者社会功能受损，会感到痛苦，出现幻觉、妄想等精神病性症状。抑郁症每次发作会持续至少 2 周以上，并有反复发作的倾向。

3. 强迫症

强迫症是以强迫症状为特征的神经症。强迫症的两个发病高峰期是青少年前期和成年早期，常见于脑力劳动者。患者自知力完好，知道强迫观念或强迫行为是没必要的，但是无法控制，并为此感到苦恼不安。

（1）强迫观念。强迫观念主要包括强迫思维、强迫意向和强迫情绪。

① 强迫思维包括强迫性怀疑、强迫性回忆、强迫性联想、强迫性穷思竭虑等。强迫性怀疑，即患者对已完成的事情总是放心不下，要反复检查多次确实无误后才能放下心来；强迫性回忆，即患者对过去的经历、往事等反复回忆，虽知毫无实际意义，但总是反复萦于脑中，无法摆脱，因而感到厌烦之极；强迫性联想，即当患者听到、见到或想到某一事物时，他会不由自主地联想起一些令人不愉快的情景；强迫性穷思竭虑，即患者总是无休止地思考一些毫无现实意义的问题，尽管逻辑推理正常，自知力也完好，也知道没有必要深究，但无法克制。

② 强迫意向，即患者常出现相反的违背自己内心的意愿，虽然这种相反的意愿十分

强烈，但患者从不会付诸行动。

③ 强迫情绪，即患者对某些事物感到厌恶或担心，明知根本无必要却不能克制。例如，担心自己会伤害别人，担心自己会说错话，担心自己受到毒物的污染或细菌的侵袭等。

（2）强迫行为。强迫行为往往是为了减轻强迫观念引起的焦虑，不由自主地采取的顺应强迫观念的行为，如强迫洗涤、强迫检查、强迫计数等。

4. 双向情感障碍

双向情感障碍又称双向障碍，是指患者有以明显而持久的心境高涨或心境低落为主的一组心境障碍，并有相应的思维和行为改变。

双向情感障碍的临床表现为"三高""三低"现象。"三高"即情感高涨、思维活跃、意识活动增多。"三低"即情感低落、思维迟缓、意识活动减少。大多数患者有反复发作的倾向。

双向情感障碍的主要类型如下。

（1）躁狂发作或躁狂症。当个体出现"三高"现象时，其睡眠时间减少，食欲增加，性欲亢进，易夸大妄想、被激怒和精神运动性兴奋，这些症状通常会持续一周以上的时间。病情轻者的社会功能无损害或仅有轻度损害，严重者可出现幻觉、妄想等精神病性症状。

（2）抑郁发作。抑郁发作的临床表现主要同抑郁症，患者会出现"三低"现象，常伴有失眠、乏力、食欲不振、工作效率低和内感性不适（精神运动性抑制）等症状，这些症状通常会持续两周以上的时间。严重者可出现幻觉、妄想等精神性症状。某些患者的焦虑与运动性激越等情况很显著。

（3）混合发作。躁狂症状和抑郁症状可同时出现，通常出现在躁狂与抑郁快速转向时，一般持续时间较短，多会较快转入躁狂症状或抑郁症状。在目前的疾病发作案例中，两类症状在大部分时间都很突出，也可归为混合发作。

5. 进食障碍

进食障碍是指以进食行为异常、对食物及体重和体形的过分关注为主要临床特征的一种精神障碍。

进食障碍主要分为神经性厌食和神经性贪食，两者共同的表现是恐惧发胖，但患神经性厌食的个体体重过低，患神经性贪食的个体体重多正常，甚至偏高。

（1）神经性厌食。其主要表现是持续的能量摄取限制，患者强烈害怕体重增加或变胖，或持续地妨碍体重增加的行为，以及对自我的体重或体型产生感知紊乱。

（2）神经性贪食。其主要表现是不可抗拒的摄食欲望和行为，患者反复出现暴食行为以及暴食后不恰当的抵消行为，如诱吐、滥用利尿剂或泻药、节食或过度运动等。神经性贪食者一般在短时间摄入大量食物，进食时常避开他人，在公共场合会尽量控制摄食欲望。

扩展阅读

"假病人实验"

1973 年，美国斯坦福大学心理学系的教授大卫·罗森汉恩博士做了一个著名的实验（后被称为"假病人实验"）。他招募了 8 名志愿者（3 位女性，5 位男性）扮演假病人，他们分别是 1 位 20 多岁的研究生、3 位心理学家、1 位儿科医生、1 位精神病学家、1 位画家和 1 位家庭主妇。他们的任务是把自己送进精神病院。到了医院后，所有假病人都说自己能听到"轰"和"砰"等声音，除这个症状外，他们的言语和行为完全正常，并且提供给医院的信息都是真实的（除了自己的姓名和职业外）。结果，只有一人未被诊断为"精神分裂症"。

进入医院后，所有志愿者不再表现出任何症状，行为完全正常。他们与医务人员合作，接受所有的药物治疗（但药物不下咽，扔到厕所里冲掉）。结果，研究发现：没有任何一个假病人被任何一个医务人员识破！更有趣的是，在 3 个假病人所在的医院里，118 个真病人中的 35 个对志愿者表示怀疑："你不是'疯子'！你是记者或编辑，你是来检查医院的！"

这个研究说明：第一，在精神病机构中，正常人并不能与精神病人区分开；第二，贴标签具有危险性，人一旦被贴上精神病学意义的标签，这个标签将掩盖其所有的其他特征，其所有行为和人格特征都会被归因于精神障碍。

该研究震撼了整个精神病学专业领域。随后罗森汉恩又进行了下一步实验：通知精神病院的医务人员，在未来的 3 个月内，会有一些假病人试图进入他们的医院。结果 3 个月后，193 人被确认为假病人，然而罗森汉恩在这 3 个月内没有派任何假病人去医院！

《精神卫生法》第二十七条规定："精神障碍的诊断应当以精神健康状况为依据。"如果你怀疑自己患有某种精神障碍，一定要及时就医，并以精神科医生的诊断为主，切勿给自己乱贴标签。

本章小结

在生活中，每个人都会遇到一些心理困惑、心理问题或心理障碍，但我们不能仅根据一些情绪或躯体现象就轻易做出判断，更不能简单地"对号入座"。盲目给自己贴标签会对自己形成消极的心理暗示，并且会给自我身心调整带来阻碍。因此，了解一些心理健康知识，掌握心理健康标准，了解大学生心理健康的影响因素，学会自我心理调节方法，正确认识心理咨询，主动寻求心理帮助是非常有必要的。

（1）心理是心理活动的简称，它的表现形式是心理现象，即人脑对客观现实的主观能动反映。

（2）积极心理学背景下的大学生心理健康标准：开放的自我接纳的心态，积极乐观的生活态度，主体情绪的积极性，生活的希望感和意义感，充满爱和共情力，良好的人际关系和较高的安全感。

（3）完成分离个体化是大学生在青春期的一个关键性发展任务，其成功与否可以决定个体成年时的人格和社会关系是否健康。

（4）自我同一性的形成使个体对"我是谁""我会成为一个什么样的人""我如何适应社会"等问题形成坚定和连贯的意识，是自我发展和人格完善的核心。

（5）心理咨询指在良好的咨询关系的基础上，由经过专业训练的心理咨询师运用心理学的有关理论和技术，帮助有一般心理问题的来访者的过程，以解决或缓解来访者的心理问题，促进来访者的良好适应和协调发展。

（6）心理咨询的服务对象是正常人、正在恢复或已复原的病人。

（7）心理咨询严格遵循专业所需的来访者自愿原则、保密原则、时间设置原则、转介原则等。

（8）大学生心理咨询是面向全体大学生提供的心理辅导，其咨询内容涉及大学生活的方方面面，如关系类、成长发展类、适应类、情绪调节类、学业类、其他类等。

（9）大学生心理咨询主要有个体、团体和家庭咨询，发展性、健康性和障碍性咨询等类别。

（10）精神障碍是指由各种原因引起的感知、情感和思维等精神活动的紊乱或者异常，能导致患者出现明显的心理痛苦或者社会适应等功能损害。

思考题

晓晓家庭的经济状况不是很好，父母靠打工养家，于是她办理了助学贷款上大学。刚到大学时，面对饭菜不合口味、集体住宿等新环境，她感到有些失望和失落："身在异乡好孤单啊，我想家了，想我以前的好朋友了。"面对性格各异的同学、老师们，她有些焦虑："要和这么多人打交道，该怎样处理人际关系才好啊？他们瞧不起我怎么办？"性格有些内向的她为了证明自己，鼓起勇气参加了班委竞选但落选了，于是她自我谴责："我真没有用，别人都比我强！"但不甘心的她又申请了助理的岗位，这次总算成功了，可是两个月来她感觉自己整天忙来忙去都是在跑腿、出力不出头，觉得好无聊、很空虚。她想谈恋爱又没有合适的异性朋友……发生的一系列事情使她最近一周的情绪都很低落，做什么事情都提不起劲来，注意力不集中、上课走神、食欲下降、晚上也睡不好，她想求助却又不知道该怎么做。

请结合本章所学的知识，思考并回答以下问题。

（1）晓晓怎么了？

（2）如果你是她，你会怎么做？

（3）如果你是她的舍友，你会怎么帮助她？

推荐资源

1. 书籍：《心理学与生活》（第 19 版）（理查德·格里格、菲利普·津巴多著，王垒译，人民邮电出版社于 2016 年 1 月出版）

《心理学与生活》是一本心理学经典教科书、心理学导论类教材的典范之作，在许多国家的心理学界都有很高的知名度。正如作者所言："心理学是一门与人类幸福密切相关的科学。"该书贴近生活，深入实践，通俗易懂，是一般大众用于了解心理学，更好地理解人性和全面提高自身素质的优秀读物。作者形象地将使用该书学习心理学比喻成一次"智慧的旅行"，选择它，相信你一定不虚此行！

2. 电影：《心灵捕手》（罗宾·威廉姆斯、马特·达蒙主演，1997 年上映）

影片讲述了麻省理工学院的清洁工威尔在数学教授蓝波和心理学教授尚恩的帮助下，从一个问题少年逆袭成为天才数学家的故事。威尔虽然在数学方面很有天分，但因家庭状况不佳，内心叛逆，因犯事被送进少年犯管教所。教授蓝波有心栽培他，于是请资深的心理学教授兼老友尚恩出山，帮助解决其心理问题。尚恩通过与威尔进行 5 次交谈，使两人由最初的对峙状态转化成互相启发的朋友，并使威尔打开了心扉，走出了孤独的阴影，鼓起勇气找到了爱情，完成了自我的升华。

这是一部经典的心理学题材电影，获得 1998 年的奥斯卡最佳影片提名。在观影过程中，观众会慢慢地进入咨询对谈的场景，获得感同身受的浸入式体验。这部电影堪称心理学电影的典范。

第二章

悦纳自我——大学生健全自我意识塑造

导言

尼采曾经说过，我们无可避免地保持陌生，我们不明白自己，我们搞不清楚自己，离每个人最远的，就是他自己。自我意识是人对自己与周围世界关系的认识、体验和评价。大学阶段是一个人从青春期向成年期转变的重要时期，也是自我意识发展并走向完善的重要时期，正确地认识自我对大学生健全人格的形成和心理健康的发展具有重大意义。通过本章的学习，你可以：

◇ 了解自我意识的含义、结构和大学生自我意识发展的特点；

◇ 理解大学生自我意识的偏差及调适；

◇ 掌握塑造大学生健全自我意识的方法，正确认识自我、悦纳自我，提升自我控制的能力。

导入案例

斯芬克斯之谜

传说，古希腊的奥林匹斯山上居住着西方诸神，凡人难以涉足神界，而德尔菲神庙的阿波罗神殿的柱子上镌刻着神的箴言——"人啊，认识你自己！"神认为此箴言应让世人知晓。

狮身人面的斯芬克斯作为神的使者，带着神对人类的忠告，从奥林匹斯山来到忒拜城，驻扎在出城的唯一一条道路上。它把那句箴言化作一个谜语——什么东西早上用 4条腿走路，中午用两条腿走路，而晚上用 3 条腿走路？每个路过的人都必须猜一猜它的谜语，猜不出谜语的行人会被立刻吃掉，许多人因此丧命。

当时，忒拜城中没有一个人知道谜底，众人陷入了恐慌。一天，一个叫俄狄浦斯的青年路过，解答出了斯芬克斯的谜语——谜底就是人。新生的婴儿不会走路，只能在地上爬，是用4条腿走路；长大了能够直立行走了，是用两条腿走路；但到了老年，就需要借助拐杖了，所以是用3条腿走路。人从婴儿到成年再到晚年，相当于一天中的早晨、中午和晚上。俄狄浦斯解答了斯芬克斯之谜，解救了忒拜城中的人，斯芬克斯也完成了自己的使命，即告诫人类要学会认识自己。

第一节　我是谁——大学生自我意识概述

阿波罗神殿的柱子上镌刻的3条箴言中，最有名的一条就是："Know yourself"。在天津的大悲禅院，人们一进院门就能看到12个醒目的大字："来此作什么，佛即是心，莫向外求。"由此可见，人对自己的认识是多么的重要。

一、我的多面体：自我意识及其内涵

案例

佳琪来到心理咨询室进行咨询，她觉得自己性格腼腆，在众人面前总是不敢说话，原因是她感觉自己什么都不行，并且因为外表不够美丽而心情沮丧。心理咨询师仔细地观察了佳琪，发现她眉清目秀、温柔清纯，分明是一个很漂亮的女孩，哪里谈得上不够美丽呢？

心理咨询师询问佳琪是对自己的哪一部分相貌不满意。佳琪说是牙齿，她从小就有小虎牙，虽然一般情况下看不到，但是她大笑的时候别人就会看到，所以她从来不敢快乐地大笑，别人都以为她看不起人，没有人理解她心中的苦楚。上大学后，佳琪还是不敢笑。因为不想让别人知道自己的"缺陷"，她还尽量减少与别人的交流，慢慢地集体活动逐渐地参加得少了，在宿舍里也插不上话。她现在因为这颗小虎牙非常苦恼，不知道该怎么办。

思考：佳琪不快乐的主要原因是什么？应该如何让她快乐起来？

（一）自我意识的定义

自我意识是意识的核心部分，是指个体在社会化过程中对自身存在的觉察和认识，包括个体对自己的生理状况（如身高、体重、容貌等）、心理特征（如兴趣、能力、气质、性格等）以及对他人和对自己与周围关系的认知、体验和评价。

大学生探讨自我意识及其发展特点和培养途径，有助于大学生形成健全的人格。大学生只有充分地了解自己，客观地评价自己，才能产生积极的自我体验，悦纳自己，进行有效的自我控制，使自己不断成长。

（二）自我意识的内容

自我意识的内容主要包括 3 个方面：生理自我、心理自我和社会自我。

1．生理自我

生理自我是指个体对自身生理状况的认识和评价，指个体对自己的身高、体重、容貌、身材、性别等的认识以及生理病痛、温饱饥饿、劳累疲乏等的感受。个体若不接纳生理自我，嫌弃自己个子矮、不漂亮、身材差，就容易讨厌自己，表现出自卑情绪，缺乏自信。

2．心理自我

心理自我是指个体对自身心理状况的认识和评价，指个体对自己的知识、能力、情绪、兴趣、爱好、性格、气质、动机等的认识和体验。如果一个人对自己的心理自我评价低，嫌弃自己能力差、智商不高、自制力差、性格不成熟等，就容易否定自己。

3．社会自我

社会自我是指个体对自己与周围关系的认识与评价，指对自己在群体中的地位、作用以及自己和他人相互关系的认识、评价和体验。如果一个人认为自己不善于交流和沟通，周围的人不喜欢自己，不接纳自己，没有知心朋友，就容易感到孤独、寂寞。

课堂活动

认识自我——我是谁？

认识自我的方法之一就是进行自我反省——多问问自己："我是谁？"在活动单上写下以"我是"开头的句子，这些句子可以描述你各方面的特征，展示出你的头脑中关于自己的想法。

"我是谁"活动单

1. 我是＿＿＿＿＿＿＿＿＿＿＿＿＿＿＿＿＿＿＿＿＿＿＿＿＿＿＿＿＿＿
2. 我是＿＿＿＿＿＿＿＿＿＿＿＿＿＿＿＿＿＿＿＿＿＿＿＿＿＿＿＿＿＿
3. 我是＿＿＿＿＿＿＿＿＿＿＿＿＿＿＿＿＿＿＿＿＿＿＿＿＿＿＿＿＿＿
4. 我是＿＿＿＿＿＿＿＿＿＿＿＿＿＿＿＿＿＿＿＿＿＿＿＿＿＿＿＿＿＿
5. 我是＿＿＿＿＿＿＿＿＿＿＿＿＿＿＿＿＿＿＿＿＿＿＿＿＿＿＿＿＿＿
6. 我是＿＿＿＿＿＿＿＿＿＿＿＿＿＿＿＿＿＿＿＿＿＿＿＿＿＿＿＿＿＿
7. 我是＿＿＿＿＿＿＿＿＿＿＿＿＿＿＿＿＿＿＿＿＿＿＿＿＿＿＿＿＿＿
8. 我是＿＿＿＿＿＿＿＿＿＿＿＿＿＿＿＿＿＿＿＿＿＿＿＿＿＿＿＿＿＿
9. 我是＿＿＿＿＿＿＿＿＿＿＿＿＿＿＿＿＿＿＿＿＿＿＿＿＿＿＿＿＿＿
10. 我是＿＿＿＿＿＿＿＿＿＿＿＿＿＿＿＿＿＿＿＿＿＿＿＿＿＿＿＿＿＿

11. 我是_____

12. 我是_____

13. 我是_____

14. 我是_____

15. 我是_____

16. 我是_____

17. 我是_____

18. 我是_____

19. 我是_____

20. 我是_____

请仔细分析你所写的 20 个句子，依据下列提示进行分类（只填序号即可）

A. 表面性的句子有：_____

B. 反映内心世界的句子有：_____

C. 正面评价的句子有：_____

D. 消极评价的句子有：_____

E. 描述身体状况的句子有：_____

F. 描述情绪状况的句子有：_____

G. 描述才智状况的句子有：_____

H. 描述社会关系的句子有：_____

如果在自我描述的句子中，A 类的句子数量多于 B 类的句子数量，说明你对自己的认识不够深刻，比较表面，以后可以多关注一下自己的性格、能力、兴趣等内在表现；如果 C 类的句子数量多于 D 类，说明你对自己有较积极的认识，反之，则说明你对自己的认识不够积极，以后应多注意发现自己的优点和长处；如果你的 E、F、G、H 类的句子数量不够平衡，则说明你看自己的角度不够全面，以后应从各个方面认识自己。

总结一下 20 个"我是谁"，看是否还有要补充的，在总结的基础上完成一篇"这就是我"的小作文，要求把"我"的各个方面都写全面，以达到正确认识自己的目的。

技能学习

他人眼中的我、自己眼中的我以及理想的我

你可能会意识到有些难以发现自己身上的优势和劣势，这时你可以尝试从他人的角度来探索，获取更多关于自我的信息。下面就请你找出能理解自己并且自己信任的人（可以是你的父母、朋友、师长、同学或长辈等），让他谈谈对你的认识，最后对"他人眼中的我"进行分析总结，写出"自己眼中的我""理想的我"。

比较一下，周围的人对你的认识一致吗？别人对你的认识与你对自己的认识一致

吗？是否每个人对你的评价都是客观的？你应如何综合大家的看法和自己的认识，最终形成一个较为客观和完整的自我认识呢？

父亲眼中的我	
母亲眼中的我	
好朋友眼中的我	
师长眼中的我	
同学眼中的我	
自己眼中的我	
理想中的我	

独特的我（长处和不足从何而来，主要是受谁的影响）

1. 我的长处及其来源：

2. 我的不足及其来源：

自我探索

1. 你最重视谁的看法，原因是什么？

2. 最难填写、资料最少的是哪一部分，为什么？

3. 是否有你努力寻找，却仍然缺乏资料的情况，说明这部分的整体人际关系如何？

4. 是否有出现空白的情况，原因是什么？

个体应特别重视与自己关系比较亲密的人，如父母、老师、好友对自己的评价；重视那些较为统一的评价，其具有较强的真实性和客观性；既要重视和自己观点一致的评价，也要重视与自己观点不一致的评价；注意开放自我，多与人交往，让他人更多地了解自己。

二、自我意识的知、情、意：自我意识的结构

自我意识既是心理活动的主体，又是心理活动的客体。心理过程表现在认知、情感、意志3个方面，即自我认知、自我体验和自我调控。

1. 自我认知

自我认知是自我意识的认知部分，是主体我对客体我的认识与评价，包括自我感觉、自我观察、自我分析和自我评价等。自我评价是自我认知的核心，也是自我体验和自我调控的基础。自我评价就是在自我感觉、自我观察和自我分析的基础上以理想自我检查现实自我，是对自己能力、品德、行为等方面社会价值的评估。自我认知解决了"我是一个什么样的人"的问题，自我认知层面还包含现实自我与理想自我的冲突。特别是大学生的理想自我一般都比较完美，高于现实自我，在实际生活中就会出现对现实自我的不满意，表现出自卑甚至自弃等不良情绪。进行客观、正确的自我评价是一个复杂的过程，人的自我发展是一个连续且伴随终生的过程。对自我的认识是人类永恒的话题，"认

识你自己"也是个体终生的课题。

2. 自我体验

自我体验是自我意识的情感部分，即主体我对客体我产生的情感体验，是在自我认知的基础上产生的。自我认知决定自我体验，自我体验又强化了自我认知。自我体验是个体对理想自我和现实自我经过比较和评价得到的结果，会产生情感和道德两方面的体验。道德体验包括自爱、自尊、自卑、自负、自信、责任感、荣誉感、羞耻感和优越感等。情感体验是看这些结果是否与公认的道德准则、传统习俗相悖。自我体验会使人形成"我是谁""我应该干什么""我能干什么"等观念，并引起个体实现自我价值和自我追求的强烈情绪与冲动，能实现理想自我和现实自我的和谐统一。

3. 自我调控

自我调控是自我意识的意志部分，是指以理想自我调节现实自我，对那些与理想自我不符的行为和价值观予以控制和限制，以达到自我期望的目标。自我调控受自我认知、自我体验的制约，同时，个体的自我调控又反过来通过心理和行为的调整而影响自我认知和自我体验。自我调控包括自我检查、自我监督、自我激励、自我暗示和自我控制等形式。自我调控是自我意识结构中的最高阶段，它解决的是"如何控制自己""如何改变自己""如何成为理想自我"等问题。

扩展阅读

乔哈里视窗

美国心理学家乔瑟夫和哈里提出了"乔哈里视窗"理论，他们认为个体对自己的认识其实是一个不断探索的过程，"窗"是指人的自我意识，每个人的自我就像一扇窗户，被分为 4 个部分，根据自己和别人对自己的了解程度构成一个视窗，如表 2-1 所示。

表 2-1 乔哈里视窗

自我的内容	自己知道	自己不知道
别人知道	开放我	盲目我
别人不知道	隐藏我	未知我

1. 开放我

"开放我"也称"公众我"，属于公开活动的领域，是自己知道且别人也知道的部分。"开放我"是自我最基本的信息，也是了解自我、评价自我的基本依据。

2. 盲目我

"盲目我"属于个体自我认识中的盲点，这是自己不知道而别人知道的部分。例如个体无意识的口头禅、小动作和表情等，自己察觉不到，但别人能观察到。

3. 隐藏我

"隐藏我"是自我的隐藏区，属于隐蔽领域，是自己知道而别人不知道的部分，与"盲目我"正好相反。例如我们常说的隐私、个人秘密，个体会将这些秘密藏在心底，不愿意让别人知道。

4. 未知我

"未知我"也称"潜在我"，属于未知区，这是自己和别人都不知道的部分，有待挖掘和发现。"未知我"通常是指潜在的能力或特性，也包括弗洛伊德提出的潜意识层面。

每个人的自我都由这4个部分组成，但不同的人的这4个部分的比例各有不同，将"盲目我"所占的比例缩小，人对自我的认识就会更加清晰，自我的潜能也更容易被激发出来。

技能学习

积极的自我介绍

积极的自我介绍就是通过讲故事，让别人认识到你身上的特征、优势和积极品德的介绍方式。我准备了一个书写练习，大家可以根据自己的情况，为自己量身定做一个"积极的自我介绍"。

1. 讲述你的最佳时刻

首先，请回忆你人生中的最佳时刻，假如你只能从好的一面给别人讲一个自己的故事，那是什么？

_____

（最佳时刻可以是你自己的成就，如你赢得了一个比赛，你获得了一个学位，你拿到了一个很难拿到的奖项，你完成了一项很难完成的任务，这些都可以是你的最佳时刻。）

_____

（或者是你展现了某种美德，如你帮助了别人、激励了别人，你在诱惑面前坚守住了自己的原则，你在压力之下能够坚持不懈地努力，这些也可以是你的最佳时刻。）

2. 展现你的标志性优势

讲述了最佳时刻后，再来看看它体现了你的什么标志性优势。这个方法可以让人从情感或故事的角度看到自己身上的标志性优势。我们如果只讲自己身上有什么优势，只是贴标签，很难被他人记住。如果是通过讲故事的形式，别人就可以把你的标志性优势记得更清楚，而不是只记住了一些干巴巴的标签。

那么，现在请你做一个积极的自我介绍，讲述一个"最佳的我"的故事。
它体现了你的什么标志性优势？

_____

这是一个让你认清自己的标志性优势的练习，也是一个帮助你最快地和他人拉近距离的方法，只有故事、品格和情感才能让别人与你产生情感上的互动。

现在就开始，向别人做一个"积极的自我介绍"吧！这是能够让我们和他人产生连接、产生爱、相互欣赏的最好的方法之一。

三、自我的奥秘：大学生自我意识发展的特点

案例

嘉敏最近因为压力大的问题来到心理咨询中心。在高中，她是年级公认的"学霸"，一心扑在学习上，最终顺利地考上了理想的学校和专业。进入大学之后，嘉敏也延续了高中的风格，大部分时间都在埋头学习。到了期末，她本以为能拿个好成绩，谁想到连班级前十都没进。嘉敏向心理咨询师哭诉："在高中我有很多好朋友，我的成绩也很好，无论在学校和班级里我都觉得自己很不错，我对自己的各方面都很满意。可是到了大学怎么一切都变了呢？我觉得自己不再优秀，同学们都很厉害，他们不仅学习好，能歌善舞，还能抽出时间参加许多社团活动，或者进入学生会锻炼自己。我现在觉得自己什么都不如别人，也没有方向，看到别人做什么我也想做，但到头来我什么都没做好，我就更迷茫了。"

心理咨询师对嘉敏说："别着急，现在才是大学的第一个学期，是你进行探索的第一步，大学与高中有很大的不同，在生活、学习等方面有了更多、更丰富的选择，特别是不能觉得只要会读书就可以了。除了学习，你更要学会了解自己，找到自己的方向，慢慢地，你的自信就会回来的。"

在个体的发展过程中，童年时期是人格开始形成的时期；少年时期和青年时期则是人格初步形成并定型的时期；成年时期是人格成熟的时期。自我意识是人格发展的核心，在自我认知、自我体验、自我调控三者相互影响、相互作用的过程中，自我意识逐步成熟，期间经历了分化—矛盾—统一的过程。

（一）自我认识的矛盾性

大学生自我认识的矛盾来自过去不曾注意到的许多"我"的细节，同时也带来了主体我和客体我的矛盾，呈现出理想我和现实我的矛盾并使矛盾加剧。随着自我冲突的加剧，有的大学生的内心甚至产生了强烈的痛苦和不安。正是这种矛盾，使大学生更多思考自己的人生，思考什么样的人才是自己的朋友，思考人要怎样活着才是有意义的。这些思考促进了自我意识的统一，推动了自我意识不断成熟。

（二）自我体验的情绪化

大学阶段是个体重新认识自我的阶段。上大学之前，个体的目标比较简单，就是考上一所好大学。而进入大学之后，个体面临专业选择、交友、恋爱、择业等一系列问题，个体对理想我和现实我进行比较和评价所得到的结果具有一定的波动性。个体取得理想

的成绩能产生积极、肯定的情绪，但容易骄傲自满、忘乎所以；而遇到挫折时，容易自卑、悲观、失望，在自我体验的过程中容易情绪化。

（三）自我调节的中心化

大学生社会责任感和成就动机强烈，这使得他们乐于主动确立自己的价值目标，并在实现理想我的过程中不断进行自我调节。对于理想我的追求容易导致大学生以自我为中心，根据自己的需要和感情去判断和理解事物、情境以及同他人的关系等，并且希望别人的想法、目标和他们期望的一致。随着自我认知和自我体验的不断加深，大学生逐渐意识到一个人的想法不可能被所有人接纳，于是他们学会更加客观地看待问题和分析问题，从而发展更合适的解决路径，形成更加健康的人格。

（四）自我意识发展的阶段性

青春期后，自我意识会经历分化—矛盾—统一的过程。在这个阶段，大学生也开始逐渐探索自我，尝试建立自我的同一性。进入大学之后，大学生的理想我和现实我逐渐分化。许多大学生由中学时引人关注的优等生，成为大学中的普通生，这一转变使他们重新审视自己，甚至怀疑自己，找不到前进的方向。大学生一旦能从这种迷茫和怀疑中找到自己，就会经历从"旧我"到"新我"的重建过程，逐渐形成一个更加完整的自我。

第二节　哈哈镜里的"我"——大学生自我意识的偏差及调适

你有那么多优点——魅力四射、聪明伶俐、活泼阳光，真希望你能看到我眼中的你。

——《摩登家庭》

一、谁都比我好：自卑及调适

案例

名人的缺陷及其非凡成就

霍金全身瘫痪，不能发音，但他成了继牛顿和爱因斯坦之后最杰出的物理学家之一。

罗斯福下肢残疾，但他带领美国人赢得了第二次世界大战的胜利。

海伦·凯勒从小失去视觉和听觉，但她成了掌握英语、法语、德语、拉丁语、希腊语5种语言的著名作家和教育家。

贝多芬盛年失聪，但他的作品对世界音乐的发展有着非常深远的影响，他被尊称为

"乐圣"。

司马迁受宫刑，但他发奋继续完成所著史籍，被后世尊称为"太史公""历史之父"。

孙膑腿上有残疾，但他是中国古代杰出的军事家。

思考：这些名人都没有因为自身的缺陷而自卑沉沦，反而取得了巨大的成就，他们是怎样做的呢？

（一）自卑及表现

自卑是一种因为自我评价过低、过多的自我否定而产生的负面情绪。自卑也可以表述为低自我效能感。低自我效能感是指个体在特定情境中对自己是否有操作行为的预期比较低。自卑的人不敢奢望自己能做成什么大事，对特定行为的预期总是很低，成就体验感也比较弱。人在生活中的某些时候感到自卑是很正常的，自卑有时候对个体的发展来说不一定是坏事，但过度自卑会使人不能客观地认识自己，只看到自己的缺点，而看不到自己的优点，甚至夸大自己的不足。这样不仅会损伤自己的自信心，严重者还会产生强烈的自我否定，甚至走向自我厌恶、自我毁灭的境地。

（二）从优点认识自己——积极评价自我

自卑的本质是自我评价过低，而且这些评价多是歪曲的、不合理的，具体表现为在某一事件失败的基础上对自己的能力和价值做出普遍性的否定。积极评价自我应是对自我的优势有比较清晰、客观、全面、深刻的认识。这种积极的自我评价是在经历过痛苦的选择与调整后，个体逐渐成长，使理想我与现实我趋于统一，主体我与客体我不断趋于一致，对自我的认识更加深刻、客观和理性的结果。积极的自我评价不仅能使个体了解自己的长处与优势，也能使个体了解自己的不足与劣势，个体能够分析哪些是通过努力可以达到的，哪些是无法企及的，从而进行积极的自我肯定，避免产生诸如自卑等负面的情绪。

（三）积极自我暗示——练习肯定自我

暗示是用含蓄、间接的方式，对自己和别人的心理及行为产生影响，从而使人按一定的方式去行动或接受一定的意见，使其思想、行为与自己的意愿相符合。这就是暗示的力量与作用。自我暗示往往能产生意想不到的效果。

个体对自身思想、能力、水平等方面的认知是自我调节和自我控制的基础。消极的自我暗示往往会导致消极的行为，积极的自我暗示可以带来积极的行动。如果个体在做事的时候不断暗示自己"我选择""我想要""我一定做得到"，始终坚信"我能行"，则会信心倍增。也可以将自己理想的自我形象具化为文字，如"自信、乐观、积极、开朗""大家都很喜欢我""我更能控制自己的情绪"等，每天大声读几遍。坚持几个月，你会发现自己期望的积极形象正在慢慢变成现实，而你也越来越爱自己，越来越能够接纳自己了。

技能学习

积极的自我对话

自我对话是指我们对自己说话。当我们较为自卑时，会倾向于对自己使用消极的自我对话，也就是用否定、批判的方式对自己说话。比如"我真是太糟糕了""我很不可爱"。

积极的自我对话是对自己说一些肯定、鼓励的话，它们可以消除你对于自身的消极评判。也许积极的自我对话不是你习惯的方式，但研究表明，它们是有效的。

下面准备了一个练习，你可以根据自身的情况，为自己量身定做一些积极的自我对话。

1. 寻找消极的话语

首先，请回忆那些你对自己说过的消极话语，将它们写下来。有时候，只有当我们把那些话清楚地写下来时，才能意识到我们对自己是如此的苛刻，以及这些苛刻是多么的不合理。

_____

2. 设定积极的话语

根据上面所写的每一条消极话语，有针对性地设定一些积极的话语，并记录下来。

写好之后，将它们大声读出来。体会一下，当你用积极的方式和自己对话时，有什么样的感受。（如果设定这些话语真的很难，可以尝试在每一句消极的话语前面加上"我可以不是"的前缀）

_____

3. 规划"积极时间"

有时，你可能会对积极话语产生怀疑，这很正常。毕竟，这些话语在挑战你固有的思维方式。但是，随着不断地练习，你将能更多地体会到这些话语给你带来的积极影响。

所以，你需要规划一个简单的行动计划，帮助自己持续练习。

你可以将这些积极的话语写在纸上，在接下来的几天中，每天拿出几分钟，对着镜子练习，对自己大声地说出这些积极的话语，让这几分钟成为你的"积极时间"。

任何时候都可以是你的"积极时间"，不过为了帮助你记忆并养成习惯，最好将这个时间固定下来，并且将它和你的日常活动联系起来。

那么，你想将什么时间设定成你的"积极时间"呢？请写在下面吧。

_____

从今天开始，实践你的"积极时间"吧。

腹式呼吸法

有时，你可能会被负面的自卑情绪所淹没，所以想不起来进行积极的自我对话，这时，腹式呼吸法能够帮助你平复这些情绪。

当你的情绪好一些了，就可以使用已经拟定好的积极的话语来肯定自己，对抗那些消极的情绪。

现在，跟着下面的步骤尝试练习腹式呼吸法吧。

（1）用鼻子深深地吸气，尝试让你的腹部鼓起来，胸腔不要扩张。

（2）屏气，保持一两秒钟。

（3）用嘴呼气，可以呼出"哈——"的气流声。

（4）循环3次，让自己慢慢平静下来。

当一个人处在自卑的状态中时，常常会执着于自己做得不好的地方，或者揪着某一件事不放，并且以此为理由否定自己的整体价值。但这是一个陷阱：我们的价值绝不是由一件事、一个方面决定的，而是我们自身各个方面的结合。学习并练习这些主动掌控自我感觉的心理技术，可以帮助你跳出自卑的陷阱。

二、自命不凡：自负及调适

案例

一位大二女生来到心理咨询室，她是学校舞蹈团的成员，身材苗条，穿着时尚，非常活泼、开朗。她认为自己长得漂亮、才华出众，因此非常喜欢表现自己，认为自己做什么都很棒；她也是班级的团支书，什么事情都喜欢插手，总是指使、支配其他同学做事；她认为自己做什么都是对的，对别人提出的意见持否定态度，认为别人没有资格评论自己；平时她也总是高高在上，有一种莫名的优越感，与他人说话时不自觉带有教训的语气，常常令人难以接受；稍有不如别人的时候，她就会产生嫉妒心理，常常把他人说得一文不值。最近，在进行学生会干部的选拔中，她落选了。她难以接受，不明白为什么自己这么优秀，却没有入选。你能帮她分析一下原因吗？

（一）自负及表现

自负是指个体自以为是、自命不凡的一种情感体验和情绪表现。自负是一种过度的自信，即过高地估计自己。当个体进行自我评价时，需要运用自我意识中的自我认知部分的内容。若个体对自己认识不清，过高地评价自己就会导致自负。自负往往表现在个体的语言和行动上，一般以狂妄自大、看不起他人为主要特征。自负的人由于对自己的优缺点缺少清醒的认识，一旦遇到挫折，总是把责任推到他人身上，认为别人或社会对自己不公平，疏远集体和他人，甚至自暴自弃，做出反社会的行为。

（二）自负与自信

自信是健康的心理，是健全的自我意识与人格成熟的标志。但由于大学生自我意识尚处于发展之中，心理还未成熟，对自己的认知有时会出现偏差——自负。自负之人往往缺乏自知之明，总觉得自己比别人好，无法直面自身的缺点，害怕别人发现自己的不足；一旦感觉到他人质疑自身的价值，就会视其为威胁，想尽办法做出抵抗，容易认为自己对而别人错，把自己的意愿强加到别人身上，难以与他人和谐相处。

（三）克服自负的方法

多反省自己的不足，多做自我批评，承认自己的缺点和弱点；多看到别人的长处，学会理解与尊重他人，欣赏他人的独特性，认可他人的成绩；多与他人交往，以开放的心态认真对待他人的意见，正视能够为自己提意见的朋友。

三、"水仙花少年"：以自我为中心及调适

案例

大一男生张三最近非常苦恼，进入大学快一年了，他几乎没有交到朋友，和同学也鲜有来往。张三认为同学们思想都不成熟，因此常常瞧不起身边的同学。

舍友们在宿舍里抱怨课程枯燥无趣而难以学好，他就反驳说："学习都是给自己学的，学得好坏主要靠自己。"舍友们偶有反驳，也被张三噎得说不出话来，慢慢地都觉得和张三没有什么共同语言。

班长组织同学们一起出去玩，大家都想去一个知名的森林公园，班委们商量后也觉得价格、时间等各方面都很合适，张三却觉得那个公园没什么意思，据理力争要把活动安排在另一个风景区，他提出的理由无法说服同学们，结果不欢而散，最后同学们还是去了那个森林公园。

渐渐地，张三身边连一个关系好的同学都没有，他很纳闷，不知道自己到底做错了什么？

（一）以自我为中心及表现

所谓以自我为中心，即个体在观察事物或思考问题时，以个人的主观意愿去对待有关事物，不能考虑他人的观点、内心世界的一种心理状态。不能考虑他人的人十分重视表现自我，往往习惯于从自我的角度和标准去认识、评价和行动，容易出现以自我为中心的倾向。

以自我为中心者凡事以自我为中心，只关心自己，不能设身处地进行客观思考，不顾及他人的感受和需要，喜欢把自己的意愿强加于别人，因此人际关系多不和谐，做事难以得到他人的帮助，容易遭受挫折。

（二）以自我为中心的调适方法

要想避免以自我为中心的心理状态，就要摆正自己的位置，实事求是、恰如其分地评估自己，既不抬高自己也不贬低他人，多设身处地从他人的角度思考问题，尊重他人的感受，关心他人；多与他人交往，以开放的心态认真对待他人的反馈，走出个人的小天地，自觉地融入他人和集体。

第三节　做最好的自己——大学生健全自我意识塑造

自我意识在大学生健康人格的形成和人格结构中占有重要的地位。人的认知、情感、意志都受到自我意识的影响，因此，健全的自我意识是形成健康人格的重要基础，也是良好心理素质的具体表现。大学生自我意识的塑造是一个自我认知、自我评价、自我调控、不断完善的过程。在这个过程中，大学生要学会积极正确地认识自我、悦纳自我、有效控制自我，从而使自我评价更客观、自我体验更积极、自我控制更有力，促进大学生心理的不断成熟和发展。

一、天生我才必有用：正确认识自我

案例

日本推销大师原一平从小就是个标准的小太保，叛逆顽劣的个性使他恶名昭著而无法立足于家乡。27岁的原一平来到东京，进入明治保险公司成为一名见习业务员。他在成功之前曾向一位高僧请教如何才能成功。

高僧说："一个人之所以难成大器，最主要的原因就是不能超越自己，先努力改造自己吧！"

"改造自己？"原一平有点似懂非懂。

"是的，要改造自己，首先必须认清自己，你知不知道自己是一个什么样的人呢？只有赤裸裸地认清自己，毫无保留地反省自己，才能真正地认识自己。你事业上最大的敌人就是你自己！"

于是，原一平策划了一个别开生面的"原一平批评会"。邀请客户定期给自己提意见，并给提意见的客户赠送礼物。客户提出的意见都是无价之宝，通过一次次的批评会，他更多地了解到了自己的弱点，他把自己身上一层一层的劣根剥下，潜能得到了越来越充分的发挥。他学会了克服自己的缺点，并把自己的缺点变为优点。

"原一平批评会"连续举办了6年，这已经无法满足原一平的需求，他渴望更深入、更客观、更广泛的批评。之后，他又花钱请调查中心调查客户对自己的评价。

他认为："一个人不可能没有缺点。有了缺点并不可怕，可怕的是自己发现不了自己的缺点，进而让这些可恶的缺点放大。所以说，成功的关键在于认识自己，铲除劣根。随着劣根的消除，人就会逐渐进步、成长、成熟。"

原一平说："我这一辈子，充分享受了花钱买批评的甜头。"原来一无所有的穷小子原一平也成了亿万富豪，成为受世人尊敬的成功榜样和幸福楷模。

老子曰："知人者智，自知者明。"自我认知是自我意识的核心，是自我体验和自我调控的基础，客观正确地认识自我是建立健全自我意识的基础。

（一）在比较中认识自我

有比较才会有差距，在缺乏客观评价标准的情况下，个体可以通过与别人的比较来评估自己。比较时注意选择恰当的参照系，还要学会用发展的眼光看待比较的结果。比较的目的是认识自我，只有做到既不妄自尊大，也不妄自菲薄，才能合乎实际地制订自己的目标和计划。

（二）通过自我观察和分析认识自我

自我观察包括认识自己的智力、能力、性格、价值观等，行为是了解人的重要途径，通过自我观察和分析经常检查自己的行为和动机，判断其是否正确，观察有什么不足、结果如何、有哪些收获和缺陷，以便有的放矢地进行自我调整。自我观察和分析要全面、客观，摒弃过于理想化、情绪化的想法。

（三）借助他人认识自我

他人是反映自我的镜子，是个体获得自我认识的重要来源，个体可以根据别人对自己的看法来调整自己的行为。确立合理的参照系和立足点对建立正确的自我认识来说尤为重要。

他人对我们的评价与我们对自己的认知可能会出现一些偏差，这与我们对自己认识得不够全面有关，可能我们"高估"或"低估"了自己，也可能是他人误解了我们。因此，我们不仅要学会听取他人的意见，还要学会将别人的评价与个人的认知进行对比，找到相同和不同的部分，弄清楚出现不同的原因，减少偏差。一个人的自我评价与别人的客观评价在较大程度上保持一致，是自我意识成熟的表现之一。

（四）以参加活动的成果认识自我

自我认识还可以通过参加各种活动的表现、取得的成绩来获得。理想的活动成果、良好的活动效果可以使个体进一步增强认识自我的能力，发现自我价值，从而激发自信，开发潜能。大学生可以通过多参加集体活动来了解自己的协作能力，参加专业知识竞赛来考察自我的专业知识水平，通过进行体育运动比赛来了解自身的身体素质，通过心理咨询和团体辅导等活动来了解自己的价值观。

课堂活动

看看图 2-1 中左右两个位于中心位置的圆，对比一下，哪个圆比较大？

出现这种感觉偏差的原因是什么？

在不同阶段，由于周围人群的差异，人处在不同的参照系中容易迷失对自我的判断。

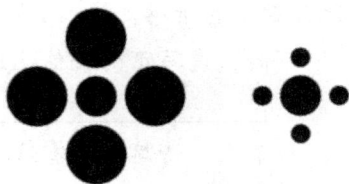

图 2-1 比较圆的大小

技能学习

是谁塑造了我

1. 那些塑造我的事

生命是一场漫长的旅程，我们会经历各种各样的事。也正是这些事塑造了我们对自己、对世界的认知。而其中有一些关键事件，对我们的影响非常深远，不断地帮助我们认识和定义自己。

现在请回想你人生中的一个重要转折点，或者一次特殊的经历。在下面的横线上概括事件的内容，并简述这件事对你的影响。

接下来，请回想一件你人生中的高峰事件或低谷事件。在下面的横线上概括这件事，并简述这件事对你的影响。

在上面的内容中，你主观地选择了强调一些事件，也选择了不叙述某些事——你是如何选出这些事情的？相比于其他经历，这些事件为何更为重要？

其实，这些事件体现了你认为哪些事件更有可能塑造了现在的你。以当下来看，正是这些重要的事件（无论是积极的还是消极的），构成了你人生中重要的节点。它影响了你对自己的看法，或者是对于世界及他人的理解和认识，让你形成了一些核心的态度与观点。

除了这些事情，在你所描述的情节中，也可能存在大量的冲突、重要的意象，以及你对自己生命主题的思考和实践。将这些构成你人生一个个节点的事件按时间顺序排列，便构成了你的"自传"——它们表明了你是如何认识和定义自己的，以及随着时间的推移，你的哪些方面被这些事件影响和改变了。

回看你写下的这两个重要事件，它们之中可能蕴含了你的某些内在资源（心理特质、能力等）和外在资源（金钱、人脉、社会支持等）。

如果是积极的事件，你可能更容易看到自己在其中发挥的长处和拥有的资源。

如果是消极的事件，你也可以尝试找到自己可能拥有的、能帮助你改善情况的资源（比如朋友的情感支持、自己拥有的解决问题的优势等）。

下面，请写下两条你从这些重要事件中发现的、自己拥有的内在或外在资源。

接下来，请思考拥有这些资源给你的生活带来了怎样的影响。

现在，你是否看到了自己身上不同于别人的所在呢？这些可能是你平常并没有过多注意到的、自己人生的优势方面。你可能还会发现，自己有些难以意识到身上的优势与资源。这个时候，你可以尝试从他人的角度来进行探索，获取更多关于自我的信息。

下面，请你找一位能理解自己的、并且自己信任的人（可以是朋友、恋人，或家人、长辈等），讲一讲塑造自己的两件事，说说这两件事是如何影响你的。

然后，请他说一说自己倾听完的感受，并试着帮你找到其中的积极意义吧。

这样的倾诉其实也是为了让我们找到自己生命的见证者。当有更多的人见证了我们重要的生命历程后，我们会更容易获得对自己身份的认同，会感觉自己的个人信念和价值观得到了肯定，会感觉自己"被看见"了。

2. 我崇拜的人

除了塑造我们的关键性事件，重要的人也在我们的成长过程中发挥不可小觑的作用。

比如我们崇拜的人、喜欢的偶像、尊敬的长辈等。我们常常说"榜样的力量"，正是因为我们崇拜的人的身上有我们认同和欣赏的特点，他们会潜移默化地影响和塑造我们。其中也许还蕴含了你对自己的某些期待，或你想拥有的信念。

在接下来的练习中，就让我们与自己崇拜的人对话。

首先，请写下一位在性格或品行上你最尊敬或崇拜的人，并用 3 个词语概括他的特点。

_____

然后，请写下一位在才能或专业技术上你最敬佩或崇拜的人，并用 3 个词语概括他的特点。

_____

最后，请写下一个处事风格上你最敬佩或崇拜的人，同样用 3 个词语概括他的特点。

_____

在生活中我们有崇拜或者尊敬的人，是因为他们身上的特点暗含了我们对自己的期待。他们的存在、言行也会潜移默化地塑造我们的价值观和信仰。

接下来的这个练习将会帮助你更好地理解你崇拜的人是如何影响你的信仰和价值观的。带着你刚刚写下的崇拜的对象和他们的特点，继续探索自我吧！

请思考你写下的自己崇拜的人身上的特点。其中是否蕴含了你对自己的某些期待或你想拥有的信念？体现了你认可的哪些价值观？请用词语或短句的形式写下来。

（例如，他身上的正直和诚实是我看重的，他对于真理的追求与坚持，是我期望自己拥有的。）

_____

接下来请想一想，有哪些信念或价值观是你和你崇拜的人共同拥有的？

_____

为了让你对自己的价值观有更新的理解，你可以在空闲时间做一些补充阅读。比如阅读自己崇拜人物的传记或者访谈等资料，完善他的形象，思考是什么塑造了现在的他，以及他的故事中有哪些经历和你类似，他从中获得了怎样的成长。

3. 我的重要他人

除了崇拜的人会影响我们对自己和世界的思考，生活中还有一群对你来说很重要的人，他们对你也产生了重大的影响。

他们可能是你正在投入，或者是曾经投入过很多情感的人，我们称之为重要他人。重要他人可能是和我们有血缘关系的家人，可能是我们的恋人、配偶、亲密的朋友等；也可能是伤害过我们，我们讨厌过、恨过的人（讨厌或憎恶也是一种强烈且持久的情感）。

生活中的重要他人也会影响我们的价值观。现在，我想请你花一点时间，在下面的练习中回顾出现在你生命中的重要他人。

4. 书写重要他人

现在，请你书写 3 个重要他人，分别用 3 个词语来概括他们的特点，并用一句话描述一个和他们互动的印象深刻的片段。

首先，请写下一个对你来说造成了重要影响的亲人或长辈。

_____

然后，请写下一个在很大程度上影响了你的朋友或恋人。

_____

最后，请写下一个你非常讨厌或憎恶的，但对你的生活造成了重大影响的人。

_____

我们和重要他人有深厚的情感链接，和重要他人之间的情感深度，以及关系的紧密程度会远远超过其他人。

在和重要他人的关系中，我们会获得关于"我是谁"的认知，内化他们对我们的评价与感受。这些认知和评价可能是积极的、也可能是消极的，下面我们就来一起探索一下吧。

思考一下，上面所写的 3 个重要他人对自己的影响，他们在哪些方面、塑造了怎样的"我"？分别用一句话概括。

首先，请思考在亲人或长辈中的那个重要他人在哪些方面塑造了怎样的你？

_____

然后，请思考那个朋友或恋人中的重要他人在哪些方面塑造了怎样的你？

_____

最后，请思考那个你非常讨厌或憎恶的人中的重要他人在哪些方面塑造了怎样的你？

_____

正是这些在你的生活中曾经来过，以及现在还在你身边的重要他人塑造了现在的你。

对你的重要他人表达你对他们的感谢，能让你更深刻地意识到，自己在哪些方面受到了对方的影响。

_____

二、遇见"美好的我"：积极悦纳自我

案例

画家黄美廉从小就患有脑性麻痹，这个病夺去了她四肢的平衡感，也夺走了她讲话发声的能力。脑性麻痹使她活在肢体不便和众人异样的眼光中，她的成长充满了波折。但她没有被这些外在痛苦击败，她勇于面对困难，克服一切不可能，终于考取了加州大学艺术博士学位。

有一次，她应邀到一个场合演"写"（不能讲话的她必须以笔代口），会后接受提问时，一个学生当众问她："你从小就长成这个样子，请问你怎么看你自己？你都没有怨恨吗？"

这个无心但尖锐的问题让在场人士无不捏了一把冷汗，生怕会深深刺伤她的心。

只见她回过头，用粉笔在黑板上吃力地写下了"我怎么看自己？"这几个大字。

她笑着再回头看了看大家后，又转过身去继续写道：

一、我好可爱！

二、我的腿很长很美！

三、爸爸妈妈这么爱我！

四、上帝这么爱我！

五、我会画画！我会写稿！

六、我有只可爱的猫！

七、还有……

忽然，教室内一片鸦雀无声，没有人敢讲话。她又回过头来静静地看着大家，再回过头去，在黑板上写下她的结论："我只看我所有的，不看我所没有的。"一下子，全场响起了如雷的掌声。那天，许多人因为她的乐观得到了激励。

黄美廉的故事激励了很多人，"我只看我所有的"体现了她在自我认识和自我评价时自尊、自信的态度。她虽身有残疾，却比许多身体健康的人有更加阳光的心态和健康的心灵。

（一）悦纳自我的含义

美国心理学家卡尔·罗杰斯说过："当我接受了现实的自己时，我就发生了变化。"悦纳自己就是要无条件地接受自己的一切，包括自己的长处和短处、优势和劣势，凡自身的和现实的一切都应该积极接纳，对自己的本来面目持认可、肯定和喜悦的态度。

认识自我是悦纳自我的前提，悦纳自我则是认识自我的发展和提高。悦纳自我的人拥有更多的愉悦感和满足感，对生活乐观，能平静而理智地对待自己的优势与劣势、得失与成败，能以发展的眼光看待自己；既不以虚幻的自我来补偿内心的空虚，也不消极

回避和漠视自己的缺憾，更不会以怨恨、自责、厌恶的态度否定自己。

技能学习

蝴蝶拍——拥抱自己

1. 活动目的

（1）树立接纳自我的意识，练习悦纳自我。

（2）对自身资源进行提取、深化，提升自我的复原力。

2. 活动时间

约 30 分钟。

3. 人员要求

没有人员限制。

4. 活动步骤

（1）学习蝴蝶拍的方式：双臂在胸前交叉，右手放在左臂上臂处，左手放在右臂上臂处，以左右交替的方式轻拍上臂；左右各一次为一轮，4~12 轮为一组；轻拍的节奏较慢。

（2）从你的日常生活或既往经历中选择一件让你觉得愉快、有成就感、感到被关爱，或者其他积极体验的事件，回想这个事件。

（3）找到一个最能代表这个积极体验的画面，以及这种积极体验在身体的哪个部位及那个部位的身体感受（还可以找到相应的正性认知及积极情绪）。

（4）想像这个画面、正向认知并体验身体的积极感受，然后开始慢速进行左右交替轻拍，每 4~12 轮为一组。在轻拍过程中，头脑和身体保持自然状态。

（5）一组动作结束后稍微停一下，做一次深呼吸，如果这个事件的内容是积极的，可以再做一组轻拍，直到积极的感受不再增强，或自己觉得足够了为止。

（6）结束蝴蝶拍后，可以用一个线索词来代表这个事件，留意它在身体的哪个部位，然后思考线索词并留意身体的那个部分，用 4~12 轮的慢拍来强化。

5. 引导讨论

当你拥抱自己的时候，感受如何？

你的线索词是什么？

做完蝴蝶拍之后，你的感受如何？

补充：在对多个资源进行强化之后，可以把线索词收集起来，组成你的"资源之书"，在迷茫的时候你或许可以从中找到答案。

（二）悦纳自我与放纵自我

放纵自我是放任自己不受约束，更多的是指纵容自己的各种想法和行为。而悦纳自我并不等同于放纵自我，悦纳自己更多的是指愉快地接受自己本来的样子，更多的是指对待自己的态度。面对压力和挫折时，放纵自我的人可能会选择回避，选择拖延或抱怨他人和环境；悦纳自我的人会接受自己的担心与忧虑，并勇于接受挑战。

（三）有条件的价值与无条件的价值

社会对个体价值的判定多是有条件的，判定中充满了标准和比较，个体也往往用这些标准来判断自己的价值。若没有达到这些所谓的条件，个体就会被判定为没有价值，从而不被喜欢。而满足这些条件的个体就会比较自信，一旦不能满足这些条件，个体就会对自己失去信心。

每个个体都是宇宙中独一无二的存在，个体的价值是无条件的，正确地看待自己，无条件地接受自己是积极悦纳自己的第一步。

（四）学会从"垃圾"中寻宝

没有人一生都是一帆风顺的，也没有人只有优点没有缺点，但每个人对待自身缺点的认知不同，有人能从"垃圾"中寻找到宝贝，从缺点中寻找优点。悦纳自己就要正视自己的缺点，学会换一个角度看问题：注意力不集中——注意力广泛，做事拖拉——做事考虑周到，成绩差——其他能力突出，做事急躁——做事效率高、行动力强。很多的优缺点本身并没有明确的界限，平静地看待自己的优点和缺点，对生活和未来乐观、接纳，是悦纳自己的重要一步。

三、自我与制我：有效地控制自我

（一）如何控制自我

自我控制是人主动、定向地改变自己的心理品质、特征及行为的心理过程，是大学生健全自我意识、完善自我的根本途径。自我克制能提高克制冲动和延迟满足的能力。自我控制体现了一个人对自己的态度，它的最终目标是改变现实自我，以趋近理想自我，这些都与自我效能感密切相关。

自我效能感是指个体对自己是否有能力完成某一行为所进行的推测与判断。美国心理学家阿尔伯特·班杜拉认为："自我效能感是人们对自身能否利用所拥有的技能去完成某项工作的自信程度。"寻求帮助的个体有较低的或无效的自我效能感，这类个体应积极恢复自己的效能感，而且有许多策略能够恢复自我效能感。这是个体对自己能力的一种主观感受，而不是能力本身，即个体对在特定情境中是否有能力完成某项任务的行为预期或自信程度。

自我效能感会影响个体的思维、情感、行动并产生自我激励，这种信念帮助个体选择干什么，在此件事情上付出多大的努力，在面对困难和挫折时，个体能经受多大的压力。提高自我控制能力的关键是先要提高自我效能感。

（二）如何提高自我效能感

扫一扫

自我效能感

1. 设定合适的目标

学会给自己设立合适的目标和任务，把这些任务分解成小目标和任务，并在一系列的小成就中提高自己的自我效能感。

合适的目标是指经过努力能够达到的任务，不经努力就能达到的目标不能提高自我效能感，无法完成的目标会使个体产生挫败感，因此合适的目标中，努力和能够达到缺一不可。

2. 找到合适的比较对象

找到合适的比较对象可以帮助自己在比较中更好地认识到自己的优点与缺点，有助于提高自己的自我效能感。比较对象太强，容易产生自卑感；比较对象太弱，又容易沾沾自喜，合适的比较对象有助于激发个体的斗志，个体既可以发扬自己的优点，又可以正确认识自己的缺点，从而提高自我效能感。

3. 合理归因

深入分析之前成功和失败的原因，在归因的过程中提高自我效能感。不论是将成功归因于运气还是个人能力，个体都能产生自我效能感，因为努力因素在其中起到的作用有限。合理归因是总结自己的努力和经验，这样便能使个体产生更好的自我控制感，从而逐步提高自我效能感。

技能学习

未来模板——拥抱成功

1. 活动目的

（1）通过对成功场景的想象练习，激发个体的能量，增强自信心。

（2）在记忆网络中培养适应性的技巧、行为、情绪或感觉反应。

2. 活动时间

约 50 分钟。

3. 人员要求

人员数无限制。

4. 活动步骤

按每组 6～8 人进行分组，请每位同学坐到椅子上，以感到舒适为原则，闭上眼睛深呼吸，尽量放松自己。

想象在未来，你又遇到了之前令你困扰的情景、人、地方或其他任何特定的情况，请想象一个你可以做的合适的反应，越具体越好。同时确保你拥有完成那些适应性反应所需要的技能，确定你希望拥有的积极信念。（在社交过程中感到羞怯和畏缩的同学，可以想象自己在大庭广众下轻松而镇静地进行人际交往，并且因此而感到舒适；和异性交往感到恐惧和焦虑的同学，可以想象自己正轻松自如地在异性面前行动，并因此而感到开朗和自信。）

请想象你能有效地应对类似的情景，带着那个新的积极信念和新的积极感受（例如力量、信心、平静），想象你正走入这个场景。留意你是如何应对这个情景的，留意你看到的、想到的、感受到的，以及你身体体验到的。

在充分停顿之后，询问自己："现在你留意到什么？"

如果反馈是正向的，就以此为目标用蝴蝶拍进行强化。

如果反馈是负向的，明确存在的问题是否需要用新的资源、技能来解决。

完成想象之后，和小组成员描述和讨论自己想象的内容。

5．引导讨论

这种练习给你的感受如何？

它有没有给你的心灵带来什么变化？如果有，变化是什么，你的体会如何？

本章小结

（1）自我意识是个体在社会化过程中对自己存在的觉察和认识，包括个体对自己生理状况、心理特征、对他人以及对自己与周围关系的认知、体验和评价。

（2）自我意识包括心理自我、生理自我和社会自我 3 个方面的内容。

（3）自我意识的结构包括自我认知、自我体验和自我调控；健全自我意识的标准是有正确的自我认知、良好的自我体验和有效的自我调控。

（4）大学生自我意识发展的特点是自我认识的矛盾性、自我体验的情绪化、自我调节的中心化和自我意识发展的阶段性。

（5）大学生自我意识发展的偏差主要有自卑、自负和以自我为中心。

（6）自卑是一种因为自我评价过低、过多的自我否定而产生的负面情绪。自卑也可以表述为低自我效能感。改变认识自己的模式是消除自卑的关键。

（7）自负是指个体自以为是、自命不凡的一种情感体验和情绪表现。自负是一种过度的自信，即过高地估计自己。正确地认识和评价自己可以有效地消除自负。

（8）以自我为中心是个体在观察事物或思考问题时，以个人的主观意愿去对待有关事物，不能考虑他人的观点、内心世界的一种心理状态。学会倾听和关注他人是消除以自我为中心的核心。

（9）个体主要通过客观的比较、自我观察和分析、借助他人、参加活动的成果等来认识自己。

（10）要想获得良好的自我体验，需要学习如何积极悦纳自我。

（11）自我调控的核心是提高自我效能感。自我效能感是人们对自身能否利用所拥有的技能去完成某项行为的自信程度，是个体对自己能力的一种主观感受，而不是能力本身。

思考题

大二女生小美最近有很多烦恼，刚进入大学的时候，小美乐观热情，积极参加学校和学院举办的各项活动，但是她在几个感兴趣的学生会干事职务的竞选中相继失败，就连她一向引以为豪的舞蹈，在大学中好像也没那么突出了。小美第一次体会到如此沉重的打击，一向强势的她陷入了自我否定的泥潭。她的情绪经常大起大落，有时还会喜怒无常，在寝室里经常与舍友发生争吵。虽然小美学习努力，成绩不错，但是在大二竞选班干部的时候又以一票之差落选，小美再次产生了自我怀疑。有一次她听到舍友背后议论她："小美的性格也太争强好胜了，自己能力不行，还总是瞧不起别人……"从那之后，小美渐渐不爱和人说话，也远离了人群，对舍友充满了敌意，每当看到其他同学一起学习和玩耍的时候，就倍感孤独；晚上经常睡不好，出现了失眠的情况；情绪低落，常常不知道为什么就发脾气，不自觉地产生了很多消极情绪，慢慢地变成了同学们眼中的另类。

请结合本章所学知识内容，思考并回答以下问题。

（1）小美的自我意识可能存在哪些偏差？

（2）如果你是小美，应该如何调节自己？

（3）如果你是她周围的同学，可以怎样帮助她？

推荐资源

1. 心理书籍：《自卑与超越》（阿尔弗雷德·阿德勒著，曹晚红译，中国友谊出版公司于 2017 年 1 月出版）

这是一本通俗且饱含哲理的心理学著作。作者阿德勒是个体心理学的创立者，他提出了很有价值的"自卑情结"，认为每个人都有不同程度的自卑感，对优越感的追求是人类的共性。人要超越自卑，关键在于正确对待职业、社会和婚姻，正确理解生活。

2. 心理书籍：《遇见未知的自己》（张德芬著，湖南文艺出版社于 2019 年 12 月出版）

书中有一句话说得好，呼应了悦纳自己的重要心理学信念——"亲爱的，外面没有别人，只有自己"。

第三章

自知者明——大学生健全人格的塑造

导言

在生活中，我们可以注意到有些人天生乐观开朗，而有些人总是抑郁寡欢；有些人善于交际，而有些人内向沉默；有些人似乎总能主动抓住机遇，而有些人谨小慎微。这些个体差异一直以来都是人格心理学家思考的问题。即到底什么是人格？人格在大学生的心理健康发展过程中起什么样的作用？本章将分享有关大学生人格发展与心理健康方面的内容。通过本章的学习，你可以：

◇　了解人格的含义及特点、人格的构成及影响因素；

◇　理解并接纳自己的人格特点；

◇　掌握完善自我人格的方法。

导入案例

欢欢的妈妈参加了大学毕业 30 周年的同学聚会，最近她和欢欢沟通的话题都是与同学聚会有关的事情，她向欢欢讲述了很多同学聚会上的趣事。随着时间的推移，虽然很多同学的长相都变了，声音也变了，但是一聊天，过去熟悉的感觉就找回来了，很快就能认出对方。例如老李当时是个受其他男生"欺负"的老好人，现在是单位的管理者，这次聚会时还是像以前一样话不多，憨憨地在一旁微笑，哪个同学的水杯空了，他总是第一个起来给他满上。还有当时班上的"风云人物"老夏，是个豪爽活泼的女子，这次见面明显成熟多了，表现出了以前少见的温柔。欢欢也和妈妈分享班里同学的趣事，有的同学活泼开朗，有的同学稳重独立，各不相同。

第一节 面具与真我——人格概述

一、我是谁与谁像我：人格的含义

"人格"是我们日常生活中经常使用的词汇，如"他具有健全的人格""他的人格高尚""他出卖了自己的人格"，这些描述包含了人格的多重含义，既有法律意义上的人格，也有道德意义上的人格，又有社会学意义上的人格。

我国古代汉语中只有"人性""品格"一类的词，没有"人格"一词，而现代汉语中的"人格"与西方心理学中的"人格"的内涵也相去甚远。按照现代汉语词典的解释，人格有 3 种含义：①个人的道德品质；②人的气质、能力、性格等特征的总和；③人按照法律、道德或其他社会准则应享有的权利或资格。第二种含义比较接近西方心理学中的"人格"。

（一）人格的定义

《红楼梦》中描写了数百个人物，每个人物各具风采。林黛玉的忧郁与孤傲，贾宝玉的多情与叛逆，薛宝钗的自制与圆滑，史湘云的活泼与爽朗，王熙凤的泼辣与奸诈，探春的刚毅与精干，迎春的懦弱与温顺，惜春的冷漠与疏离，妙玉的清高与傲气，元春的贤德与哀怨，袭人的奴性与忠诚，晴雯的抗争与刁蛮，平儿的善良与周全，尤三姐的刚烈与痴情……大大小小的人物都有血有肉，显示出人格的"千姿百态"。这些性格迥异的人物，表示出了不同的人格。

人格（personality）一词源于希腊语"persona"，意指古希腊戏剧中演员所戴的面具，它代表了演员在戏里所扮演的角色和身份，相当于我国京剧表演中应剧情需要所画的人物脸谱。西方心理学借用此词来描述在人生大舞台上，每个人扮演的不同角色以及表现出的相应行为。

各种心理学著作中都把人格看成是使人与人区别开来的独特的心理特征，但人格的定义因关注点不同而各不相同。我们通常把人格定义为构成一个人的思想、情感及行为的特有的统合模式，这种特有的统合模式是个体在遗传因素的基础上，通过与后天环境的相互作用而形成的相对稳定和独特的心理行为模式。它包含两方面的意义：一个是外部自我，即个体在人生舞台上所表现出的种种言行，这是我们可以观察到的外显的行为和人格品质，是人格的"外壳"；另一个是内部自我，即个体真实的内心世界、本来面目，这是面具后面隐藏的人格成分，是人格的内在特征。人格的内外两个方面相结合就构成了现实生活中的人。

（二）人格的特性

1. 独特性

我们经常说的"人心不同，各如其面"就是指人格具有鲜明的特征，人格的差异铸就了个体千差万别、千姿百态的心理面貌。个体的人格是在遗传、成长环境及教育等先天、后天多种因素交互作用下形成的。不同的遗传、生存及教育环境会形成个体各自独特的心理特点。而生长教育条件的不同也会使同一人格品质在不同的人身上表现出不同的特点。例如，勇敢这一人格特质极易让一个在缺乏父母爱护的家庭中成长的孩子与他人产生争斗；而易让一个在民主型家庭中成长的孩子见义勇为。

2. 稳定性

人格的稳定性是指一个人的人格及其特征在时间上具有前后一贯性，在空间上具有一定的普遍性。例如，某个人性情比较急躁，他昨天是这样，今天是这样，明天很可能也是这样。同样，这个人在学习上比较急躁，在工作中也会比较急躁，甚至在日常生活和人际交往中也会表现出急躁。这就是所谓人格在时间上的前后一贯性和空间上的普遍性。俗话说，"江山易改，禀性难移"，当然，我们并不排除这个人在某种场合偶尔也会表现得比较沉稳。这时我们会说："他的举止不像他。"人格的稳定性也并不意味它将一成不变，随着生理的成熟和环境的变化，人格也有可能产生或多或少的变化，在一个人的一生中，人格始终保持可塑性和可变性。

3. 统合性

人格是由内在的心理特征与外部行为方式构成的，是个体心理与行为的多侧面、多层次与多因素的统一体。但是人格不是简单无序的行为整合，它是由多种成分构成的一个有机整体，具有内在统一的一致性，受自我意识的调控。当一个人的人格结构在各方面和谐统一时，他的人格就是健康的。否则，他就可能出现适应困难，甚至人格分裂等情况。所以说，人格的统合性是心理健康的重要指标。

4. 功能性

人格能引导一个人的行为，驱使人完成或回避某种行为，寻求或躲避某些刺激，是一个人成败、喜怒哀乐的根源。人格决定了一个人的生活方式，有时甚至会决定一个人的命运。正如人们常说的"性格决定命运"。面对挫折与失败，坚强者能够奋发图强，努力再创辉煌；而怯懦者则一蹶不振，失去奋斗的目标。当人格功能发挥正常时，人就会表现为健康而有力；当人格功能失调时，人就会表现为懦弱、无力、失控甚至变态。

扩展阅读

1. 人格是在何时"定型"的？会不会变化？

一个人的人格是在什么时候"定型"的？美国心理学家詹姆斯认为："大多数人到

30 岁时，人格便稳定得像一块石膏了，而且再也不会变软了。"沃尔特·米歇尔则持不同意见，他在 1968 年出版的《人格与评估》一书中写到，没有足够的证据能证明人格是显著而稳定的，相反，人格会受到情境等因素的影响。

2. 在实际生活中，我们的人格到底有没有发生改变呢？

2014 年，哈佛大学心理学家丹尼尔·吉尔伯特在著名的《科学》杂志上发表了《历史终结的错觉》一文，为人们分享了其重要的研究结果。他发现不论在何时，人们的人格都会发生不小的变化。

3. 人格可以人为改变吗？

2017 年，一篇心理学文章对 207 个在心理治疗过程中测量了人格变化的研究进行了分析，其中 1/3 的研究是长期追踪的。研究结果发现，人格在心理治疗干预过程中出现了明显变化。这说明人格可以人为改变。

二、先天和后天：人格的构成

案例

"一点就炸"的坏脾气

小田是一名大一学生，他自觉性格不好，脾气暴躁，动不动就爱发脾气。但不知道为什么，一遇到让自己生气的事，他就很容易爆发出来，不分场合地发泄自己的情绪。这使得他跟周围的人的关系搞得很僵。其实事后想想，他也为自己的行为后悔，但就是控制不住自己的脾气。为此小田觉得很烦恼，不知道该怎么办。

通过心理咨询，心理咨询师发现小田的气质属于胆汁质。容易暴躁，常感情用事。而小田的性格属于情绪型，在为人处事过程中情绪敏感，爱冲动。小田之所以会形成这种暴脾气与他的家庭环境有关，根据小田的描述，小田的爸爸和爷爷都是暴脾气，动不动就发火，当他们对小田大吼的时候，小田也不由自主地为自己大声地辩驳。长此以往，小田也形成了这种"一点就炸"的坏脾气。

人格是由不同成分构成的一个结构系统，不同成分从不同侧面反映出了个体的差异。人格结构系统包括认知、动机、气质、性格、自我调控等成分。其中，气质和性格是人格的最重要的两个组成部分。

（一）气质

心理学中所讲的气质和日常生活中人们所说的气质的含义并不完全一样。日常生活中所说的气质是指一个人的风格、风度或仪表。心理学上的气质是指个体与生俱来的、人的心理活动中典型而稳定的心理特征。它包括 4 个方面：①心理活动的速度，如知觉、思维反应、情绪体验、动作反应的快慢等；②心理活动的强度，如情绪体验的强度、外显动作的强度、意志努力的程度等；③心理活动的稳定性，如注意力的持续时间、情绪的稳定性；④心理活动的倾向性，心理活动倾向于外部或内部等。

气质具有先天性。气质主要是人的神经系统的基本特性的表现，个体出生后就具备了独特气质，比如有的人生来好动，有的人喜好安静；有的人生来活泼，有的人十分文静等。气质具有稳定性。有某种独特气质类型的人，常在不同场合、不同的活动中表现出同样的特征。比如，一个容易激动的大学生，听课时会沉不住气，迫不及待地抢答问题，争论时情绪激动，等人时会坐立不安；而一个沉着稳定的大学生，在不同场合下都会表现出不紧不慢、安详沉静的特点。气质具有可变性。气质是不易改变的、稳定的人格心理特征，但它并不是绝对不变的，在一定条件的影响下气质可以或多或少地变化，环境因素、教育因素、个人的主观努力、年龄等都会使气质发生变化。

心理学家对气质进行了多方面的研究，提出了各种气质学说，下面将介绍两种影响较大的气质学说。

1. 体液说

体液说是公元前 5 世纪由古希腊医生希波克里特提出的。他认为，人体内有 4 种液体：黏液、黄胆汁、黑胆汁和血液，这 4 种液体"形成了人的气质"。约 500 年后，罗马医生盖伦对气质进行了分类，他认为不同的气质是由 4 种液体中在体内占比较高的液体决定的，并提出人的 4 种气质类型是胆汁质、多血质、黏液质、抑郁质。

大部分心理学家都沿用了上述的分类方法，并总结出了这 4 种气质类型的人各自的特征。

（1）胆汁质类型的人精力旺盛，性情直率，待人热情，容易激动，易感情用事，性急、暴躁、爱发火，在行为上表现出极大的不平衡性。心理活动具有迅速而容易爆发的特征，心血来潮时不怕困难，工作热情很高，反之则情绪一落千丈，无法安心工作。

（2）多血质类型的人热衷于感兴趣的事情。他们热情、有能力、适应性强、精神愉快，但注意力易转移、情绪易变；他们富于幻想，办事凭兴趣，不愿做耐心细致的工作；他们活泼好动、敏感、喜欢交际，很容易适应新的环境，在集体中善于处事，朝气蓬勃。

（3）黏液质类型的人具有较强的自我克制力，生活有规律，不为无谓的事分心，做事踏实认真，有耐久力，不喜欢空泛的清谈，与人交际适度，不卑不亢，但反应缓慢，思维、动作迟缓，很适宜从事有条理的工作。

（4）抑郁质类型的人怯懦、多愁善感；办事犹豫不决、优柔寡断；反应缓慢，但细心、谨慎、感受力强；生活中遇到挫折易产生沉重的感情；善于觉察别人行动中的细微变化，情感细腻，自我体验丰富。

2. 高级神经活动类型学说

20 世纪初，巴甫洛夫创立了高级神经活动类型学说。他认为气质类型是高级神经活动在人的行为方式上的表现，并指出高级神经活动有 3 个基本特性：强度、灵活性、平衡性。巴甫洛夫根据高级神经活动的 3 个基本特性的不同组合，把高等动物的高级神经活动划分为许多类型，其中，基本的类型有以下 4 种。

（1）强、不平衡型。这种类型的特点是个体的兴奋过程强于抑制过程，是一种易兴奋、奔放不羁的类型，也称为不可遏止型。

（2）强、平衡、灵活型。这种类型的特点是个体反应灵敏、活泼好动，能较快适应变化的外部环境，也称为活泼型。

（3）强、平衡、不灵活型。这种类型的特点是个体较容易形成条件反射，但不容易改造，是一种坚毅而行动迟缓的类型，也称为安静型。

（4）弱型。这种类型的特点是个体的兴奋过程和抑制过程都很弱，个体胆小怕事，在艰难任务面前，正常的高级神经活动易被破坏而产生神经症，也称为抑郁型。

巴甫洛夫认为，上述 4 种高级神经活动基本类型是动物与人共有的，因此称为一般类型。高级神经活动类型的一般类型即为气质类型的生理基础。这 4 种类型相当于体液说中的 4 种气质，其关系如表 3-1 所示。

表 3-1　高级神经活动类型学说与体液说对照表

高级神经活动过程	高级神经活动类型	体液说
强、不平衡	不可遏制型	胆汁质
强、平衡、灵活	活泼型	多血质
强、平衡、不灵活	安静型	黏液质
弱	抑郁型	抑郁质

在现实生活中，单一气质的人并不多，绝大多数的人的气质都是多种气质互相混合的结果。气质本身无好坏之分。在评定人的气质类型时，不能把某一类型评定为消极的，而把另一种类型评定为积极的。每种气质类型都有积极和消极两方面。气质不能决定一个人的社会价值与成就的高低，从任何一个领域内的杰出人物中都可以找出气质类型不同的人，任何气质类型的人都有可能取得成功。如俄国 4 位著名文学家：普希金属于胆汁质，赫尔岑属于多血质，克雷洛夫属于黏液质，果戈理属于抑郁质。他们的气质虽属于不同的类型，但他们在文艺领域都取得了杰出的成就。气质影响人的活动方式和活动效率。气质虽然在人的实践活动中不起决定性作用，不能决定一个人的成就大小，但是气质对人在不同性质的活动中的适应性，甚至活动的效率有一定的影响。比如，多血质和胆汁质的人较为适合内容灵活、任职人员反应迅速的工作，黏液质与抑郁质的人则不太适合；黏液质和抑郁质的人较为适合持久、细致的工作，胆汁质和多血质的人则不太适合。

技能学习

气质类型测试

下面 60 道题可以帮助你确定自己是何种气质类型。请你根据自己的真实想法进行答题。

1. 做事力求稳当，不做无把握的事。（　　　）

    A．很符合　　　　　　　　B．比较符合　　　　　　　C．介于符合与不符合之间

    D．比较不符合　　　　　　E．完全不符合

2. 宁肯一个人做事，也不愿很多人一起。（　　　）

    A．很符合　　　　　　　　B．比较符合　　　　　　　C．介于符合与不符合之间

    D．比较不符合　　　　　　E．完全不符合

3. 遇到生气的事就怒不可遏，把心里话全说出来才觉得痛快。（　　　）

    A．很符合　　　　　　　　B．比较符合　　　　　　　C．介于符合与不符合之间

    D．比较不符合　　　　　　E．完全不符合

4. 到一个新环境很快就能适应。（　　　）

    A．很符合　　　　　　　　B．比较符合　　　　　　　C．介于符合与不符合之间

    D．比较不符合　　　　　　E．完全不符合

5. 厌恶那些强烈的刺激，如尖叫、危险镜头等。（　　　）

    A．很符合　　　　　　　　B．比较符合　　　　　　　C．介于符合与不符合之间

    D．比较不符合　　　　　　E．完全不符合

6. 和人争吵时，总是先发制人，喜欢挑衅。（　　　）

    A．很符合　　　　　　　　B．比较符合　　　　　　　C．介于符合与不符合之间

    D．比较不符合　　　　　　E．完全不符合

7. 喜欢安静的环境。（　　　）

    A．很符合　　　　　　　　B．比较符合　　　　　　　C．介于符合与不符合之间

    D．比较不符合　　　　　　E．完全不符合

8. 善于同别人交往。（　　　）

    A．很符合　　　　　　　　B．比较符合　　　　　　　C．介于符合与不符合之间

    D．比较不符合　　　　　　E．完全不符合

9. 羡慕那些善于克制自己感情的人。（　　　）

    A．很符合　　　　　　　　B．比较符合　　　　　　　C．介于符合与不符合之间

    D．比较不符合　　　　　　E．完全不符合

10. 有自己的生活规律，且很少违反它。（　　　）

    A．很符合　　　　　　　　B．比较符合　　　　　　　C．介于符合与不符合之间

    D．比较不符合　　　　　　E．完全不符合

11. 在多数情况下抱乐观态度。（　　　）

    A．很符合　　　　　　　　B．比较符合　　　　　　　C．介于符合与不符合之间

    D．比较不符合　　　　　　E．完全不符合

12. 碰到陌生人觉得拘束。(　　　)
    A. 很符合　　　　　　B. 比较符合　　　　　　C. 介于符合与不符合之间
    D. 比较不符合　　　　E. 完全不符合

13. 遇到令人气愤的事能很好地进行自我克制。(　　　)
    A. 很符合　　　　　　B. 比较符合　　　　　　C. 介于符合与不符合之间
    D. 比较不符合　　　　E. 完全不符合

14. 做事时总是有旺盛的精力。(　　　)
    A. 很符合　　　　　　B. 比较符合　　　　　　C. 介于符合与不符合之间
    D. 比较不符合　　　　E. 完全不符合

15. 遇到问题时常常举棋不定、优柔寡断。(　　　)
    A. 很符合　　　　　　B. 比较符合　　　　　　C. 介于符合与不符合之间
    D. 比较不符合　　　　E. 完全不符合

16. 在人群中从来不觉得过分拘束。(　　　)
    A. 很符合　　　　　　B. 比较符合　　　　　　C. 介于符合与不符合之间
    D. 比较不符合　　　　E. 完全不符合

17. 情绪高昂时，觉得干什么都有趣；情绪低落时，觉得干什么都没意思。(　　　)
    A. 很符合　　　　　　B. 比较符合　　　　　　C. 介于符合与不符合之间
    D. 比较不符合　　　　E. 完全不符合

18. 当将注意力集中于某一事务时，别的事很难使你分心。(　　　)
    A. 很符合　　　　　　B. 比较符合　　　　　　C. 介于符合与不符合之间
    D. 比较不符合　　　　E. 完全不符合

19. 理解问题总是比别人快。(　　　)
    A. 很符合　　　　　　B. 比较符合　　　　　　C. 介于符合与不符合之间
    D. 比较不符合　　　　E. 完全不符合

20. 碰到危险情境，常有一种极度的恐惧感和紧张感。(　　　)
    A. 很符合　　　　　　B. 比较符合　　　　　　C. 介于符合与不符合之间
    D. 比较不符合　　　　E. 完全不符合

21. 对学习、工作、事业怀有很高的热情。(　　　)
    A. 很符合　　　　　　B. 比较符合　　　　　　C. 介于符合与不符合之间
    D. 比较不符合　　　　E. 完全不符合

22. 能够长时间做枯燥、单调的工作。(　　　)
    A. 很符合　　　　　　B. 比较符合　　　　　　C. 介于符合与不符合之间
    D. 比较不符合　　　　E. 完全不符合

23. 做符合兴趣的事情时劲头十足，不符合兴趣的事一点都不想做。(　　　)
    A. 很符合　　　　　　B. 比较符合　　　　　　C. 介于符合与不符合之间

　　D．比较不符合　　　　　　E．完全不符合

24．一点小事就能造成情绪波动。（　　　）

　　A．很符合　　　　　　　B．比较符合　　　　　　C．介于符合与不符合之间

　　D．比较不符合　　　　　　E．完全不符合

25．讨厌做那种需要耐心的工作。（　　　）

　　A．很符合　　　　　　　B．比较符合　　　　　　C．介于符合与不符合之间

　　D．比较不符合　　　　　　E．完全不符合

26．与人交往时不卑不亢。（　　　）

　　A．很符合　　　　　　　B．比较符合　　　　　　C．介于符合与不符合之间

　　D．比较不符合　　　　　　E．完全不符合

27．喜欢参加活动。（　　　）

　　A．很符合　　　　　　　B．比较符合　　　　　　C．介于符合与不符合之间

　　D．比较不符合　　　　　　E．完全不符合

28．常看文笔细腻、描写人物内心活动的文学作品。（　　　）

　　A．很符合　　　　　　　B．比较符合　　　　　　C．介于符合与不符合之间

　　D．比较不符合　　　　　　E．完全不符合

29．工作、学习时间长了，常常感到厌倦。（　　　）

　　A．很符合　　　　　　　B．比较符合　　　　　　C．介于符合与不符合之间

　　D．比较不符合　　　　　　E．完全不符合

30．不喜欢长时间谈论一个问题，愿意付诸实践。（　　　）

　　A．很符合　　　　　　　B．比较符合　　　　　　C．介于符合与不符合之间

　　D．比较不符合　　　　　　E．完全不符合

31．宁愿侃侃而谈，不愿窃窃私语。（　　　）

　　A．很符合　　　　　　　B．比较符合　　　　　　C．介于符合与不符合之间

　　D．比较不符合　　　　　　E．完全不符合

32．别人说你总是看起来闷闷不乐。（　　　）

　　A．很符合　　　　　　　B．比较符合　　　　　　C．介于符合与不符合之间

　　D．比较不符合　　　　　　E．完全不符合

33．理解问题常比别人慢一些。（　　　）

　　A．很符合　　　　　　　B．比较符合　　　　　　C．介于符合与不符合之间

　　D．比较不符合　　　　　　E．完全不符合

34．疲倦时只要短暂休息就能精神抖擞，重新投入工作。（　　　）

　　A．很符合　　　　　　　B．比较符合　　　　　　C．介于符合与不符合之间

　　D．比较不符合　　　　　　E．完全不符合

35．不愿向他人诉说心事。（　　　）

A. 很符合　　　　　　　B. 比较符合　　　　　　C. 介于符合与不符合之间

D. 比较不符合　　　　　E. 完全不符合

36. 认准一个目标就希望尽快实现，不达目的，誓不罢休。（　　　）

A. 很符合　　　　　　　B. 比较符合　　　　　　C. 介于符合与不符合之间

D. 比较不符合　　　　　E. 完全不符合

37. 学习、工作的时间和别人一样，但常比别人更疲倦。（　　　）

A. 很符合　　　　　　　B. 比较符合　　　　　　C. 介于符合与不符合之间

D. 比较不符合　　　　　E. 完全不符合

38. 做事有些莽撞，常常不考虑后果。（　　　）

A. 很符合　　　　　　　B. 比较符合　　　　　　C. 介于符合与不符合之间

D. 比较不符合　　　　　E. 完全不符合

39. 老师讲授新知识、技术时，总希望他讲慢些，多重复几遍。（　　　）

A. 很符合　　　　　　　B. 比较符合　　　　　　C. 介于符合与不符合之间

D. 比较不符合　　　　　E. 完全不符合

40. 能够很快地忘却那些不愉快的事情。（　　　）

A. 很符合　　　　　　　B. 比较符合　　　　　　C. 介于符合与不符合之间

D. 比较不符合　　　　　E. 完全不符合

41. 做作业或完成一件工作总比别人花的时间多。（　　　）

A. 很符合　　　　　　　B. 比较符合　　　　　　C. 介于符合与不符合之间

D. 比较不符合　　　　　E. 完全不符合

42. 喜欢运动量大的体育运动，或喜欢参加各种文艺活动。（　　　）

A. 很符合　　　　　　　B. 比较符合　　　　　　C. 介于符合与不符合之间

D. 比较不符合　　　　　E. 完全不符合

43. 不能很快地把注意力从一件事转移到另一件事上去。（　　　）

A. 很符合　　　　　　　B. 比较符合　　　　　　C. 介于符合与不符合之间

D. 比较不符合　　　　　E. 完全不符合

44. 接受一个任务后，就希望把它迅速解决。（　　　）

A. 很符合　　　　　　　B. 比较符合　　　　　　C. 介于符合与不符合之间

D. 比较不符合　　　　　E. 完全不符合

45. 认为墨守成规比冒风险改变强。（　　　）

A. 很符合　　　　　　　B. 比较符合　　　　　　C. 介于符合与不符合之间

D. 比较不符合　　　　　E. 完全不符合

46. 能够同时注意几件事情。（　　　）

A. 很符合　　　　　　　B. 比较符合　　　　　　C. 介于符合与不符合之间

D. 比较不符合　　　　　E. 完全不符合

47. 当自己感到烦闷时，别人很难使你高兴起来。（　　）
    A. 很符合　　　　　　　B. 比较符合　　　　　　C. 介于符合与不符合之间
    D. 比较不符合　　　　　E. 完全不符合

48. 爱看情节起伏跌宕、激动人心的小说。（　　）
    A. 很符合　　　　　　　B. 比较符合　　　　　　C. 介于符合与不符合之间
    D. 比较不符合　　　　　E. 完全不符合

49. 对工作抱认真严谨、始终如一的态度。（　　）
    A. 很符合　　　　　　　B. 比较符合　　　　　　C. 介于符合与不符合之间
    D. 比较不符合　　　　　E. 完全不符合

50. 和周围人的关系总是不好。（　　）
    A. 很符合　　　　　　　B. 比较符合　　　　　　C. 介于符合与不符合之间
    D. 比较不符合　　　　　E. 完全不符合

51. 喜欢复习学过的知识或重复做已经掌握的工作。（　　）
    A. 很符合　　　　　　　B. 比较符合　　　　　　C. 介于符合与不符合之间
    D. 比较不符合　　　　　E. 完全不符合

52. 希望做变化大、花样多的工作。（　　）
    A. 很符合　　　　　　　B. 比较符合　　　　　　C. 介于符合与不符合之间
    D. 比较不符合　　　　　E. 完全不符合

53. 小时候会背的诗歌现在仍然记得清楚。（　　）
    A. 很符合　　　　　　　B. 比较符合　　　　　　C. 介于符合与不符合之间
    D. 比较不符合　　　　　E. 完全不符合

54. 别人说你出口伤人，可你并不觉得。（　　）
    A. 很符合　　　　　　　B. 比较符合　　　　　　C. 介于符合与不符合之间
    D. 比较不符合　　　　　E. 完全不符合

55. 在体育活动中，常因反应慢而落后。（　　）
    A. 很符合　　　　　　　B. 比较符合　　　　　　C. 介于符合与不符合之间
    D. 比较不符合　　　　　E. 完全不符合

56. 反应敏捷，头脑机智。（　　）
    A. 很符合　　　　　　　B. 比较符合　　　　　　C. 介于符合与不符合之间
    D. 比较不符合　　　　　E. 完全不符合

57. 喜欢有条理而不麻烦的工作。（　　）
    A. 很符合　　　　　　　B. 比较符合　　　　　　C. 介于符合与不符合之间
    D. 比较不符合　　　　　E. 完全不符合

58. 兴奋的事常使你失眠。（　　）
    A. 很符合　　　　　　　B. 比较符合　　　　　　C. 介于符合与不符合之间

　　D. 比较不符合　　　　　　E. 完全不符合

59. 老师讲新概念时，常常听不懂，但是弄懂以后就很难忘记。（　　　）

　　A. 很符合　　　　　　B. 比较符合　　　　　　C. 介于符合与不符合之间

　　D. 比较不符合　　　　　　E. 完全不符合

60. 假如工作枯燥无味，你马上就会变得情绪低落。（　　　）

　　A. 很符合　　　　　　B. 比较符合　　　　　　C. 介于符合与不符合之间

　　D. 比较不符合　　　　　　E. 完全不符合

【评价方法】

（1）选 A 得 2 分，选 B 得 1 分，选 C 得 0 分，选 D 得-1 分，选 E 得-2 分。将每题得分填入表 3-2 中，并算出各栏的总分。

（2）某种气质类型的总分如果均高出其他气质类型 4 分以上，则你为该气质类型；如果总分超过 20 分，则你为典型型；如果总分为 10～20 分，则你为一般型。

（3）两种气质类型的总分接近，分差小于 3 分，又明显高出其他两种气质类型 4 分以上，则你为该两种气质类型的混合型，如胆汁-多血质混合型，多血-黏液质混合型，黏液-抑郁质混合型等。

（4）多数人的气质类型是一般型或两种气质类型的混合型，典型型和 3 种气质类型的混合型的人较少。

表 3-2　气质测试结果统计表

胆汁质题号	2	6	9	14	17	21	27	31	36	38	42	48	50	54	58	总分
得分																
多血质题号	4	8	11	16	19	23	25	29	34	40	44	46	52	56	60	总分
得分																
黏液质题号	1	7	10	13	18	22	26	30	33	39	43	45	49	55	57	总分
得分																
抑郁质题号	3	5	12	15	20	24	28	32	35	37	41	47	51	53	59	总分
得分																

（二）性格

人们常说"性格决定命运"。那什么是性格呢？性格是一种与社会关系密切的人格特征，是一个人对现实稳定的态度和与之相适应的习惯化的行为方式的总和。它表现了个体对现实与周围世界的态度，包括对自己、对别人、对事物的态度，是人格形成的条件和发展的外因。

典型型性格的人很少见，一般人都处于两种性格之间或偏向于某种类型的性格。

性格与气质都是构成人格的重要因素，二者相互渗透、相互影响、彼此制约。气质主要是受先天因素的影响，而性格是受后天因素的影响。气质对性格的形成起重要的作用，气质是性格形成的重要物质基础，性格对气质也有一定的影响，通过后天的积极努力，人的气质也能在一定程度上得到改变。性格与气质不同的是，性格是人格中涉及社会评价的内容，更多受到环境的影响，具有较大的可塑性；而气质更多地受生理和心理特征制约，虽然在后天的环境影响下也会有所改变，但与性格相比，它的变化比较缓慢，更加稳定。

第二节　解读个性的密码——大学生人格特点及影响因素

扩展阅读

国内有学者曾用修订过的"加利福尼亚心理调查表"对北京大学、清华大学、北京师范大学等几所高校的 1100 名大学生进行调查，并得到了以下几个发现。

（1）大学生在谦让、克己、忍耐、谨慎、负责等人格特征方面表现突出，说明他们对现实社会有良好的适应能力，能较好地处理社会、他人和自我的关系。

（2）在处理人际关系时，大学生通常会首先考虑社会和他人，但也绝不是一味地追求社会的赞许。他们并不过分掩饰自己，表现出敢于面对现实、尊重事实的特点。

（3）大学生在支配与冲动方面表现不突出，在社交方面积极进取，他们具有稳健、从众的人格特点，具有良好的社会化程度。虽然他们在聪慧、敏感等与智力有关的人格特征方面表现突出，但其在独立成就和灵活性等方面表现不明显。

（4）不同学科以及不同性别的大学生的人格特征，均有各自的独特性。

① 文科大学生中男、女生的人格特征通常为综合型，他们无论在支配、冲动、自信、外向等方面，还是在谦让、克己、忍耐、谨慎等方面均表现突出。相对而言，男生在前一方面表现更为突出，女生在独立性、敏锐等方面表现不明显。

② 理科男生与文科男生相似，理科女生在谦让、克己、忍耐、谨慎、内向等方面表现较突出。理科男、女生在独立性、聪慧、敏锐等人格特征方面无显著差异。

③ 工科大学生中男生在支配、冲动、自信、外向等方面表现突出，在独立性、聪慧、敏锐等方面与女生无明显差异。

④ 农科大学生中男生的人格特征在中庸、从众等方面表现较突出，在支配、冲动、自信、外向等方面的表现较女生突出。女生则在谦让、克己等方面表现较突出，而在聪慧、敏锐等方面的表现较男生不显著。

⑤ 医科大学生中男、女生的人格特征基本一致，他们在支配、冲动、自信、外向等

方面的表现与其他学科大学生相比不够明显。

一、幼稚与成熟共舞：大学生人格的基本特点

整体上，当代大学生具有勇于开拓创新，以及努力取得成就的坚韧性、富有热情、自信心强等人格特征。大学生正处于人生的青年期，青年期人格发展的特点是希望了解自己、把握自己和发展自己，产生普遍的程度不一的"自我角色认同"。处于青年期的大学生能够进行较稳定的独立思考，能对自己未来的社会角色进行设想。但在这个阶段由于经济上没有完全独立，再加上年龄的限制以及社会阅历的缺乏，大学生的心理发展还存在一定的不足。因此，大学生人格的发展表现出不同于其他群体的特征。

（一）基本能认识自我，但自我意识不够成熟

个体的人格是在遗传、环境、教育等先天、后天因素交互作用下形成的。大学生基本上能接受自身的一些特点，对自己有较多积极的、正面的看法，能够自我悦纳，能够容忍自我与他人在学习、经济实力等方面的差异。另外，大学生对现实自我和理想自我之间的差距估计不足，要么对自己有太高的期望，要么自我效能感不高，常常认为自己不能胜任某种角色。这些都是自我意识发展不成熟的重要表现。

（二）智力结构健全，但存在认知偏差

大学生具有良好的观察力、记忆力、注意力、想象力、思维力等，具有一定的独立解决问题的能力；大学生的认知能力不断发展、不断成熟，这些能力在他们的学习、生活中发挥重要作用。但大学生也有认识事物片面或错误等认知偏差，如认为只有考试得第一名才算是"成功"，一次考试失败就全面否定自己，失恋后陷入痛苦中不能自拔等。

（三）情绪健康发展，但不稳定

大学生的情绪具有稳定性与波动性、外显性与内隐性并存的特点。他们的情绪体验丰富多彩，积极的情绪体验在学习、生活中居主导地位，多数人有较高的自信心和生活满意度。例如，遇到快乐的事情时，他们的情绪表现激烈，易兴奋与冲动；遇到不快乐的事情时，他们明显情绪低落，有时甚至会以不适当的方式发泄。因此，高校应加强对大学生健康情绪的引导，使其以适当的方式表达。

（四）社会适应能力提高，但尚缺乏社会经验

大学生对外部世界充满好奇和热情，具有广泛活动范围、兴趣爱好和人际交往，积极参与各种形式的社会实践，能较好地处理社会、他人和自我的关系，但往往夸大或低估社会的复杂性，相对单纯地、片面地看待社会问题。

（五）人格基本稳定，但仍处于整合期

人的行为表现出多元性、多层次的特点。每个个体的人格世界都并非各种特征的简

单堆积。著名心理学家埃里克森提出了自我同一性理论。自我同一性也称自我认同性，是指个体在过去经验中所形成的内在的一致性和连续性。大学生跨入大学阶段后身心两方面发生重大变化，他们开始关注自我，自我同一性是他们寻求自我了解与自我追寻的必然历程。自我同一性整合良好，对大学生人生价值的选择、理想信念的树立、自我认识的明晰有积极的意义；自我同一性整合不够良好，或自我同一性整合混乱，大学生就会对社会的主导价值表示怀疑，极易造成他们没有生活目标、个人发展方向不清晰等问题。

二、稳定与可变：大学生人格的影响因素

在人生发展历程中有许多因素会影响一个人的人格发展，人格的塑造是先天、后天因素共同作用的结果，它凝聚文化、社会、家庭、教育与先天遗传的个体风貌。在人格培养的过程中，我们既要看到个体的生物遗传因素的影响，更要看到社会文化因素的决定作用。

（一）生物遗传因素

心理学家对于人格是否会遗传的问题，往往采用同卵双胞胎的研究进行探讨。研究结果显示，即使同卵双胞胎被分开抚养，他们之间的相似性也大于异卵兄弟姐妹，可见生物遗传因素在人格发展中发挥显著的作用。研究结果表明，遗传是人格发展不可缺少的影响因素，但生物遗传因素对人格发展的作用程度因人格特征的不同而不同。通常在智力、气质这些与生物遗传因素的相关性较大的特征上，生物遗传因素较为重要，而在价值观、信念、性格等与社会因素关系紧密的特征上，后天环境因素更加重要。人格的发展是遗传与环境因素交互作用的结果，遗传因素影响人格发展的方向及形成的难易程度。另外一项对同卵双胞胎的研究表明，双胞胎被分开抚养的时间越长，两人之间的差异也就越大。每个人都是受先天、后天因素相互影响所得到的"合金"。我们的一些人格特质可能受生物遗传因素的影响，如妈妈焦虑的情况下怀孕，孩子出生就可能表现出敏感焦虑的气质特点；外向开朗的家长，其孩子也普遍外向活泼。不过人不是机器，并不是按照编写好的程序自动运行的，我们虽然不能忽视生物遗传因素的影响，但是每个人一生的发展走向其实是自己选择的结果，遗传并不能决定我们的命运。

案例

同卵双胞胎

由于母亲去世，日本的一对同卵双胞胎兄弟在出生 18 天后就被分开寄养在别人家里，哥哥随后成了寄养家庭的养子，弟弟在 3 岁时被送回了自己家。二人长到 15 岁时，都不知道自己有个双胞胎兄弟。16 岁时，两人才第一次见面。

哥哥一直在米店工作，22 岁时学会了照相和俄语，去了我国东北地区，在 20 世纪

40 年代之前，他一直在那里生活。弟弟先后在裁缝店、米店、油店工作，学会了木匠活后，成了一名建筑师，退休前一直在企业工作，退休后获得了各种名誉。

二人只在 20 岁时一起生活了将近一年，此后至死也没能再见一面。尽管如此，两人的气质却惊人地相似。兄弟俩都属于黏液质，话少，动作迟缓，说话生硬，性情急躁，固执。兄弟俩却又都是实干家，都喜欢认真钻研，虽然他们的学历不高，但都获得了一定的社会地位。

（二）社会文化因素

人一出生就置身于社会文化之中并受社会文化的熏陶与影响，文化对人格的影响伴随人的一生。社会文化塑造了社会成员的人格特征，使其人格结构朝着相似性的方向发展，而这种相似性既具有维系社会稳定的功能，又使得每个人能稳固地"嵌入"整个文化形态里。

社会文化具有塑造人格的功能，这反映在不同文化的民族中表现为，每个民族均有其固定的民族性格，不同的地域有不同的文化传统，不同的文化发展时期有不同的文化认同。心理学家高尔顿·乌伊拉德·奥尔波特于 1937 年首次提出了人格特质理论。他把人格特质分为个性和共性两类。共性特质就是在某一社会文化形态下，大多数人或者群体所具有的共同特质。比如一提到德国人，我们想到的是严谨，一提到法国人，我们想到的是浪漫。在同一文化形态下，又存在不同的亚文化影响下的不同性格表现，如同样是中国人，生活在我国西北地区的人多粗犷、豪放，而生活在东部沿海地区的人多温和、细腻。

社会文化对人格的影响一直被人们认可，它对人格的形成与发展具有重要的作用，特别是后天形成的一些人格特征，如性格、价值观等。社会文化因素决定了人格的共同性特征。它使同一社会的人在人格上具有一定程度的相似性，如民族性格等。

（三）家庭环境因素

家庭是社会的细胞，家庭环境中不仅具有自然的遗传因素，也有社会的遗传因素。其中，社会遗传因素在家庭环境中主要表现为家庭对子女的教育作用。家庭常被视为人格的加工厂，它塑造了不同的人格特征，对人格的形成和培育起到了至关重要的作用。一方面，父母按照自己的意愿和方式教育孩子，使他们逐渐形成了某些人格特征。如成长在权威型教育环境下的孩子容易形成消极、被动、依赖、服从、懦弱等人格特征，做事缺乏主动性，甚至会形成不诚实的人格特征；成长在放纵型教育环境下的孩子多表现出任性无礼、唯我独尊、自私蛮横等人格特征；成长在民主型教育环境下的孩子会形成一些积极的人格特征，如活泼、快乐、直爽、自立、彬彬有礼、善于交往、富于合作、思想活跃等。另一方面，父母的言行举止、人格是摆在孩子面前的一部活生生的教科书，会对孩子人格的形成产生潜移默化的影响。俗话说："孩子是父母的一面镜子。"孩子的言行举止、人格风貌无一不体现父母的风格。此外，家庭成员之间的相处模式也会影响和塑造孩子的人格。家庭成员之间相互信任尊重、关心体贴、相亲相爱，不仅能使孩子安全、幸福、温暖地生活，还会使孩子对生活充满希望，形成尊敬、理解、信任、关怀、自信、乐观等良好的人格特征，为人格发展打下坚实的基础。

（四）学校教育因素

学校和教师对于学生人格的发展具有指导和定向的作用。教师的言传身教对学生有巨大的影响。每个教师都有自己的风格，这种风格为学生设定了不同的"气氛区"，在不同的区域中，学生们有不同的行为表现。洛奇在一项教育研究中发现，在性情冷酷、刻板的教师所管辖的班集体中，学生的欺骗行为较多；在友好、民主的教师所管辖的班集体中，学生的欺骗行为较少。心理学家勒温等人也研究了不同管理风格的教师对学生人格的影响。他们发现，在专制型、放任型和民主型的管理风格下，学生会表现出不同的人格特征。

学校是同龄群体共同活动的重要场所，同龄群体对人格的形成有重要的影响作用。班集体是学校的基本组织结构。每个班集体都有自己的氛围，有的活跃融洽，有的冷漠呆板。班集体的特点、要求、舆论和评价对于学生人格发展的影响很大。好的班风有利于学生形成积极的人格品质，而不好的班风会使学生形成一些消极的人格品质。

综上所述，人格是先天、后天因素共同作用，遗传与环境交互作用的结果。遗传决定了人格发展的可能性，环境决定了人格发展的现实性。

第三节　接纳自己的个性——大学生人格的协调发展

一、抓住发展的关键期：人格协调发展的前提

埃里克森的心理社会发展理论认为，个体的成长遵循一定的发展顺序，即不同的人生阶段有不同的心理发展任务，这些阶段包括童年阶段、青春期阶段和成年阶段（见表3-3）。完成了心理发展任务之后所产生的人格特质都包括积极与消极两方面的品质。

（1）婴儿前期（1.5岁及以下）。个体在这一阶段的心理发展任务是解决基本的信任和不信任的心理冲突，如果这一阶段的冲突成功地得到解决，个体就会形成有希望这一美德；如果冲突没有成功地得到解决，个体就会形成胆小惧怕的个性。

（2）婴儿后期（1.6～3岁）。个体在这一阶段的心理发展任务是解决自主与害羞和疑虑的冲突，在这个阶段中，如果个体形成的自主性超过羞怯与疑虑，个体就会形成有意志这一美德；如果个体形成的自主性未超过羞怯与疑虑，就会形成自我疑惑的个性。

（3）学龄初期（4～6岁）。个体在这一阶段的心理发展任务是解决主动对内疚的冲突，如果这个阶段的冲突成功地得到解决，个体就会形成有方向和有目的的美德；如果冲突不能成功地解决，个体就会形成自卑的个性。

（4）学龄期（7～12岁）。个体在这一阶段的心理发展任务是解决勤奋对自卑的冲突，如果这一阶段的冲突成功地得到解决，就会形成有能力的美德；如果冲突不能成功地解决，个体就会形成无能的个性。

（5）青春期（13～18岁）。个体在这一阶段的心理发展任务是解决自我同一性和角色混乱的冲突，如果这一阶段的冲突成功地得到解决，个体就会形成忠诚的美德；如果冲突不能成功地解决，个体就会形成不确定性或缺乏归属感，为人冷淡冷漠，缺乏关爱的意识。

（6）成年早期（19～25岁）。个体在这一阶段的心理发展任务是解决亲密对孤独的冲突，如果这一阶段的冲突成功地得到解决，个体就会形成爱人的美德；如果冲突不能成功地解决，个体就会形成混乱的两性关系。

（7）成年期（26～65岁）。个体在这一阶段的心理发展任务是解决生育对自我专注的冲突，如果这一阶段的冲突成功地得到解决，个体就会形成关心他人的美德；如果冲突得不到成功的解决，个体就会形成自私自利的个性。

（8）成熟期（66岁及以上）。个体在这一阶段的心理发展任务是解决自我调整与绝望期的冲突，如果这一阶段的冲突得到成功地解决，个体就会形成智慧的美德；如果冲突得不到成功的解决，个体就会感到失望与毫无意义。

表 3-3　埃里克森个体心理发展阶段及任务

人生阶段		心理发展任务	解决冲突后获得的美德
童年阶段	① 婴儿期（1.5岁及以下）	解决基本信任和不信任的心理冲突	希望的美德
	② 儿童期（1.6～3岁）	解决自主与害羞和疑虑的冲突	意志的美德
	③ 学龄初期（4～6岁）	解决主动对内疚的冲突	方向和目的的美德
	④ 学龄期（7～12岁）	解决勤奋对自卑的冲突	能力的美德
青春期阶段	⑤ 青春期（13～18岁）	解决自我同一性和角色混乱的冲突	忠诚的美德
成年阶段	⑥ 成年早期（19～25岁）	解决亲密对孤独的冲突	爱人的美德
	⑦ 成年期（26～65岁）	解决生育对自我专注的冲突	关心他人的美德
	⑧ 成熟期（66岁及以上）	解决自我调整与绝望期的冲突	智慧的美德

埃里克森认为，每个阶段都是建立在上一阶段的心理发展任务完成的基础之上的，核心任务的处理结果会影响人的一生。在每一个心理发展阶段中，当任务得到恰当的解决，个体就会得到较为完整的自我同一性，会向积极品质发展，这样就算完成了这一阶段的任务，逐渐形成了健全的人格，否则就会出现个体自我同一性残缺、不连贯的状态，个体会产生心理危机，出现情绪障碍，形成不健全的人格。

根据埃里克森的心理社会发展理论，大学生正处于青春期向成年早期的过渡阶段，即青春期（13～18岁）和成年早期（19～25岁）两个发展阶段的重合期。当代大多数青少年理论家认为，青少年心理发展的主题主要包括认知与思维的发展、亲密感、道德发展、性别与角色等。在一定意义上，这些主题也是个体在青春期和成年早期两个发展阶段的主要心理发展任务。

二、青春恰自来：大学生健全人格的含义与特征

扩展阅读

马斯洛"自我实现人"的标准

（1）良好的现实知觉——存在感。

（2）对人、对己、对大自然表现出最大的认可——自我欣赏。

（3）自发、单纯和自然——简单就是美。

（4）以问题为中心，不是以自我为中心——就事论事。

（5）有独处和自立的需要——自力更生。

（6）不受环境和文化的支配——命运掌握在自己手中。

（7）对生活经验有永不衰退的欣赏力——热爱生活。

（8）关心社会——积极参与。

（9）良好的人际关系——知心朋友。

（10）淳厚的民主性格——包容。

（11）明确的伦理道德标准——羞耻心。

（12）富有哲理的幽默感——自我调剂。

（13）富有创造性——开拓进取。

（14）不受现存文化规范的束缚——融合。

健全人格是各种良好人格特征在个体身上的集中体现。具有健全人格的大学生最显著的特征是"他们能够有意识地控制自己的生活，掌握自己的命运，正视自己，正视过去，面对现实，着眼未来，渴望迎接生活的挑战，在实践中充分发挥自己的潜能并实现自身的价值"。具体来讲，大学生的健全人格应具有以下4个特征。

（一）自我认识

人格健全的大学生总是会有意识地对自身进行适当的探索。他们能真实地评价自己的长处和短处，对自己的特点表示认同，能做到悦纳自我。人格健全的大学生能够积极地开放自我，正确地认识自我，坦率地接受自己的不足并对生活持乐观向上的态度。

（二）自我成长

人格健全的大学生实现自己各种能力及才干的动机是高尚的，不是为了私利，而是为了公众利益，具有实现各种较高目标如关心他人、实现理想等的强烈愿望和能力。人格健全的大学生具有自我发展、自我塑造与自我完善的能力，能够充分开发自身的创造

力，创造性地生活，发现生命的意义并选择有意义的生活。

（三）自主性强

人格健全的大学生一般都会遵从自身的标准，行为遵循一定的规范。一般来说，他们的独立性很强，内心平衡并且拥有完整的人生哲学。人格健全的大学生对于人生乐观向上，对于生活积极热情，有正确的人生观与价值观，能够理性分析生活中的事件，头脑中非理性观念较少，人格独立，自信自尊。

（四）适应性强

人格健全的大学生具有爱的能力、适应和调节自身的能力，能建立令人满意的人际关系，并以一种开放的态度主动关心社会、了解和接触社会，在认识社会的同时，使自己的思想、行为跟上时代的发展，与社会的要求相符合。

技能学习

你的自我接纳程度如何？请仔细阅读表 3-4 中的每个项目，在最符合自己实际情况的方框内打钩。答题时不必过多考虑，根据最初的感觉作答即可。

表 3-4　你的自我接纳程度测试

	非常符合	基本符合	基本不符合	非常不符合
1. 我从不敢将内心的愿望说出来				
2. 我几乎全是优点				
3. 我认为异性肯定会喜欢我				
4. 我总是因为害怕做不好而不敢做事情				
5. 我对自己的身材相貌感到很满意				
6. 总体来说，我对自己很满意				
7. 做任何事时，只有得到别人的肯定我才放心				
8. 我总是担心会受到别人的批评和指责				
9. 学习新东西时我总是比别人学得快				
10. 我对自己的口才感到满意				
11. 做任何事之前我总是预想自己会失败				
12. 我能做好自己分内的所有事情				
13. 我认为别人都不喜欢我				
14. 我总担心自己会惹人不高兴				
15. 我很喜欢自己的性格				
16. 我总是担心别人会看不起我				

计分方法：反向计分题为 1、4、7、8、11、13、14、16，4 个选项按照正向计分的分数分别为 4、3、2、1，按照反向计分的分数分别为 1、2、3、4。将总分加起来后，得

分越高，说明你的自我接纳程度越高。其中 8 个题目（1、4、7、8、11、13、14、16）为自我接纳题，另外 8 个题目（2、3、5、6、9、10、12、15）为自我评价题。

如果在这个测试中，你的得分偏低，大多数正向计分的选项都不太符合你日常生活中的情况，那么，你非常有必要提高自我接纳程度，梳理一下你不喜欢自己的地方有哪些，有必要的话，可以在老师的帮助下学习喜欢自己、欣赏自己，从而更好地发挥出自己的潜能。

三、我的未来不是梦：完善大学生人格的途径

不论是自省，还是做了某个人格测试，我们都会发现自己的人格特质可能有自我矛盾的地方，或者发现自己可能并没有完全拥有那些我们想拥有的人格特质。如我们可能渴望拥有创造性、乐观等人格特质，但是在现实中我们有些懒惰和悲观。我们应如何面对这份反思或测验报告呢？

当代中国青年生逢其时，施展才干的舞台无比广阔，实现梦想的前景无比光明。我们需要有勇气改变可以改变的事，有胸怀接纳不可改变的事，有智慧来分辨可以改变和不可改变两者间的不同。

（一）自我调节

1. 改变的勇气和节奏

一个人处于慵懒的状态时，总希望从外部受到某种刺激，促使自己振奋起来，重新走向正轨。有个形象的说法是，很多人等待晴天霹雳把自己"劈醒"，但是往往等不到。我们的生活总是渐近式地改变，而主动式改变的核心是行动，需要我们对自己有更多的认可、接纳、专注、投入，并设立明确合理的目标。如很多想要减肥或者克服拖延的大学生往往给自己树立了不合理的目标，实现不了只能早早放弃，甚至认可自己就是"懒惰"的人。

2. 面对天性

要想支配天性，首先要服从天性，才能善用天性。每个人都有自己不愿面对的不足和缺点，仿佛接纳这些就意味着"软弱"和"失败"，然而改变这些不足时又常感觉到挫败。比如我们看到某个结巴的大学生经过刻苦训练成为辩论高手的事例，可能会对他心生敬佩。相对应的，自己不善言谈，明明非常努力却怎么也达不到对任何事都能侃侃而谈的程度，见到心仪的女生时还是不知道该说什么好。其实这些不足可能就是你的天性，盲目挑战天性可能会适得其反。你需要接纳的正是这个不善言谈的自己，我们能做到的是发挥优势，"管理"不足而不是"克服"不足。《现在，发现你的优势》一书的作者马库斯·白金汉其实在每次大型演讲前都会抑制不住地紧张，而且他非常不能适应讲座后的酒会，但是这并不妨碍他成为非常著名的记者和培训师，因为他发现自己如果准备充分，面对较少的听众时就能发挥得非常好，这帮助他很好地缓解了自己的紧张。

3．智慧的自我

要想分清楚人格的变与不变，关键在于找出两者的区别。很多大学生花了很大的力气与自己的基本特质较劲，同样有很多大学生把自己的问题归结为性格如此，不愿意踏出自己的舒适区。如何才能让做调节工作的"自我"充满智慧呢？

（1）相信你的价值。无论你陷入了怎样的悲伤和低迷状态，你还是你。你作为独特的存在，有你自身的核心价值，找到那个价值，永远不要贬低自我。

（2）不要完美主义。你可能会做一些想努力改变而不能改变的，或者能改变的而不想改变的"傻事"，这些给自己下达"只做正确的选择"的命令是没有任何意义的。更多的智慧是在失败、挣扎之后才能发现的。

（3）包容自我。排斥自己的缺点将导致不健全的人格，而健全的人格是能包容自己的不足之处。智慧不是"改正"自己个性方面的缺点，而是理解自己"缺点"背后的积极意义，并进行转化，这样才能促进人格的整合和协调发展。

（二）自我整合

不管是面对我们自己还是看待别人，我们都习惯将某一部分看作整体，或者把自己或他人化成两类："好的"和"坏的"。一个人越是试图掩饰坏的部分，就越会削弱自己的成长可能性，同时这种内在的争斗也会使我们丧失"变好"的能力。其实人格的各个部分都是我们的资源，越能好好地整合各个部分，就越能自如运用我们的人格，实现人格与自己的和谐一致。如何才能发现我们的内部资源呢？

扩展阅读

巴纳姆效应

人们常常认为，一种笼统的、一般性的人格描述能够十分准确地揭示自己的特点。当人们用一些普遍的、含糊不清的、广泛的形容词描述一个人的时候，这个人往往很容易接受这些描述，并认为描述中所说的就是自己。这就是巴纳姆效应。

比如，我们来看一看下面这段文字，你觉得是否适合你？

你有许多优势能力没有发挥出来，同时你也有一些缺点，不过你一般可以克服它们。你与异性交往有些困难，尽管表面上显得很从容，其实你内心焦虑不安。你有时怀疑自己所做的决定或所做的事的正确性。你喜欢生活有些变化，讨厌被人限制。你的有些抱负很不现实……

其实这只是套在任何人身上都合适的一般性描述，甚至包含了相互矛盾的信息，但是当我们对自己不清楚或者情绪低落的时候非常容易受到影响。算命、星座、生肖等预测往往也是一般性的解释，肯定有些内容非常符合你，有些则不完全符合，并不能准确反映你的真实情况。

扫一扫

巴纳姆效应

1. 理解规则背后的积极意义

某种特质不能被我们认可，往往是受制于某一规则，但是规则不是绝对正确或错误的，其包含了一个积极的目标：保护自我价值。例如"压抑愤怒"的规则，是因为我们相信，如果直接表现出愤怒，就会将自己置于一个易受攻击或不光彩的处境，从而受到拒绝或惩罚。这些规则可能来自社会规范，也可能来自家庭，往往都是潜在的，以"应该"的形式出现。我们承担的"应该"过多就会感到压力大和无奈。

2. 承认各个部分

当我们了解那些"不应该"后，就更能看清那些被我们否认的部分，如愤怒、敌意、脆弱、性欲、恐惧等。有些部分需要你卸下心中的"不应该"的负担才能显现出来。

3. 接纳我们的各个部分

接下来就是接纳自己的各个部分，看到自己的软弱之处。著名的家庭治疗大师萨提亚通常把人们对待自己各个部分的态度比作对待恶犬。人们将它们禁闭在一个狭小的空间里，锁上大门，围栏高耸。那些饥饿的恶犬不停地咆哮，一旦开启牢笼，它们就会残忍地撕咬。之后人们会告诉我们"看到了吧，我早就告诉你会这样"。但是如果我们愿意接纳它们，照顾它们，就可以安全地把它们放出来；或许它们还会吠叫，但是不会咬人。

4. 转化各个部分

如果我们的各个部分都得到认可，就可以转化那些以前被我们扭曲的个性特点。转化的目的并不是消灭它们，而是去运用它们，也就是重新找到蕴含在愤怒、傲慢、破坏性背后的创造性能量。这可能需要我们理解各个部分的倾向，如敌意是我们很努力却无助，只能将痛苦投射给他人的倾向，其实敌意是对抗我们无力感的能量。如果我们能够创造性地找到应对无力感的方式，那么敌意就得到了转化。

5. 整合各个部分

人格或者自我都有完善的倾向。随着我们得到了对各个部分的整体看法，不再认为自己比他人卑贱或优越，而是开始理解自己的每一个部分，发现各个部分之间的相互联系，我们就开始了对自我的整合，不再和自己较劲，不再心口不一。

本章小结

（1）人格是指构成一个人的思想、情感及行为的特有的统合模式，这种特有的统合模式是个体在遗传素质的基础上，通过与后天环境的相互作用而形成的相对稳定和独特的心理行为模式。

（2）人格的主要特征有独特性、稳定性、统合性和功能性。

（3）人格的影响因素主要有生物遗传因素、社会文化因素、家庭环境因素以及学校教育因素。

（4）人格是由不同成分构成的一个结构系统，不同成分从不同侧面反映了个体的差异。人格结构系统包括认知、动机、气质、性格、自我调控等成分。其中，气质和性格是人格最重要的两个组成成分。

（5）心理学上的气质是指个体与生俱来的、人的心理活动中典型而稳定的动力学特征。在现实生活中，单一气质的人并不多，绝大多数的人的气质都是 4 种气质互相混合的结果。气质本身无好坏之分。

（6）大学生人格的基本特点是，基本能认识自我，但自我意识不够成熟；智力结构健全，但存在认知偏差；情绪健康发展，但表达不稳定；社会适应能力较高，但缺乏社会经验；人格基本稳定，但处于整合期。

（7）具有健全人格的大学生最显著的特征是，他们能够有意识地控制自己的生活，掌握自己的命运，正视自己，正视过去，面对现实，着眼未来，渴望迎接生活的挑战，在实践中充分发挥自己的潜能并实现自身的价值。

（8）自我调节和自我整合是培养健全人格的主要途径。

思考题

话剧已经开始，有 4 名观众迟到了。第一名观众与检票员争吵起来，埋怨剧院的时钟走得太快了，甚至推开检票员，径直跑到自己的座位上去；第二名观众知道检票员不会放他进去，他悄悄另寻入口，找到了适当的地方来观看表演；第三名观众见检票员不让他进去，他想反正第一场戏不太精彩，还是暂且到休息区待一会儿，等中间休场时再进去；第四名观众说自己老是"不走运"，偶尔来一次剧院还这样倒霉，然后垂头丧气地回家去了。

请结合本章所学知识内容，思考并回答以下问题。

（1）请用有关气质的知识分析以上 4 名观众。

（2）如果你看戏迟到，被拒绝入场，你会怎么做？

推荐资源

书籍：《马斯洛说完美人格》（亚伯拉罕·H. 马斯洛著，华中科技大学出版社于 2012 年 9 月出版）

亚伯拉罕·H. 马斯洛是美国著名心理学家。全书汇集了马斯洛核心的人本主义思想。马斯洛在本书中探讨了健全的人格与健康的关系。他认为我们每个人都有一种内在的本性，在某种程度上是"自然的、内在固有的、大自然赋予的"，并且通常是善的。一个人的这种本性一旦遭受否定或者被压抑，就会生病。马斯洛强调，如果允许内在本性引导我们的生活，那么我们就会变得健康、成功，并且因此而幸福。

第四章

力学笃行——大学生学习心理

导言

对于大学生而言，学习是大学生涯中最熟悉且必不可少的部分。对于寒窗苦读十余载才考入大学的学生们来说，该如何面对大学学习和中学学习的不同之处呢？又该怎样在学业中实现自我突破呢？本章将带领同学们踏上让学习有意义、有动力、有方法的旅途。通过本章的学习，你可以：

◇ 了解和认识大学学习的特点，找到学习的意义，让学习更有方向；

◇ 了解学习什么内容对个人未来的发展更好，找到学习的兴趣和动力；

◇ 掌握提高学习效能的方法，开展有策略的学习，提升学业成就感。

导入案例

"现在有的大学生，成长过程中没有遭受过明显创伤，生活条件优渥、个人条件优越，进入大学之后内心却感到空虚，不知道自己真正想要的是什么，就像漂泊在茫茫大海上的孤岛一样，感觉不到生命的意义和活着的动力，甚至找不到自己。

他们常会有'我不知道我是谁''我不知道我要到哪儿去''我的自我在哪里''我觉得我从来没有来过这个世界''我过去 19 年、20 多年的日子好像都是在为别人活着''我不知道自己要成为什么样的人'等体会。

你是否也曾有过这种感受呢？"

这是徐凯文（北京大学心理健康教育与咨询中心副主任、总督导）于 2016 年 11 月 5 日在第九届新东方家庭教育高峰论坛上的主题演讲《时代空心病与焦虑经济学》中的一段话。这种现象的根源到底是什么？物质越来越丰富，为什么大学生的精神世界却越来越贫瘠和苍白？徐凯文把这一现象称为"空心病"。"空心病"是一个比较形象的说法，它是一种"价值观缺陷所致的心理障碍"。

对于在校大学生而言，最主要的任务就是学习，其精力也都集中在学习上，他们对人生意义的迷失，很大一部分就是对学习意义的迷失。

值得一提的是，徐凯文所说的"空心病"其实并不仅针对大学生，可以这样说，每个人在成长过程中都会遇到这种"空心病"。当人们出现价值观缺陷时，就可能出现这种"空心病"。它并不可怕，它是一个信号，提醒我们这时需要跟自己的内心对话，找到心的归属；而如果这种现象严重地影响了你的正常生活，使你形成了心理障碍，那么你需要及时向专业人士求助。

课堂活动

我的学习意义

请写出你对学习的理解。

（1）未来你想成为什么样的人？

（2）你为了什么而学习？你想通过学习获得什么？

（3）你喜欢学习吗？你曾体验过学习的乐趣吗？

如何让学习有意义以及发现学习的意义后如何动力十足地高效学习，是本章的主要内容。

第一节 学习之道——让学习有意义

一、学习的概述：什么是学习

（一）学习的概念

长期以来，心理学对学习有多种定义。教育学家杜威认为，学习即经验改造和改组的历程。行为主义心理学家往往把学习定义为有机体根据经验而产生的比较稳定的行为变化。目前，普遍被人们接受的学习的定义是：学习是个体在特定情境下，由反复练习产生的行为。这是人与动物共有的现象，是有机体后天习得经验的过程，表现为个体行为由于经验而发生的较稳定的变化。

在学校，学习是指通过阅读、听讲、思考、研究、实践等途径获得知识和技能的过程。大学生的学习具有很强的目的性、自主性与选择性。他们不是单纯地为了学习而学习，而是为志趣而学、为未来而学、为发展而学。因此，学习不仅是当代大学生未来事业发展的基础，更是其成长的关键。

（二）学习的类别

学习有多种类别，而且涵盖的范围广泛。一般从以下几个维度对学习进行分类。

1．按学习结果划分

心理学家罗伯特·米尔斯·加涅认为，根据人类学习的结果，人类的学习可分为以下5类。

（1）言语信息的学习，指对事物的名称、时间、地点、定义和特征等事实信息的学习。例如1949年中华人民共和国成立。

（2）智力技能的学习，指运用符号或概念与环境进行互动的学习。例如，将分数转换成小数。

（3）认知策略的学习，指对诸如注意力、学习能力、记忆力和思维能力等内在能力进行调节的技能的学习。例如，绘制知识框架图。

（4）态度的学习，指对影响个体对人、事、物采取行动的内在状态的学习。例如，假期去公园赏花。

（5）动作技能的学习，指通过身体动作的质量（如敏捷、准确、有力和连贯等）的不断改善而形成的整体动作模式的学习。例如，学习打排球、踢足球。

我国的心理学工作者常常将学习分为知识的学习、策略的学习、技能的学习以及道德品质的学习。

2．按学习活动的性质划分

著名教育心理学家戴维·保罗·奥苏贝尔等人按照学习活动的性质对学习进行了分类，如表4-1所示。机械学习和有意义学习这两个维度互不影响，彼此独立。他们强调有意义的接受学习应该是学生学习的主要形式。图4-1所示为4种学习类型之间的关系及学习内容示例。

表4-1　按学习活动的性质划分的学习类别

划分标准	类别		类别
学习实现方式	接受学习：将别人的经验变成自己的经验 例如看音乐视频学唱新歌	VS	发现学习：个体独立发现，创造经验，分为有指导的发现学习和独立的发现学习 例如发现新的旅游路线
学习内容能否与学习者联系起来	机械学习：在缺乏某种先前经验的情况下，靠死记硬背学习 例如学一门外语		有意义学习：学习者利用原有经验来进行新的学习，理解新的信息 例如攻读感兴趣的课程

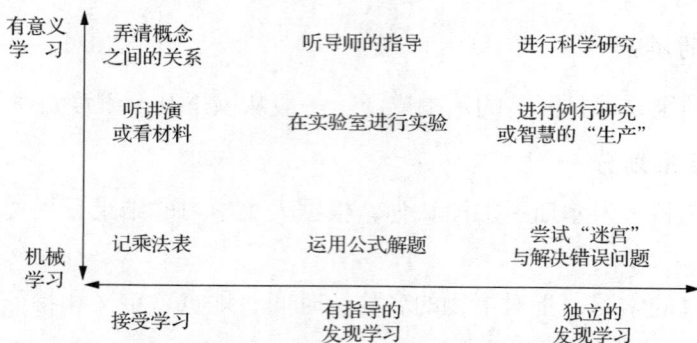

图 4-1　有意义学习—机械学习、发现学习—接受学习之间的关系与学习内容举例

课堂活动

我的学习方式

请你根据表 4-1 反思你的大学学习生活。

（1）你都进行过哪些学习活动？

（2）你主要采用何种学习方式？效果如何？

（3）你的学习方式和学习活动之间的关系如何？

二、学习的意义：梦想目标驱动学习

（一）找回初心和梦想

课堂活动

学习的收获和意义

请回答下面几个问题。

（1）高中时你的学习目的是什么？上大学后你的学习目的是否有变化？

（2）从下面的选项中选出一项目前你最想实现的内容。（　　　）

　　A. 提高学习效率　　　B. 拥有高学历　　　C. 拥有好工作

　　D. 拥有财富　　　　　E. 实现梦想

看看自己的答案，你有什么发现？

【答案解析】

在第一题中，你可以发现目前你是为了什么而学习。在第二题中，如果你的选项是 A，那么很遗憾，你目前还在为了学习而学习，你并没有发现学习的真正意义。学习是我们通向未来之路的一个工具，而不是终点。初高中时期，很多学生被灌输努力学习是为了考上大学的观念，但是我们要知道，大学并不是人生的终点，它只是一种选择、一个中转站，上大学后的学习目的才是学习的真正意义。

那选择 B~E 选项又有何不同呢？不同之处在于当下你对自己的人生规划不同。选择不同选项的大学生可以问自己以下几个问题。

（1）有的大学生很看重学历，认为高学历很重要，从大一就开始规划考研，那他们考研的目的是什么？是对学科的热爱还是听闻本科学历就业难而去追求研究生学历？高学历背后的价值是什么？

（2）有的大学生希望将来有个好工作，那好工作的标准是什么？朝九晚五、铁饭碗、挣钱多、不加班、有热情、有挑战等算是好工作的标准吗？其实每个人的标准都不尽相同。想象一下，如果你拥有了所谓的好工作，那会是一种什么样的生活？那时的你是个什么样的人？那是你想要的吗？

（3）有的同学希望将来收获财富。当下特别流行的一句话"立个小目标，先挣一个亿"，其实这里存在一个误导。想挣"一个亿"无可厚非，那挣"一个亿"的目的是什么呢？你得到这些财富是要花在自己身上，还是花在别人身上？你想用这些财富实现什么？财富是我们实现目标的一个工具，如果没有想过财富的作用，那在追求财富的路上我们可能会迷失自我，因为我们并不知道追求财富的度在哪里。为了挣钱而挣钱就好像在闭环里奔跑的小老鼠，纵使跑了很多圈（收获了很多财富），也无法享受到拥有财富的真正意义。

发现学习的意义其实并不难，首先要知道学习和人生目标的关系，也就是今天的学习和未来有什么样的联系。学习与人生梦想目标的关系如图 4-2 所示。要想让学习变得有意义，短期、中期目标和长期人生梦想是学习的内驱力，由目标和梦想驱动的学习才是自主学习，学习只是实现它们的工具。

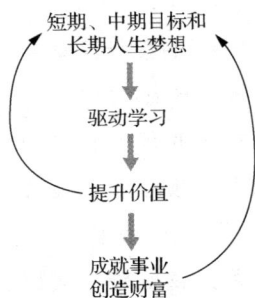

图 4-2　学习与人生梦想目标的关系

学习有什么作用呢？当有了明确的目标和梦想后，目标、梦想与现实之间的差距就需要通过学习来缩小，也就是由目标、梦想驱动的学习才是真正的学习。每个人对学习意义的认知可能不同，找到专属于自己的学习意义就找到了自己真正的学习动力。

从图 4-2 可以看出，个体通过学习能提升价值，从而成就事业与创造财富，实现个人的短期、中期目标与长期人生梦想。所以，从现在开始给自己定一个切实可行的小目标吧，体验一下通过学习实现它的成就感。

（二）大学生学习的心理特点

课堂活动

请你说说大学学习与高中学习有何不同？

大学和高中有很大的区别。高中通常有严格的学习要求，比如固定的教室和座位，严格的作息时间，较高的考试频率和较多的考试次数。进入大学后，除了课堂时间，其他时间都是由大学生自己安排。随着时间的推移，大学生们很容易感到困惑：除了上课，我还应该做什么？

高中学习往往是被动接受，而大学学习往往是主动发现。大学学习需要大学生有更多的认知和反思，甚至自我监督。具体而言，大学学习有以下4个特点。

（1）专业性。大学属于专业教育阶段，学习内容围绕专业方向和专业需要进行。比如，除了公共必修课和选修课外，心理学的课程基本上都属于专业课程，主要包括普通心理学、认知心理学、发展心理学、社会心理学、教育心理学等。这些领域都是心理学的分支。

（2）自主性。大学学习具有高度的自主性。如果高中学习像一份"盒饭"，那么大学学习就像是一份"自助餐"。除了课堂时间，学校对大学生的其他时间没有具体的要求和限制。大学生可以根据自己的情况，以及是否与专业相关，安排学习的时间、地点和内容。自主学习是提高知识的广度和深度的有效途径。

（3）实用性。大学学习需要运用所学知识不断探索。大学生不仅需要掌握前人积累的专业理论知识，更需要积极探索和思考，深化知识与自身的关系，进一步创新和发展知识。比如参加大学生创新创业竞赛和各类科技创新竞赛，把课堂上学到的专业知识和研究兴趣转化为科研课题，充分发挥主观能动性，积极探索和应用。

（4）全面性。学业成绩不再是唯一的评价标准。学业成绩主要体现了大学生的逻辑思维能力和语言能力。人际沟通能力、领导管理能力、艺术创作能力、动手能力都很难在考试中体现出来，而这些能力对一个人的成功非常重要。大学学习可以整合这些能力。例如，让大学生通过小组合作的方式完成实验、实践并撰写报告，大学生在完成这项学习任务的过程中锻炼了很多能力。

第二节 学习之法——让学习有内容

一、冰山模型：发现学习内容

冰山模型是由美国著名心理学家戴维·C.麦克利兰提出的人才培养的基础模型，它全面地描述了一个人的素质组成要素，这个模型反映了一个人全部的内在价值。冰山模型如图 4-3 所示，冰山模型将个体素质的不同表现划分为表面的"冰山以上部分"（约占30%）和深藏的"冰山以下部分"（约占 70%），主要包含了以下 3 个部分。

冰山模型的上层是知识和技能。其中，知识是指一些常用的自然、社会、人文等领域的普遍概念、规律等，也指理工农医文等专业领域的专业知识。技能是指一个人所具备的某个领域的专业能力，比如编程能力、使用办公软件和设计软件等的能力。一个人的知识和技能是可以后天习得的，也是非常容易展示出来的。

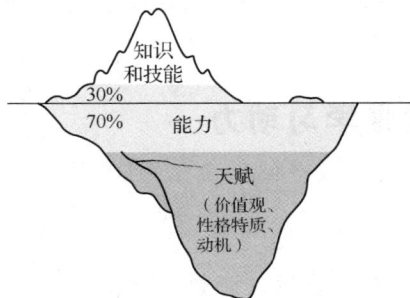

图 4-3　冰山模型

冰山模型的中间是能力，能力与知识和技能最大的区别在于知识和技能属于特定领域，而能力则更多地属于通用领域，如学习能力、思考能力、人际交往能力等。与知识和技能相比，能力高低不是一眼就能看出来的。比如，一个人的创新能力、沟通能力如何，很难通过一张证书、几道题目来考查，而需要看他在解决问题时使用的方法和技巧。

因此，大学生在学习过程中不能只关注对书本中的知识和技能的学习。目前科技飞速发展，知识很容易过时，技能也需要更新，知识和技能只是大学生未来踏入社会的基础，大学生在学习过程中还应该注意对自己能力的培养，尤其是对通用的可迁移的能力，比如沟通能力、合作能力、创新能力等的培养。

冰山模型的底层是天赋，包括价值观、性格特质、动机等。越往下的部分越难培养和发现，却也越能成为一个人的竞争优势。可能有人认为天赋是天生的能力，实际上，天赋只是潜力。比如，莫扎特在 14 岁的时候，在教堂听了一首两分钟左右的、多个声部的歌曲后，就能凭记忆把乐章全部默写出来，这种能力完全是天生的吗？不完全是。因为他在 6 岁的时候就已经在父亲的指导下完成了 3500 个小时的钢琴练习。那么，倘若让你我也练习那么长的时间，就可以达到莫扎特的程度吗？应该不会。因此，所谓天赋是指某种天生的特性，这种特性可以让一个人在与别人站在同一起点的情况下，比别人成长得更快。

俗话说："天赋不够，努力来凑。"为什么很多人努力了也做不到呢？因为努力也是一种天赋。天赋包括能力天赋和意愿天赋两个方面。通常提到"天赋"一词，人们会更看重能力天赋，而忽略意愿天赋，但意愿天赋往往是一个人在能力不足时学习与成长，不惧挫折、逆境翻盘的关键。"活到老学到老""终身学习成长"等观念都属于意愿天赋。总之，每个人都有自己的天赋，挖掘自己的天赋，让它成为你的优势，是大学生在学习和生活中应当迈出的重要一步。

课堂活动

将冰山模型与自己的专业课程相结合，讨论一下如何学习基础课或专业课中的知识和技能？学习这些课程可以提升自己的哪些通用型能力？你认为自己有哪些天赋？询问亲朋好友，看看自己是否有从未意识到的天赋？

二、学习动机：增强学习动力

案例

小王同学向辅导员诉说了自己最近的烦恼："到了大学以后，我退步了很多。在高中时，我基本上每天都能够完成学习任务，而到了大学，学习计划我最多只能坚持四五天，而且效率低，完成的效果也不好。"

你和小王同学是否一样？你想知道为什么在学习时你会拖拉磨蹭吗？有什么方法可以改善这种情况？这背后的心理学原因是什么？本节内容或许会给你带来一些启示。

（一）学习动机的概念

为什么有的人学习积极性不是很高？为什么有的人不喜欢上自习？对于同一门课程，为什么有的人听得津津有味，而有的人则没那么投入？这可能是因为人们的学习动机不同。

学习动机是指让学生进行学习活动、维持学习活动，并指引学习活动趋向教师所设定的目标的心理倾向。

根据学习动机产生的诱因，学习动机可以分为内部学习动机和外部学习动机。内部学习动机是指诱因来自学习者本身的内在因素，即学生因对活动本身发生兴趣而产生的动机。具有内部动机的学生，活动本身就能使其得到满足，无需外力的作用，不必施以外部的报酬和奖赏而使之产生某种荣誉感。这种内部动机也就是我们俗称的内驱力。与之相反，外部学习动机是指诱因来自学习者外部的某种因素，即由在学习活动之外的诱因激发出来的学习动机，如学习是为了得到老师的表扬、父母的嘉奖或是为了避免考试成绩不佳而受到惩罚等。

（二）学习动机对学习的影响

学习动机一旦产生，就会发挥重要作用。学习动机的作用表现在两方面：一是对学习过程的影响，二是对学习效果的影响。

1. 对学习过程的影响

学习动机具有启动、维持和监督的功能。当学生的能力与自我期望之间存在差距时，学生可能存在采取某种学习行为的驱动力，即学习动机。此时，学习动机促进学生学习新知识，即学习动机的启动效应；当这种行为发生时，学习动机会引导学生安排学习内容，完成学习任务，提高学习效率。如果学生有正确、适当的学习动机水平，那么由其引起的学习行为的各个方面都会有意无意地进行调整，消除内外因素的干扰，使学生朝既定的学习目标不懈努力，直至目标实现。

2. 对学习效果的影响

学习动机对学习过程的影响最终会在学习效果上表现出来。

首先，从总体上看，学习动机水平越高，学生对学习活动的积极性就越高，从而学习效果越佳。其次，对一项具体的学习活动而言，学习动机对学习效果的影响并不简单。随着学习动机水平的提高，学习效果有时反而会下降。比如学生对考试结果过于在意，在考试时其注意力的范围会过于狭窄，记忆和思维也都会受到影响，反而容易出现大考发挥失常的情况。因此，在具体的学习活动中，为使学习更有成效，就要避免过高或过低的学习动机水平。那么学习动机在什么范围内最合适呢？1908 年，心理学家耶克斯和多德森通过动物实验发现了耶克斯-多德森定律，如图 4-4 所示。耶克斯-多德森定律指出，在各种活动中存在一个最佳的动机水平，随着任务难度的不断增大，动机的最佳水平有随之下降的趋势。在容易或简单的任务中，中等偏高的动机水平下的行为效果最好；在困难或复杂的任务中，中等偏低的动机水平会使行为效果最好；在难易适中的任务中，学习动机水平为中等时，行为效果最好。这一定律有较大的启发意义，但由于其是在动物实验中总结的结果，未能考察学习者的能力水平在其中的作用，因此，此结论的具体实践意义还有待考量。

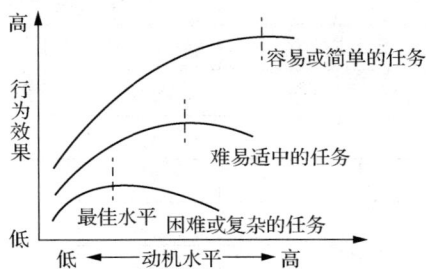

图 4-4 耶克斯-多德森定律

在生活中，很多大学生并没有按照这个定律行事。如对待背单词这件相对简单的事情，很多大学生会一拖再拖，用较低水平的动机来应对；而面对应聘这样的复杂任务时，很多大学生会暗示自己一定要成功，导致自己焦虑不堪，难以发挥出应有的水平。这就是为什么有时候陪同面试的人获得了这份工作，而志在必得的面试者却失之交臂。

三、归因理论：正确面对成败

美国认知心理学家韦纳根据实证研究的结果发现，一般人通常把自己经历过的事情的成败归结为以下 6 个因素。

（1）能力，即个人评估自己能否胜任该项工作。

（2）努力，即个人反省自己在工作过程中是否已经尽力。

（3）工作难度，即个人凭经验判断该项工作的困难程度。

（4）运气，即个人认为此次工作的成败是否与运气有关。

（5）身体状况，即个人工作过程中的身体及情绪状况是否影响了工作。

（6）其他，即个人自认为除上述 5 个因素外，是否还有其他影响因素（如他人的帮助或评分不公等）。

韦纳所发现的 6 个成败因素，后来被证实可以代表一般人的归因结果。上述 6 个成败因素按各自的性质可分别归入 3 个维度，如表 4-2 所示。

（1）稳定性，指当事人认为影响其成败的因素在性质上是否稳定，是否在类似情境下具有一致性。在此维度上，能力与工作难度这两项是不易随着情境改变的，比较稳定。其他各项则都不稳定。

（2）因素来源，指当事人认为影响其成败的因素的来源，是由于个人条件（内在），还是来自外在环境（外在）。在此维度上，能力、努力及身体状况 3 个因素属于内在，其他各项则属于外在。

（3）可控制性，指当事人认为影响其成败的因素在性质上能否由个人意愿决定。在此维度上，只有努力一项是可控制的，其他各项都是不可控制的。

表 4-2 归因理论

特点维度 成败归因维度						
	稳定性		因素来源		可控制性	
因素	稳定	不稳定	内在	外在	可控制	不可控制
能力	√		√			√
努力程度		√	√		√	
工作难度	√			√		√
运气		√		√		√
身体状况		√	√			√
其他		√		√		√

了解一个人的现有归因结果，我们可预测其此后的学习动机，比如在考试中获得好成绩的两个学生，前者把成功归因于能力，而后者归因于运气，那么显而易见，前者在未来将有较强的学习动机，因为能力是内在的、稳定的因素，它能使成功者保持信心；

而如果将成功归功于运气，运气是不稳定的、外在的、不可控制的因素，在这种情况下，成功不仅不会增强个人自信，反而还可能使其心存幻想，希望下次考试的运气也不错。

自我归因结果虽然未必正确，但非常重要。长期的消极归因不利于个体的成长，而个体对成败的归因除了自我认知外，他人尤其是好友、家长和老师的归因也至关重要。

扫一扫

归因方式有积极、消极之分吗

课堂练习

观察一下最近一次的考试结果，你如何归因？你经常将学习和考试结果如此归因吗？

第三节 学习之术——让学习有效率

案例

小明总是记不住英语单词，明明在学习英语上花费的时间最多，但是考试结果却很不理想，于是她向老乡小红请教。小红是个英语"学霸"，无论是听力还是阅读，她都做得非常好，但小红表示自己并没有刻意花很多精力来学习英语，她只是背过一两遍就很很容易记住单词；但同时小红也表示，她学习"画法几何"这种需要空间想象能力的课程非常吃力。

同学们，你身边有这样的人吗？在学习能力上有明显的优势或短板，人与人之间为什么会有这样的差异呢？

有了学习目标，明确了学习内容，如何找到自己的学习风格、提高学习效率，是本节的主要内容。

一、了解学习风格：挖掘自我优势

（一）学习类型

人与人之间常表现出不同的学习优势和短板，主要是因为每个人大脑不同区域的发育程度不同。常见的学习过程中的听、说、读、写所需要使用的大脑脑区各不相同（见图 4-5），比如大脑中的语言中枢、视觉中枢、触觉中枢等。有的人整体发育比较平均，不会有哪一项能力特别突出；也有的人大脑超常发育，具备超出平均水平的听觉、视觉或空间触觉等能力。其实严格来讲，大脑发育不存在绝对的平均，每个人都有自己的特长，人们都更习惯用自己最擅长的能力来学习和记忆事物，因此我们可将学习类型简单地分为听觉型、视觉型和触觉型。

颞叶发达的人会更倾向于通过听觉来获取知识。比如有的人学习时喜欢听音乐，这样学习的效率会更高；而对于非听觉型学习者来说，过大的声音会给学习造成干扰。

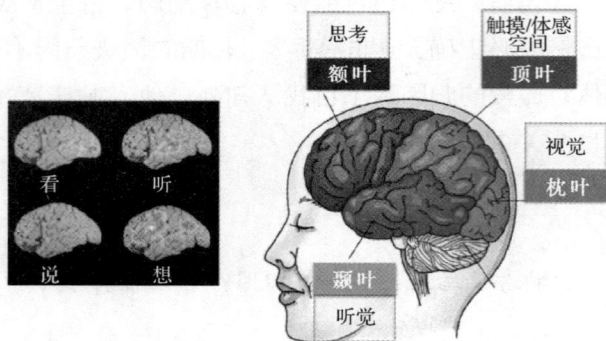

图 4-5　大脑不同区域的功能

枕叶发达的人会更倾向于通过视觉来获取知识。他们更擅长于通过文字、图形以及看书的方式获取知识，热爱上课记笔记。大多数大学生都属于视觉型学习者，因为大学的学科知识相对复杂和抽象，仅通过听觉学习很难处理和转化信息。

顶叶发达的人会更倾向于通过触觉来获取知识。值得一提的是，很多触觉型学习者上课时会有小动作，这并非不守纪律，而是当他身体静止不动时，他的认知效率会减慢。触觉型学习者常会有很好的动手能力，往往可以记住比较复杂的动作操作流程。

综上所述，我们要找到适合自己的学习类型和方式，这样才能提高学习效率，提升学习效果。

课堂活动

（1）常说的"好记性不如烂笔头"属于哪种学习类型？

（2）观察一下你更习惯于采用哪种记忆方法，你属于哪种学习类型？

（二）多元智能

不同人擅长学习的领域以及适合的学习方法并不相同。从生理上看，有人喜欢在听音乐时学习，有人喜欢在安静的环境中学习；有人上午的学习效率高，有人则在夜深人静时精神集中；有人擅长使用左半脑进行推理和思考，有人擅长使用右半脑进行直觉思考。学习者在完成学习任务时表现出一贯、典型、独具个人特色的学习策略和学习倾向，就是其学习风格。

在不同的学习风格的背后，起决定作用的是人的智能类型。哈佛大学教育学教授霍华德·加德纳从解决问题的不同方式中总结出了多元智能理论，他把人的智能分为 8 种，分别是语词智能、数学逻辑智能、视觉空间智能、音乐智能、身体动觉智能、人际智能、内省智能和自然智能。为不同智能类型的人匹配合适的学习方式，就能取得显著的成果，如表 4-3 所示。没有人熟悉一切知识，更有效的成功之道是选择适合自己的学习方式，在自己擅长和喜欢的智能领域学习。

表4-3 多元智能类型的特点及学习方式建议

多元智能类型	特点及学习方式建议
语词智能	有很好的听觉能力，喜欢阅读、写作，对名称、时间、地点的记忆强，喜欢讲故事。建议使用听说的学习方式，效果较好
数学逻辑智能	喜欢研究图形和关系，喜欢完成有一连串指令的工作。建议使用把知识分类、利用抽象思维找到一般规律的学习方式，效果较好
视觉空间智能	喜欢通过阅读、看录像和观察的方法学习，喜欢进行形象思考。建议使用阅读课堂讲义，特别是作图、作表的学习方式，效果较好
音乐智能	对声音很敏感，学习和读书的时候喜欢听音乐，喜欢声调和节拍。建议结合优美的音乐旋律学习，效果较好
身体动觉智能	对事件能够做出恰当的身体反应，善于利用身体语言来表达自己的思想和情感。适合需要通过身体操作的学习方式，效果较好
人际智能	喜欢生活在人群中。建议使用叙述、分享和合作的学习方式，效果较好
内省智能	喜欢独处，能意识到自己的优缺点和各种感觉，有创造性思维，喜欢反思。建议使用独立的学习方式，效果较好
自然智能	对自然界和环境变化具有敏锐的观察力。建议使用自己直接观察和体验的学习方式，效果较好

基于多元智能的学习方式没有好坏之分，它充分考虑了每个人的生理和心理潜能。每个人的身上都具备这些倾向，你可能会喜欢或者习惯采用某种或某几种学习方式。大学生可以发现并归纳自己的学习方式，发挥所长，通过整合不同的学习方式达到较好的学习效果。

二、巧用学习规律：事半功倍

（一）首因效应与近因效应

首因效应是由心理学家洛钦斯提出的，也叫首次效应、优先效应或第一印象效应，指个体对某种事物的第一次印象对个体对该事物今后态度的影响，即"先入为主"带来的效果。虽然这些第一印象并非总是正确的，却是最鲜明、最牢固的，并且一定会影响个体之后的态度。

近因效应也是心理学家洛钦斯提出的，它是指最新出现的刺激物促使个体形成印象的心理效果。实验证明，在有两个或两个以上意义不同的刺激物依次出现的场合，形成印象的决定因素是后出现的刺激物。

首因效应和近因效应虽然最早用来解释人在沟通时的心理，但其在学习上也同样适用。在复习知识时，刚开始复习的材料和最后复习的材料容易记牢，这就要求学习者对复习中段的内容投入更多的精力；其次，把记忆难度较大的知识点或者课程的重难点放在考试前期和临近考试时复习，从而提升记忆效果和学习效率。

（二）遗忘规律

德国心理学家赫尔曼·艾宾浩斯研究发现，遗忘在学习之后立即开始，而且遗忘的过程并不是均匀的。他根据实验结果绘成描述遗忘过程的曲线，即著名的艾宾浩斯遗忘曲线，如图 4-6 所示。这条曲线告诉人们，学习中的遗忘是有规律的，遗忘的过程很快，并且先快后慢。观察曲线可以发现，如果不抓紧复习，学得的知识在 6 天后就只剩下原来的 25% 左右。随着时间的推移，遗忘的速度减慢，遗忘的总量也会减少。

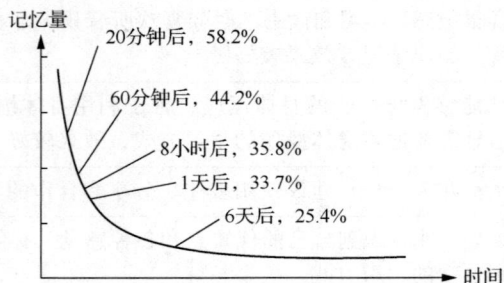

记忆量

20分钟后，58.2%
60分钟后，44.2%
8小时后，35.8%
1天后，33.7%
6天后，25.4%

时间

图 4-6　艾宾浩斯遗忘曲线

学习者利用艾宾浩斯遗忘曲线所显示的遗忘规律，提高对新知识点的复习频率可以提高知识的留存率。值得注意的是，艾宾浩斯遗忘曲线只针对输入式学习，也就是被动学习，当学习从输入式学习转变为输出式学习时，学习内容的留存率则会大大不同。图 4-7 是在不同的学习方式下，学习内容在 7 天内的平均留存率，可以看出，当选择小组讨论、实际演练和训练他人的输出式学习时，学习内容的留存率大大提高，这也符合我们常说的"教是最好的学"，即输出式学习是提高学习内容留存率的法宝。

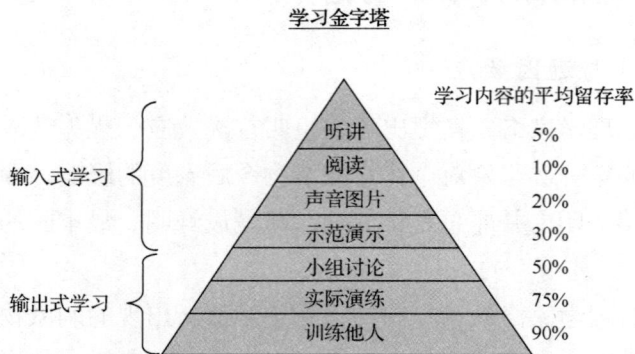

学习金字塔

学习内容的平均留存率

输入式学习	听讲	5%
	阅读	10%
	声音图片	20%
	示范演示	30%
输出式学习	小组讨论	50%
	实际演练	75%
	训练他人	90%

图 4-7　在不同的学习方式下，学习内容在 7 天内的平均留存率

（三）学习迁移

学习迁移是指一种学习对另一种学习的影响或习得的经验对完成其他活动的影响。迁移广泛存在于各种知识、技能与社会规范的学习中。由于学习活动总是建立在已有的

知识经验的基础上，这种利用已有的知识经验不断获得新知识和技能的过程，可以被认为是广义的学习迁移。而新知识技能的获得也不断地使已有的知识经验得到扩充和丰富，这就是常说的"举一反三""触类旁通"，这个过程也属于广义上的学习迁移。将学习迁移的方法应用到不同学科的学习中，建立新知识与旧知识的关联，是提高学习效率的一个好方法。

三、合理安排时间：高能要事

（一）学会取舍：重要紧急四象限

著名管理学家斯蒂芬·R.科维提出了一个时间管理的理论——重要紧急四象限，如图 4-8 所示，他对工作按照重要和紧急两个不同的维度进行了划分，基本上可以分为 4 个"象限"：既紧急又重要、重要但不紧急、既不重要也不紧急、紧急但不重要。

处理顺序：先处理既紧急又重要的，接着处理重要但不紧急的，再处理紧急但不重要的，最后处理既不重要也不紧急的。重要紧急四象限的关键在于第二象限和第四象限的顺序问题，必须注意区分。另外，我们也要注意划分好第一象限和第四象限，都是紧急的，区别就在于前者能带来价值，实现某种重要目标，而后者不能。

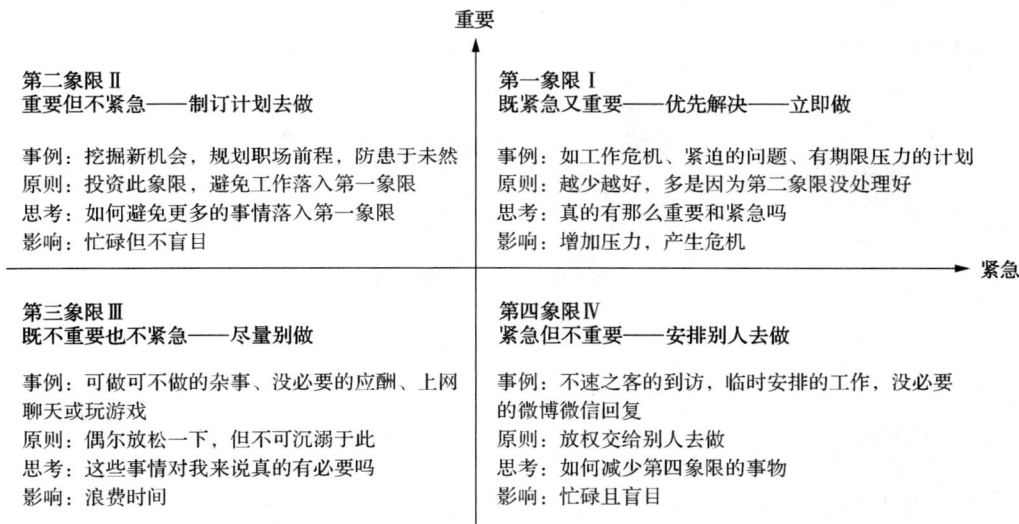

图 4-8　重要紧急四象限

图 4-9 是普通人士和高效人士的时间安排，从图中可以看出，高效人士把大部分精力放在第二象限，即每天在做的主要事情是按照计划做重要但并不紧急的事情，而普通人士则把大部分精力投入到第三象限，即既不重要也不紧急的事情，这包括没必要的应酬、聊天、玩游戏等，这类事情既无法产生重要价值，也非常浪费时间。因此，大学生要学会给不同等级的事情合理分配时间，这样才能提高做事和学习的效率。

II	I
15%	25%～30%
III	IV
50%～60%	2%～3%

（a）普通人士的时间安排

II	I
65%～80%	20%～25%
III	IV
15%	<1%

（b）高效人士的时间安排

图 4-9　普通人士和高效人士的时间安排

（二）提高效率：聚焦番茄工作法

当找出对自己来说最重要的高能要事后，大学生可以使用简单易行的时间管理方法——番茄工作法来提高效率，番茄工作法如图 4-10 所示。番茄工作法的具体操作是，选择一个待完成的任务，设定一个番茄工作时间（一般为 25 分钟，可根据自身情况决定），在该时间内专注工作，中途不做任何与该任务无关的事，直到时钟响起，然后在纸上画一个记号，记录下来；然后设定一个番茄休息时间（一般为 5 分钟），短暂休息一下，之后再开始下一个"番茄"时段。4 个"番茄"时段之后，可以多休息一会儿。结束一天的工作后，我们可根据记录对当日的工作和学习情况进行复盘，同时对第二天的时间进行规划。

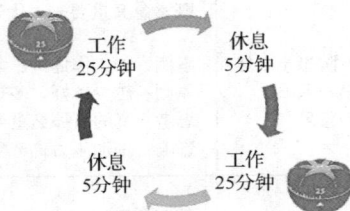

工作 25分钟　休息 5分钟　休息 5分钟　工作 25分钟

图 4-10　番茄工作法

课堂活动

请列出你目前所需要做的事情的清单，将其分别放入重要紧急四象限，并规划出自己目前最需要做的事。

四、做好生涯规划：三区交汇

职业生涯规划中有个三叶草模型（见图 4-11），它揭示了个人在职业发展过程中兴趣、能力与价值三者的相互关系，以及三者缺失时对应的情绪表现。三叶草的整体运转是把兴趣培养成职业，慢慢地把兴趣发展为能力，然后用能力寻找平台来兑现价值，再用价值强化兴趣。依此不断运转，让三叶草的旋涡不断循环扩大。

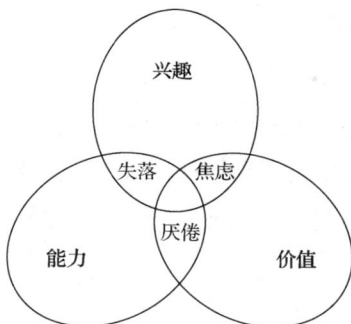

图 4-11 三叶草模型

当这三者正常转动时我们会明显地发现，做事的速度和效率都会提高很多，更重要的是心情会无比愉悦，没有厌倦、失落、焦虑等情绪，工作和生活质量都会有积极的转变。找到兴趣、能力和价值的三区交汇，做好未来职业生涯的规划。

在前面章节中已经提到大学生学习兴趣的重要性，在职业生涯规划中，兴趣仍然是首要因素。当大学生对学习和工作缺乏兴趣时，心态就会失衡，进而表现出厌倦情绪；同样，能力缺失会导致焦虑，而价值缺失会导致失落。每一种情绪都有其根源。

本章小结

学习是大学生在校期间的主要任务，发现学习的意义，了解学习的心理机制，掌握有效的学习方法，对大学生学习效果的提升具有重要意义。本章的主要内容如下。

（1）学习是个体在特定情境下由反复练习而产生的行为。这是人与动物共有的普遍现象，是有机体后天习得经验的过程，表现为个体行为由于经验而发生的较稳定的变化。

（2）学习动机是让学生进行学习活动、维持学习活动，并指引学习活动趋向教师所设定的目标的心理倾向。根据学习动机产生的诱因，学习动机可以分为内部学习动机和外部学习动机。

（3）耶克斯-多德森定律指出，在各种活动中存在一个最佳的动机水平，随着任务难度的不断增大，动机的最佳水平有随之下降的趋势。在容易或简单的任务中，中等偏高的动机水平下的行为效果最好；在困难或复杂的任务中，中等偏低的动机水平会使行为效果最好；在难易适中的任务中，动机水平为中等时行为效果最好。

（4）韦纳发现了能力、努力、工作难度、运气、身体状况、其他这 6 个影响成败的因素，并且按各自的性质将其归入因素来源、稳定性、可控制性这 3 个维度。

（5）提高学习效率可以从这些方面入手：了解自己的学习风格，挖掘自我优势；巧用学习规律，如首因效应、近因效应、遗忘规律等；合理安排时间，做到高能要事优先；做好职业生涯规划，找到兴趣、能力、价值的三区交汇等。

思考题

小强和小峰是室友，小强每天沉迷于游戏，很少上课，宣称学习无用；小峰每天早出晚归地上课、自习、奔波于各类社团活动。有一天，二人聊天时谈起彼此都很焦虑和疲惫，不知道自己的未来在哪里。你认为双方分别陷入了什么困境？你会给二人哪些建议？

推荐资源

1. 书籍：《刻意练习》（安德斯·艾利克森著，王正林译，机械工业出版社于 2016 年 10 月出版）

杰出不是一种天赋，而是一种人人都可以通过学习达到的高度。刻意练习是一种强大的学习方法，是成为任何领域杰出人物的黄金法则。

2. 书籍：《天生不同》（伊莎贝尔·迈尔斯著，闫冠易译，人民邮电出版社于 2016 年 10 月出版）

一部帮你发现自身性格优势，开发个人潜能，认识自己和他人，有效进行自我规划的测试工具书。

3. 书籍：《高能要事》（叶武滨著，中信出版社于 2019 年 10 月出版）

人生的成就取决于做重要的事，并把它做到极致，这本书将教给你如何在成功的路上使用优质的时间、适宜的空间、旺盛的精力去做好重要的事情。人生的成就是从用高能完成要事开始的。

4. 电影：《银河补习班》（邓超、白宇等主演，2019 年上映）

该电影讲述了一位因意外事故而入狱的父亲马皓文出狱后与阔别 7 年的儿子相处的时光的故事。马皓文用自己独特的教育方法和满满的爱给予儿子马飞自由成长的空间，使儿子具备独立思考的能力和面对困难的勇气。在面临马飞的学业问题时，尽管在学校看来马飞没有可塑之处，但马皓文从未放弃，鼓励孩子找到心中的梦想并为之努力。阎主任和马皓文立下赌约，打算用一个学期的时间将马飞的学习成绩提高，以证明他不是"不可救药"的学生。这部电影告诉我们，"学渣"也是可造之才。

5. 电影：《三傻大闹宝莱坞》（阿米尔·汗、马德哈万等主演，2011 年上映）

该电影讲述了印度皇家工程学院的学生兰乔的求学之路。兰乔是个非常与众不同的学生，他不死记硬背，甚至还公然顶撞校长，质疑他的教学方法。他不仅鼓动好友法兰与拉杜去勇敢追寻理想，还劝说校长的二女儿碧雅离开满身铜臭的未婚夫。兰乔的特立独行引起了模范学生"消音器"的不满，他约定 10 年后与兰乔一决高下，看哪种生活方式更能取得成功。

第五章

心灵桥梁——大学生人际交往概述

导言

进入大学，大部分同学都是远离家乡，来到一个崭新的环境。曾经熟悉的校园、熟悉的师长、熟悉的同学都已成为美好的记忆。在陌生的环境之中，我们渴望和需要建立良好的关系网络。通过本章的学习，你可以：

◇　了解什么是人际关系的组成部分和人际交往的功能与发展阶段；

◇　发现人际关系的影响因素；

◇　掌握促进人际交往的方法，体会良好人际关系对自身发展的益处。

导入案例

刚入学时，胡同学因个别室友晚上打游戏影响自己睡觉而感到不满，因此，他在每天早上 6 点多起床，故意弄出各种声响以报复室友，致使同寝室的其他同学对他感到厌烦。其他室友多次与他交谈，晚上打游戏的室友也没有再打游戏了，建议他早上起床时声音尽量小一点。而胡同学认为，自己是受害者，为什么要改变？他依旧我行我素，渐渐地，大家不再理会胡同学。胡同学也讨厌寝室的同学，有时故意和他们作对，这样一来激化了寝室矛盾，室友们都孤立他。加上胡同学性格孤僻，常因心情不好而在寝室发火，辱骂其他室友，甚至产生了肢体冲突，严重破坏了寝室的和谐，以致室友一致要求胡同学搬离宿舍。

思考：胡同学陷入了怎样的人际困境？他该怎样解决？

第一节　生活中的"你来我往"——人际关系概述

一、何以为"友"：人际关系的概念

（一）人际关系的含义

人际关系主要泛指人们通过对彼此的认知、情绪上的互动和交往所形成的行为而发展起来的人与人之间的关系。人际关系既反映出人与人之间的心理距离，又反映出交往双方满足其社会心理需要的状态。如果交往双方的社会心理需要都得到了满足，那么就能建立一种亲近、友好、信赖、和谐的人际关系；反之，如果其中一方因为某种原因感觉到了不友好、不公平，那么就会增大交往双方之间的心理距离，使原本的亲密关系变成疏远关系，甚至可能变成敌对关系。

据估计，大学生每天除了睡眠外，其余时间中的约 70%都用于人际交往。正如美国著名人际关系学大师卡耐基对成功人士的分析：85%的成功人士之所以成功，与其拥有良好的人际关系有关。因此，良好的人际关系对大学生的成长具有重要作用。

扩展阅读

六度空间

1967 年，社会心理学家斯坦利·米尔格兰姆设计了一个"连锁实验"。他将一套连锁信件随机发给居住在内布拉斯加州奥马哈市的 160 个人，信中有一个波士顿股票经纪人的名字，信件要求每位收信人将这套信件寄给自己认为的那个股票经纪人的朋友。朋友收到信后将信转寄给自己认为的那个股票经纪人的朋友，最后将信寄给股票经纪人，最终的信件在经过六次转寄后成功抵达该股票经纪人手中。"六度空间"由此而来，米尔格兰姆将其命名为"六度分割"理论。简单来说，"六度分割"理论就是指无论两人之前是否认识或生活在地球的哪个地方，两人之间要想建立联系，最多只需要经过 6 个人便可以做到。这是一个普遍而深刻的社会现象。由此可见，人际关系在人类社会中是普遍存在的，它把人们紧密地联系在一起。

（二）人际关系与社会关系

人际关系的研究范畴与社会关系不一样，二者不可混为一谈。社会关系是社会学研究的范畴，包括人与物的关系（如生产资料的分配）、意识形态关系（如道德关系、法律关系）等。而人际关系则是人与人之间的关系。简单来说，人际关系从属于社会关系，社会关系决定人际关系。

二、"友"益于我：人际关系的功能

人际关系的功能是指人际关系在现实生活中对个人和社会所起到的实际作用与效果。良好的人际关系能够促进个体的发展，反之，则会阻碍个体的成长和进步。具体来说，人际关系对个体发展的功能主要体现在以下 3 个方面。

（一）促进个体社会化

社会化是指个体与社会相互作用，使个体学习在社会中生存的基本知识、生活技能和群体规范等社会文化，适应社会生活，承担社会角色并积极作用于社会的发展。社会化实质上是个人与社会相互依存、相互促进的过程，也是个体发展的一种本质属性。马斯洛需求层次理论主张，当个体最基本的需求得到满足之后，将会有更高层次的需求需要得到满足，这一切都离不开个体的社会化。人不是孤立的存在，个体通过人际交往连接起来成为社会群体后，便有了归属感，社会的发展也得益于个体之间的生产分工、相互交往。由此可见，社会化是个体最终走向社会的重要标志，是一个人成功的必要前提。

个体从生物人到社会人必须经过社会化的过程，否则个体就无法适应社会。大学是个体社会化的重要阶段，大学阶段的教育教学、教师人格魅力、社团活动、各类竞赛、社会实践实习等都会影响大学生的社会化进程，而人际交往可谓贯穿于社会化的整个过程中。大学生在与他人的交往和互动中，自身能力不断得到提高，也学到了社会生活所必需的技能和知识。因此，大学生人际交往的水平将会直接影响其社会化的水平。

（二）深化自我意识

自我意识是个体对自己的认知。个体在与他人交往的过程中，自我意识逐步建立和完善。良好的人际关系有助于提高个体的自我认知水平和自我评价能力，个体通过他人对自己的态度和评价，可以提高自我评价能力，使自我评价越来越客观、全面。

良好的人际关系也能够促进自我意识与社会意识的统一。自我意识不仅表现为个体之间的差异，还表现为与社会意识之间的差异。如果个体对自我意识与社会意识之间的差异没有足够的认识，不努力去缩小这种差异，则容易经历挫折和失败，不利于自身的发展。置身于良好的社会关系中，个人可以针对自己的不足不断进行调整、纠正，力求达到自我意识与社会意识的有机统一。

（三）调节心理健康水平

大量的心理学研究和人们的生活实践都表明，对于任何一个人来说，良好的人际关系对其心理健康水平的提升都具有积极的促进作用。心理学家高尔顿·乌伊拉德·奥尔波特发现，个性成熟的人往往与他人关系良好，他们更容易理解他人，容忍他人的不足和缺陷，能够对他人表示同情。还有研究表明，那些心理健康水平高的人往往来自关系良好的家庭，这也可以从侧面证明人际关系可以调节个体的心理健康水平。

人本主义心理学家亚伯拉罕·H.马斯洛提出了需求层次理论（见图5-1），该理论主张每个人都有一种基本需求——爱和归属的需求，即人人都需要归属于一定的群体，需要得到亲情、友情、爱情等，这些需求是不可或缺的。大学生如果在学校里与老师、同学保持和谐的关系，便会感受到被接纳、被尊重、被理解，这不仅有助于提高自我价值，而且能够保持积极、良好、愉快的情绪，促进其兴趣和思维的发展，从而使其积极投入学习。如果人际关系失调，大学生可能会产生负面情绪，挫折感加剧，对其心理健康也有消极影响。

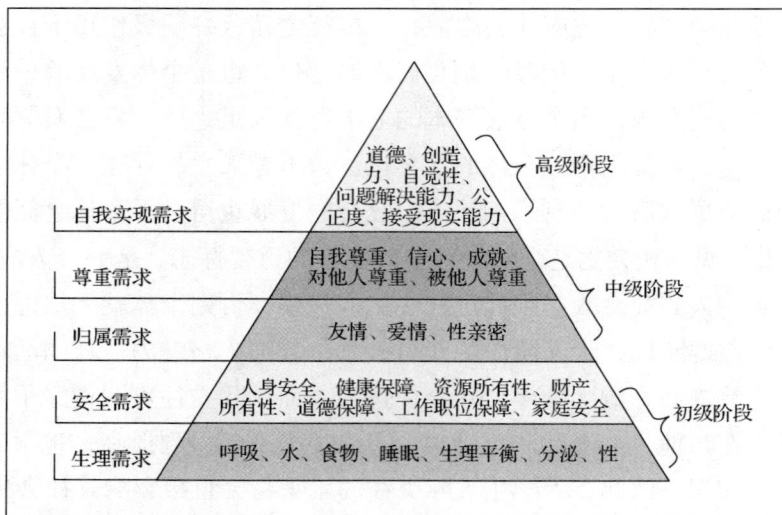

图5-1 马斯洛需求层次理论

扩展阅读

社会交往剥夺实验

动物心理学家曾以恒河猴为实验对象，进行了"社会交往剥夺实验"。实验者把幼猴隔绝在一个没有任何社会交往的环境中喂养。结果发现，这种被剥夺了社会交往的猴子在被换至正常环境中喂养时，无法与其他同类正常交往；它们极度缺乏安全感，甚至连觅食、求偶这种本能行为都受到了严重影响。

美国心理学家沙赫特·斯坦利曾以人为研究对象做过类似的实验：他以每小时15美元的高薪招募志愿者到他创设的一个小房间内居住，房内只有一张桌子、一把椅子、一张床、一个凳子。食物用通道运送。志愿者住进房间后即完全与外界隔离，没有报纸、电话，不准写信，听不到外界的声音，更不许与人聊天，心理学家每天只为其供应饮食等必需品。先后有5个人参加了该实验，其中最高的纪录是8天。这个待了8天的志愿者出来以后说："如果再让我在里面多待1分钟，我就要疯了。"

此实验结果表明，人际交往是人类的一种生存需要，没有人能够离得开与他人的交往与互动，就像人需要吃饭、睡觉一样。

三、何以构"友"：人际关系的心理结构

人际关系主要由人际认知、人际情感和人际行为3部分组成。

（一）人际认知

人际认知是指人与人在交往过程中相互认识，即通过彼此相互感知、熟悉、理解而建立的一种心理联系，是建立人际关系的前提。

（二）人际情感

人际情感是指个体在人际交往过程中，需求是否得到满足而产生的情绪、情感体验。人际情感是人际关系的核心，它的形成取决于交往双方的需求的满足程度。

（三）人际行为

人际行为是指双方在相互交往过程中的外在行为的综合体现，包括双方的仪容仪表、服饰打扮、言谈举止、礼仪礼节等。个体可以通过人际行为来调节、修补、完善人际关系。

课堂活动

你画我猜

请两位同学走到讲台前，两位同学分别编号为A和B。A面向黑板，不能回头看；教师给B展示一幅图画，由B向A描述图画的内容，A根据B的描述在黑板上画出该幅图画。A不许出声，也不许回头，只能听B的描述；B在描述时不能打手势，不能做动作，只能用言语。下面的同学保持安静。观察A同学画出的图画与向B展示的图画的差别。

这个活动启发我们，人际交往是个双向的过程，有时候自己表达的与他人听到的不一定相同，自己听到的与他人所表达的也不一定相同。因此，我们在与他人的交往中应多沟通、深沟通，以减少人际交往过程中的误解。

四、"友"谊之路漫漫：人际关系的发展阶段

社会心理学家欧文·阿特曼和达尔马斯·泰勒等人提出了社会渗透理论来解释人际关系发展的过程。他们认为，人际交往主要有两个维度：一是交往的广度，即交往或交换的范围；二是交往的深度，即交往的亲密水平。阿特曼等人认为，良好的人际关系的发展一般经过定向阶段、情感探索阶段、情感交流阶段、稳定交往阶段这4个发展阶段（见图5-2）。

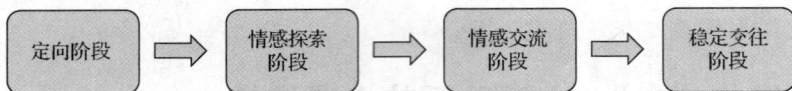

图 5-2　人际关系发展的过程

（一）定向阶段

个体在人际交往中具有对象选择性，即在人际交往的情境中，人们会选择性地注意到某些人，而对其他人的注意时间及注意程度相对较短和较弱。定向阶段就是对准备交往的对象的选择和初步沟通，交流的内容是无关紧要的话题，自我暴露的程度很浅，例如谈论自己的兴趣爱好等。

（二）情感探索阶段

双方如果都对对方有好感，产生了继续交往的兴趣，那么就可能产生进一步的自我暴露。在此阶段，双方都在探索可以在哪些方面展开更深入的交流。此时，交往双方有一定程度的情感交流，但交流的内容依然不会涉及个人隐私。并且，这一人际交往过程受到社会礼仪、角色规范的限制，更倾向于正式交往。

（三）情感交流阶段

此阶段是由正式交往转向非正式交往的过程。人们在交往过程中感受到了信任感、安全感，在交流中出现了广泛而深刻的自我暴露的内容，并且有比较深刻的情感交流，例如，双方会相互分享自己的快乐和烦恼、寻求对方对于自己遇到的困难的建议等。此阶段的双方会相互反馈真实的信息，提供真诚的建议，彼此进行真实的赞赏与批评。这一阶段已经超出了正式交往的范围，正式交往带来的压力逐渐消失，交往过程更加自由和放松。

（四）稳定交往阶段

情感交流阶段如果进展得比较顺利且持续时间较长，交往双方可能会进入成为亲密朋友的稳定交往阶段。此时，交往的双方在心理上高度相容，允许彼此进入自己的绝大部分私密领域，分享自己的生活、情感、财物等，自我暴露更加广泛、深刻。实际上，很少有人能够与他人达到这一情感层次，正如人们常说的"人生难得一知己，千古知音最难觅"。许多人与别人的关系处于情感交流阶段。

第二节　给你的人际"把把脉"——人际关系的影响因素与人际交往中的困扰

案例

小林是一所高等职业学校的毕业班学生，他长相清秀，在双职工家庭长大，是家中的独生子。小学时期，小林的学习成绩和文体活动成绩在班级里遥遥领先。他是班长，但因犯错被班主任当众撤职。中学时期，小林的成绩一落千丈，因为性格敏感，不自信，他总认为大家在背后议论自己，所以没有交到太多好朋友。进入高等职业院校后，他发现优秀的同学很多，自己各方面都不突出，更加沮丧，加上他是第一次住校，与舍友、同学相处时总会产生摩擦，人际关系紧张。此外，因为怕被孤立他总是刻意讨好大家，表现得很好说话，基本不拒绝别人的请求。但是身边的人依旧不愿意与他成为知心好友。小林很苦恼，明明自己很热情，什么都替别人着想，但还是和同学们相处不好。渐渐地，小林不愿意和大家交往，总是一个人躲起来。

小林为什么会面临这样的处境？他该怎么做呢？

一、"谁"在影响人际关系：人际交往的影响因素

（一）人际吸引

人际吸引是指人与人之间相互接纳和喜欢。它可以被看作一种作用于人际交往的动力，这种动力促使人们逐渐增加交往的广度和深度。那么，人际吸引从何而来？人们之间为什么会相互接纳和喜欢？综合来看，人际吸引的由来主要包括个人吸引力和相互吸引力两个方面。

1. 个人吸引力

个人吸引力是指人际交往的一方能引起对方的好感、满足对方的需求的条件，主要包括外貌、性格和能力等因素。

外貌因素主要包括长相、穿着、体态、举止、风度等，这些都对人际交往有重要的影响。一般来说，外貌因素较好的人更容易在他人面前形成较好的第一印象。有趣的是，有关心理学研究发现，与选择约会对象相比，个体在选择终身伴侣时，对对方的外貌的要求明显降低。另外，值得注意的是，拥有好的外貌可以拥有更强的个人吸引力，但这不是决定性因素，人际交往过程中要尽量避免光环效应，即避免以貌取人，盲目认为外貌好的人在品行方面也会表现得比较好。

性格因素的吸引力在于性格使人喜欢、仰慕并渴望接近。人际关系中受欢迎的性格反映了一个人的人格魅力，而这种人格魅力是拥有个人吸引力的前提和保障。广为大家接受的性格不仅在人际交往中能吸引他人的注意，还常常获得他人的赞赏。

在其他条件对等的情况下，一个人的能力越强，就越会被他人喜爱。一般来讲，人们都比较喜欢聪明能干的人，觉得与能力强的人结交是一种幸福。但是，也有调查发现，那些才华非凡的人不是最受欢迎的，因为十全十美的"完人"会使别人感到不安，自己与他人形成强烈的对比，会使自己相形见绌。

2. 相互吸引力

人际交往是个双向的过程，因此，交往双方在某些方面的"合拍度"即双方是否相

互吸引及吸引的力度也是影响人际吸引力的重要因素，我们称之为相互吸引力。相互吸引力是指人际交往过程中引起双方好感和相互满足对方需求的程度。我们常听到"萝卜白菜，各有所爱""情人眼里出西施"，这些俗语反映的就是相互吸引力，它受到相近因素、相似因素、互补因素和相悦因素等的影响。

相近因素指的是在人际交往过程中，双方的空间距离近，这包括学习、生活和工作场合上的接近，如同学、邻居、同事之间的空间距离近。人与人之间的空间距离越近，交往互动的机会越多，频率也就越高，共同话题也就越容易建立。较近的空间距离为双方相互了解和熟悉创造了有利条件，人际关系也就越来越亲密，正所谓"远亲不如近邻"。但是，相近因素在人际交往初期起到的作用可能较大，随着交往双方接触的时间增加，提升相互吸引力的关键则会转变为个体之间内部的因素。

相似因素是指在现实生活中，人们倾向于喜欢和接纳在某方面或多方面与自己相似的人，这就是人们常说的"物以类聚，人以群分"。相似因素主要包括生理（年龄、性别、身体状况等）、心理（兴趣、能力、气质、性格、态度和价值观等）、社会生活（籍贯、文化背景、社会地位）等因素的相似。那么，为什么相似因素会增强人际吸引力呢？不同的理论有不同的观点。一种理论认为，人们倾向于认知体系中的协调一致，倾向于把看起来相似的东西视为一个组合，故而诱发出协调一致的情感反应即喜欢；另一种理论则认为，他人表现出与自己相似的态度，是支持自己的有力依据，实际上也是对自己的一种认可，因而更愿意接纳和喜欢彼此。

互补因素是指交往双方的需求与期待正好互补时，就容易产生彼此间的相互吸引。从表面来看，相互吸引力的相似因素与互补因素是矛盾的，实际上，只不过是人们在不同情况下有不同的需求而已。一般而言，需求相同的人们之间更重视相似因素，而需求不同的人（如夫妻）更重视互补因素。而且，归根结底，就人们追求互补的动机来说，相似因素与互补因素又是相似的。

相悦因素是指人们通常希望遇到喜欢、接纳和肯定对方的人，也喜欢在彼此交往过程中能够带来愉悦感的人，讨厌那些给自己带来不快或惩罚自己的人。在人际交往的过程中，双方的相悦可以增强心理上的接近感，从而减少心理上的摩擦和冲突。

（二）心理效应

1. 首因效应

首因就是我们常说的第一印象、最先的印象。在人际交往中，人们往往先注意对方的衣着、表情等细节，而相对忽略交往中的细节，这就是首因效应。在人际交往的过程中，彼此进行认知的时候，首先被反映的信息对于印象的形成起较强的作用。有研究让被试者看两种性格类型——性格 A 为聪明、勤奋、易冲动、爱批评、顽固、嫉妒心强；性格 B 为嫉妒心强，顽固、爱批评、易冲动、勤奋、聪明。研究表明，人们对性格 A 的印象较好。但是，性格 A、B 的表现是相同的，只是描述的顺序不同，从而给人形成的印象也不同。

初来到一个新环境时，我们都会在新面孔中寻找有缘的人，也许恰好就有一个让你觉得可以亲近、志趣相投的人，你觉得他就是你想要找的朋友。然而，当你和他相处了一段时间以后，你忽然发现他不是你想要的那种朋友。这个例子说明的就是首因效应会使人产生认知偏差。在当代大学生的日常生活和学习中，他们往往依据第一印象判断一个人的好坏，进而决定是否与之交往。但是，第一印象往往是肤浅的、片面的，它带有浓厚的迷惑色彩，因此，在人际交往的过程中大学生既要重视第一印象，也要关注交往对象后期所表现出的信息。

此外，第一印象一旦形成，就会出现验证性偏见从而影响我们对后来信息的认知。因此，印象管理十分重要。第一印象是长期交往的基础，是取信于人的起点。因此，我们应该言行举止恰当，给人塑造良好的第一印象，为长久和谐的交往创造有利条件。

案例

一个新闻系的毕业生正急于寻找工作。一天，他到某报社对总编说："你们需要一个编辑吗？""不需要。""那么记者呢？""不需要！""那么排字工人、校对呢？""不，我们什么空缺的职位也没有了。""那么，你们一定需要这个东西。"说着他从公文包中拿出一块精致的小牌子，上面写着"满额，暂不雇用"。总编看了看牌子，微笑着点了点头，说："如果你愿意，可以到我们的广告部工作。"这个大学生通过自己制作的牌子表达了自己的机智和乐观，给总编留下了美好的"第一印象"，引起其对自己的极大兴趣，从而获得了一份满意的工作。

2. 近因效应

近因是指最近的信息、最后的印象。近因效应则是指最近的信息对人们对某件事情或某个人的认知的影响。最近获得的信息在个体脑海中会留下清晰的印象，其作用往往会冲淡过去所获得的信息的有关印象。比如，有一个学生在同一个教师的课上连续迟到了两三次，那么，就算这个学生以前上课从不迟到、早退，也无法改变他在这位教师心目中"上课迟到"的印象。

首因效应和近因效应在人际交往的不同阶段发挥着不同程度的作用：首因效应在人际交往的初期发挥的作用更大，近因效应则是在人际交往的后期发挥的作用更大。因此，与他人交往时，个体要时时刻刻注意自己的形象，给对方留下好的第一印象和最近的印象，为人际交往的和谐顺畅加分。

扩展阅读

美国心理学家卢琴斯曾经做过这样一个实验，当他向被试者描述吉姆时，他会先说出吉姆的优点，接着说出吉姆的缺点，说优点时，有 78% 的人认为吉姆是个友好的人，但是在说完优点后，插入某种活动，再告诉他们吉姆的缺点，人们对于吉姆的评价就没有那么好了。

思考：出现这种差异的原因是什么呢？

3. 晕轮效应

晕轮效应是指人们常从对方所具有的某个或某些好的或坏的特征而泛化为其全部好或全部坏的整体形象。晕轮效应也叫光环效应，常常会使人犯爱屋及乌、以偏概全的错误，即在人际交往的过程中，特别是交往初期，个体在不知不觉中会自动利用少量的信息来推出广泛的结论。这是一种以偏概全的判断方式，容易出现认知上的偏差。晕轮效应启发我们要善于倾听和接纳他人的建议，要理解"旁观者清，当局者迷"的含义，以减少该效应产生的消极作用。此外，个体也可以利用晕轮效应加强自身的优势，让交往对方了解自己的优势，从而增强自己的人际吸引力。

4. 刻板效应

刻板效应，又称刻板印象，它是指对某个群体产生的一种固定的看法和评价，并对属于这个群体的人也给予相同的看法和评价。人们不仅会对接触过的人产生刻板的印象，还会根据一些简介资料对未接触过的人或事产生刻板印象。比如，年轻人是爱冲动的，老年人是保守的，知识分子是文质彬彬的，军人是雷厉风行的。刻板印象虽然可以在一定范围内帮助个体迅速洞悉概况，节省精力，但是可能会产生对他人的偏见，忽略个体的差异性。因此，在人际交往的过程中，人们要全面地了解交往对象，综合其言行举止来做出合理、正确的判断和评估。

🔍 扩展阅读

苏联社会心理学家包达列夫做过这样的实验，将一个人的照片分别给两组被试者看，照片上人物的特征是眼睛深凹、下巴外翘。包达列夫向两组被试者分别介绍照片人物的情况，给甲组介绍情况时说"此人是个罪犯"，给乙组介绍情况时说"此人是位著名学者"。然后，包达列夫请两组被试者分别对此人的特征进行评价。

评价结果显示，甲组被试者认为此人眼睛深凹表明他凶狠、狡猾，下巴外翘反映其顽固不化的性格；乙组被试者认为此人眼睛深凹，表明他具有深邃的思想，下巴外翘反映他具有探索真理的顽强精神。

为什么两组被试者对同一张照片的面部特征所做出的评价竟有如此大的差异？原因很简单，人们对社会中的各类人有一定的刻板认知。把他当罪犯来看时，自然就把其眼睛、下巴的特征归类为凶狠、狡猾和顽固不化，而把他当学者来看时，便会把相同的特征归为思想的深邃性和意志的坚韧性。刻板效应实际就是一种心理定式。

5．漏斗效应

漏斗效应指的是信息在人际交往中会呈现一种由上而下的衰减趋势，如图 5-3 所示。当我们把我们要说的话说出去后，最后执行的只有 20%。但是，我们可以利用某个方法有效地遏制漏斗效应这个方法就是不断地问自己，一遍一遍地问自己究竟学到了什么、看到了什么、看清楚了什么、记住了什么、读懂了什么、会用什么了，频繁地向自己提问。比如，在收到他人的请求后，我们应该把自己听到的向发出请求之人再确认一遍后再行动，保证信息输出和输入的一致性。

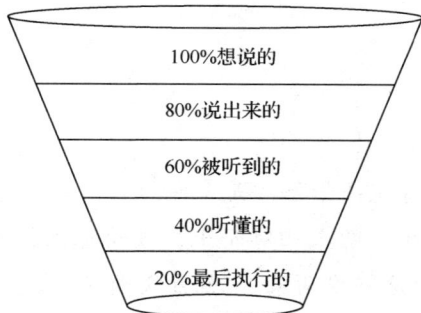

100%想说的

80%说出来的

60%被听到的

40%听懂的

20%最后执行的

图 5-3　漏斗效应

案例

某酒店客人周先生到前台退房结账。外面正下着雨，客人提出请前台服务员帮他撑一下伞，他要到马路对面打出租车。当天前台值班的是两位女员工（前厅值班经理和一名前台服务员），听到客人提的要求时，前厅值班经理考虑到她们俩的个子都比较矮，不到 1.6 米，而客人个子比较高，超过 1.8 米，她俩给客人撑伞不太方便，她想到销售部的一位同事身高 1.78 米，给客人撑伞比较合适。于是，前厅值班经理就对客人说了一句："请您稍等一下。"然后就开始打电话给销售部的同事。但电话刚刚打通，客人就走了。前厅值班经理想叫住客人，但是客人没有回头，走远了。最后，这名客人在宾客满意度调查中给了 0 分的评价。

这个故事告诉我们在人际交往的过程中，我们想要表达的意思和我们实际表达出的意思可能会千差万别，这时我们要加强沟通，避免产生不必要的误会。如果这位经理说的是"请您到旁边稍作休息，我们去找一位更高的同事为您撑伞"（说完，让另一位同事给客人倒一杯水），然后她再去找销售部的同事，这样定会有一个不一样的结局。

6．投射效应

投射效应是指在人际交往的过程中，人们在形成对别人的印象时总是假设他人与自己有相同的倾向、特征，认为"他人也如此"。投射效应在生活中经常发生，大致可以分为以下 3 种表现形式。

（1）相同投射。人们会在不知不觉中把自己的感受投射到别人身上，比如你觉得很热，就认为家里人也感觉闷热难受，于是打开了空调，完全不问家里人的意愿。

（2）愿望投射。这一类投射常常发生在老师和学生、家长和孩子之间，比如一个孩子希望被老师表扬，就会在收到老师的点评时，重点关注表扬的部分，将所有点评理解为老师的赞赏。

（3）情感投射。人们在看待自己喜欢的人时，通常会越看越喜欢，这就是情感投射起了作用，明明喜欢的人没做什么特别的事，却还是"情人眼里出西施"；反之，对于讨厌的人，人们看到他就觉得讨厌。情感投射使得人们总是带着自己的个人情感去看待人或事物，不能做到客观评价。

扩展阅读

宋代著名诗人苏东坡和得道高僧佛印是多年好友。

一天，苏东坡去拜访佛印，两人相对而坐，谈论佛法诗词，甚是欢畅。席间，苏东坡对佛印开玩笑说："我看你是一堆狗屎。"佛印笑道："我看你是一尊金佛。"

苏东坡非常得意，以为自己这次终于占了佛印的便宜。于是回家后就迫不及待地向妹妹炫耀此事。

苏小妹说："哥哥，你错了。佛家说'佛心自现'，你看别人是什么，就表明你心中有什么。"

7. 互惠效应

心理学家乔治·卡斯珀·霍曼斯指出，人与人之间交往的本质是一种社会交换，相互给予彼此所需要的。生活中我们要尽量帮助他人，应尽量以相同的方式回报他人为我们所做的一切。比如，有人帮了你，你应该尽自己所能地在他人需要帮助时伸出援手。正所谓礼尚往来，这是一种维持良好、长久关系的有效方法。

扩展阅读

康奈尔大学教授丹尼斯·雷根做过这样的实验：邀请一些自愿参加实验的人，给一些画作评分。第一组实验人员在大家评画时，出去买了一些饮料，分给评画的每一个人；第二组实验正常地进行，实验人员没有外出买饮料。两组实验结束后，实验人员对参加实验的人说自己在帮一个朋友销售彩票，询问他们能否帮忙买几张。第一组评画的人员大都很爽快地答应了实验人员的要求，而第二组评画的人员则多以种种理由拒绝了这个请求。

通过这个实验我们可以看出，接受了他人帮助的人，总是想要做点什么作为回报，我们把这种心理称为"互惠效应"。

二、常见的人际交往困扰

（一）不愿交往

不愿交往的原因是个体自卑、过于内向。个体缺乏与人交往的兴趣和愿望，遇事总是回避，整日郁郁寡欢，而且心理承受能力差，情绪敏感，喜欢独来独往。

案例

2013年，小利考上了北京的一所高等职业院校。小利的父母都是农民，家里条件十分艰苦，没有什么积蓄。小利从小就很懂事，学习也很用功，最终考上了这所高等职业院校，离开了穷苦的家乡。小利的父母为了让小利读书，到亲戚家、邻居家借钱，七拼八凑终于凑够了小利的学费，但支付不了他的生活费。为了能够继续念书，小利一开学就做了好几份兼职，但由于大城市的生活水平较高，他的日子仍然过得紧巴巴的。小利平时十分节俭，不舍得多花一分钱。可是回到宿舍里，听到室友们谈论自己从来没听说过的名牌，吃自己从来不舍得买的零食，他感到万分自卑。室友吃一顿饭的花费，够他一天的生活费了。他们谈论的一些话题更是他闻所未闻的，有时候一起聊天，他都插不上话。从此小利不再跟室友们一起聊天、一起吃饭。渐渐地，小利习惯独来独往。上个月，小利的父亲来信说母亲病了，需要长期吃药，家里的经济负担更重了，小利觉得自己拖累了父母，愧对父母。在学校里也没有朋友，没有人愿意接近他，他觉得自己成了这个世界上最多余的人。小利的室友们说，刚认识小利的时候感觉他人挺好的，但慢慢地，小利越来越内向，越来越不爱和室友们交流，总是独来独往，室友们以为他不愿意搭理别人，也就很少主动和他接触了。

在这个案例中，小利在人际交往中出现了什么问题？原因是什么？

（二）不善交往

不善交往主要是因为个人经验不足，缺乏人际交往的方法和技巧。比如，与他人交流时语气比较生硬，不顾及对方的面子，有控制他人等强势倾向，或过于屈从他人，没有主见或容易迷失自我等。

案例

小王今年20岁。高中时她学习很刻苦，但除了学习，她没有其他爱好，也没有什么朋友。因高考成绩不理想，她复读了一年。考入大学后，班主任安排小王当宿舍长，她想好好地与室友同学相处。但时间一长，小王发现自己无法和室友们好好相处，她习惯早睡，但室友们喜欢聊天到深夜；她比较爱干净，室友们却喜欢乱丢乱放，把宿舍搞得乱七八糟。小王以宿舍长的身份给她们提出了一些要求，但她们不听。就这样，小王与室友们经常因为一些琐事发生争执，小王认为自己是对的，但室友们并不理睬，几乎没人跟她说话，导致现在小王和室友们的关系很糟糕。

在这个案例中，小王在人际交往中出现了什么问题？原因是什么？

（三）不敢交往

不敢交往主要是因为性格内向、腼腆、胆小。个体与他人交流时面红耳赤，两眼不敢正视对方，与他人交谈时语无伦次，词不达意，尤其是会在多人场合或在集体活动中感到恐惧，不敢表现自己。

案例

黄某，是大学一年级的学生，从小性格内向，不善言辞。小时候，父母的同事、朋友或亲戚到家里来，他从来不敢主动和他们打招呼，总是想办法躲起来。高中以后稍微好一点，但在集体场合他还是不敢讲话，怕自己说错话得罪人，甚至有时候别人的问话也不回应。除非大部分人都很熟悉，一般的聚会、集体活动他都不愿意参加。他不敢和女孩子讲话，不敢看女孩子的眼睛，一和女孩子讲话就会脸红。大学后，黄某将大部分时间用在学习上，虽然他的学习成绩很好，但他的内心很痛苦，觉得十分孤单。

在这个案例中，黄某在人际交往中出现了什么问题？原因是什么？

技能学习

大学生人际交往测试

下面是一份大学生人际交往的测试量表，一共有 28 个问题，请你根据自己的实际情况，逐一对每个问题做"是"或"否"的回答。为了保证测验结果的准确性，请认真作答。

（1）对于自己的烦恼有口难开。

（2）和陌生人见面感觉不自然。

（3）过分地羡慕和嫉妒别人。

（4）与异性交往太少。

（5）对连续不断的会谈感到紧张。

（6）在社交场合容易感到紧张。

（7）时常不小心用语言伤害别人。

（8）与异性来往感觉不自然。

（9）与一大群朋友在一起时，常感到孤寂或失落。

（10）极易陷入窘境。

（11）与别人不能和睦相处。

（12）不知道如何与异性合适地交往。

（13）当不熟悉的人对自己倾诉他（她）的生平遭遇以求同情时，自己常感到不自在。

（14）担心别人对自己有什么坏印象。

（15）总是尽力让别人赏识自己。

（16）暗自思慕异性。

（17）时常避免表达自己的感受。

（18）对自己的仪表（容貌）缺乏信心。

（19）讨厌某人或被某人讨厌。

（20）瞧不起异性。

（21）不能专注地倾听。

（22）无人听自己倾诉烦恼。

（23）受别人排斥，感到冷漠。

（24）被异性瞧不起。

（25）不能广泛地听取各种意见和看法。

（26）常因受伤害而暗自伤心。

（27）常被别人谈论、愚弄。

（28）与异性交往时不知如何更好地与之相处。

回答"是"的加 1 分，回答"否"的给 0 分，计算出你的总分。

总分为 0～8 分：这表明你在人际交往上的困扰较少；你善于交谈，性格比较开朗，主动，关心别人；你对周围的朋友都比较好，愿意和他们在一起，他们也都喜欢你，你们相处得不错；而且，你能从与朋友的相处中获得许多乐趣；你的生活是比较充实且丰富多彩的，你与异性朋友也相处得很好；一句话，你不存在或较少存在人际交往方面的困扰，你善于与朋友相处，你的人缘很好，能获得许多人的好感与赞同。

总分为 9～14 分：这表明你在人际交往中存在一定程度的困扰；你的人缘一般，换句话说，你和朋友的关系并不牢固，时好时坏，经常处于起伏之中。

总分为 15～28 分：这表明你在人际交往中存在的问题比较严重；分数超过 20 分，则表明你在人际交往中存在的问题很严重，而且在心理上存在较为明显的障碍。

第三节 结交朋友的"灵丹妙药"——促进人际交往的方法

一、认知层面

（一）调整认知偏差

前文提到，影响人际关系的因素有一部分体现为心理学效应，有些心理学效应反映的是认知偏差的影响，比如首因效应、近因效应、晕轮效应、刻板效应等。这些心理学效应带给了人们许多积极的启示，帮助了人们了解如何塑造良好的个人形象，但是，不可否认的是，这些心理学效应也可能使人们产生认知偏差，对交往对象了解得不全面。因此，为使人际关系更长久、更和谐，我们应从认知层面上调整可能出现的认知偏差，对交往对象进行全方位的了解，比如当有人没有给我们留下良好的第一印象且没有符合我们的社交期望时，也不要排除他（她）日后成为我们好朋友的可能性；比如当我们请求朋友帮助时，不一定非要遵守互惠效应，朋友们之间的互相帮助可以是自愿的，不求回报的；再比如有些同学认为人际关系比较复杂，从而错误地觉得人不需要社交也能很好地生活时，要及时打消这种念头。心理学效应让我们在人际交往的过程中，更加全面地了解对方的特点的同时，也让我们产生了一些认知偏差。我们应合理利用这些心理学效应，同时也应认真挖掘出这些心理学效应给我们带来的认知偏差，及时纠正，才能发展出更长久、更和谐的人际关系。

（二）把握人际交往的原则

1. 尊重原则

希望被尊重是每个人的心理需求。尊重他人不仅体现了一个人的素养，还体现了对自己的尊重。马斯洛需求层次理论中的第四层就是尊重需求，尊重又分为自我尊重和被他人尊重。马斯洛认为，只有尊重需求得到满足，人们才能对自己充满信心，对社会满怀热情，才能体会到自己的价值。

我们不仅需要尊重他人的人格、生活习惯、价值观念、情感隐私，还要尊重彼此的心理距离，不要触碰他人的心理底线，否则会让他人觉得自己被冒犯了，这样会使对方产生戒备、反感和疏远等心理。

2. 平等原则

平等原则是人际交往中最基本的原则之一，它贯穿于各种人际场合。无论是公务场合，还是私交场合，交往双方没有高低贵贱之分，只有以平等的身份进行交往，双方才能深交。著名剧作家萧伯纳有一次休息时和邻居家的小女孩一起玩耍。当他送小女孩回家时，他对小女孩说："知道我是谁吗？回家告诉你妈妈，就说和你一起玩的是萧伯纳。"小女孩天真地回应道："知道我是谁吗？回家告诉你妈妈，就说和你一起玩的是克里·佩丝莱。"大文豪感到特别惭愧。后来萧伯纳对朋友谈起此事，感慨道："一个7岁的小女孩给我上了人生中最好、最重要的一课。一个人不论有多大的成就，在人格上，他与任何人都是平等的，这堂课我一辈子也忘不了。"这个故事告诉我们，你只有尊重别人才能获得别人的尊重。不同的人虽然在外貌、个性和家庭等方面存在差异，但是在人格上是平等的。

3. 真诚原则

真诚是指一个人待人的态度是发自内心的，而不是虚情假意。真诚是人和人沟通的桥梁，只有真诚才能取得别人的信任和接纳，才能使人际交往得到良性发展。美国一位心理学家曾列出了 555 个描述人的形容词，让大学生说出最喜欢哪些、最不喜欢哪些，结果表明，学生最喜欢的是"真诚"一词。在 8 个评价较高的形容词中，有 5 个与真诚有关，即诚实、忠诚、真实、信赖和可靠。而在评价最低的词语中，"虚伪"居于榜首。由此可见，只有以诚待人，才能使对方放心，从而赢得友谊。

古人云："以诚感人者，人亦以诚而应。"真诚待人通常被认为是人际交往中最有价值、最重要的原则之一。因此，大学生在人际交往中一定要真诚，坚持做到表里如一、言行一致。

4. 共情原则

所谓共情，就是设身处地地体验他人的处境，感受和理解他人的情绪和情感，进入对方的精神世界。在人际交往的过程中，共情不仅要求个体细心地了解他人的处境、心理需求、情绪，还要根据彼此的情况，主动调整或约束自己的行为，关心、帮助他人，为他人着想，体谅他人。

5. 信用原则

人际交往离不开信用。讲信用是指一个人诚实、不欺骗他人、信守承诺。古代有"一言既出，驷马难追"的格言，现在有以诚信为组成部分的社会主义核心价值观。讲信用还指在与他人交往时，不碍于面子而轻易许诺，若承诺则言必信、行必果。若失信于人，则会给人一种不信任感，从而阻碍人际关系的发展。

6. 宽容原则

宽容表现在对非原则性问题不斤斤计较，能够以德报怨、宽宏大度。人际交往的过程中往往会产生误解和矛盾，这就要求大学生要学会宽容、克制和忍耐，承认和同学存在差异，允许不同的观点、见解和处事方式存在，尊重别人的兴趣爱好。宽容、克制是有度量的表现，是建立良好人际关系的润滑剂，能"化干戈为玉帛"，帮助自己交到更多的朋友。

宽容意味无私坦荡、理智、豁达、不计小利、不患小失。当然，宽容并不是要求我们放弃原则或者一味接受别人不道德的侵犯，宽容是有限度的，宽容绝不是纵容。

扩展阅读

黑铁法则：他人怎样对待我，我就怎样对待他人。

黄金法则：你想别人怎样对待你，你就怎样对待别人。

反黄金法则：我怎样对待别人，别人就必须怎样对待我。

白金法则：别人希望你怎样对待他们，你就怎样对待他们。

扫一扫

人际交往：黄金法则、反黄金法则和白金法则

二、行为层面

（一）熟练掌握三大法宝

1. 善于倾听

西方有句名言："上帝分配给我们两只耳朵，而只给我们一张嘴巴，这就告诉我们要多听少说。"倾听可以使他人感受到被尊重和被欣赏。专注地倾听能使对方感到被重视，从而能鼓励他表达自己的想法，促进双方进行真诚的沟通，产生良好的沟通效果。

扩展阅读

倾听的 5 个层次

（1）心不在焉地听。在此层次的倾听者，倾听时心不在焉，几乎不注意说话者说的内容，心里盘算其他事情。

（2）被动地听。在此层次的倾听者只是被动消极地听说话者说的内容，常常忽略或错过说话者通过表情、眼神等肢体语言所表达的内容。这种层次的倾听常常导致倾听者产生误解或错误的反馈。

（3）选择性地听。在此层次的倾听者确实是在倾听对方说话，也能够了解对方说的内容，但他们往往沉迷于自己喜欢的话题，只倾听自己感兴趣的部分。

（4）主动积极地听。在此层次的倾听者主动积极地倾听对方所说的每一句话，很专心地注意对方的一举一动。这种层次的倾听能够吸引对方的注意，但是很难引起对方的心理共鸣。

（5）运用同理心去听。在此层次的倾听者用心去倾听，善于在说话者展示的信息中体会对方的情感，并且能够设身处地地看待说话者所传达的信息，带着理解和尊重积极主动地倾听，善于分析总结已经接收到的信息，并从中发出询问和反馈，而不是质疑。

案例

有一天，美国著名主持人林克莱特访问一名小朋友，问他："你长大后想当什么？"小朋友天真地回答道："我要当飞行员！"林克莱特接着问："如果有一天，你的飞机飞到太平洋上空时，所有引擎都熄火了，你会怎么办？"小朋友想了想，说："我会先告诉坐在飞机上的人绑好安全带，然后我挂上我的降落伞跳出去。"现场的观众笑得东倒西歪，以为他会就此一个人逃生，没想到，接下来孩子的两行热泪夺眶而出，这使得林克莱特发觉这个孩子的想法远没有那么简单。于是，林克莱特问他说："为什么要这么做？"小孩回答道："我要去拿燃料，我还要回来！"

可见，如果我们不去认真倾听，就会误解别人的意思，从而产生人际交往误会，这不利于建立良好的人际关系。

2. 学会微笑

俗话说"伸手不打笑脸人。"有人认为，微笑是所有交际语言中最具有感染力的一种。微笑的作用不分国籍、不分种族，放之四海而皆准。微笑给了人们春风般的温暖，它能缩短人与人之间的心理距离，为深入地沟通交流营造和谐的氛围。

将微笑用在人际交往中确实是明智之举，但微笑时有几点内容要注意：第一，微笑一定要自然，不要皮笑肉不笑；第二，微笑一定要真诚，它应该是人心情愉悦的自然流露，假笑会让他人产生厌恶情绪；第三，微笑也要遵循适度、适时的原则。

3. 学会赞美

美国心理学之父威廉·詹姆斯说："人类本质中最殷切的需求是渴望被肯定。"为了得到肯定，有些人可以舍生忘死，有些人可以一掷千金，可见人们需要他人的赞美。赞美是世界上最美丽的语言之一，适度地给人以赞美，甚至可以影响他人的一生。发自真心的赞美可以提升我们的人际吸引力，帮助我们收获和谐的人际关系。

当然，赞美也是有技巧的。比如，要赞扬他人身上那些不明显的优势和长处；赞美要真诚，必须是你的肺腑之言，否则会让别人觉得你很虚伪；赞美还要及时，一旦发现值得赞美的地方就立即表达出来，因为这个时候你的语气是最真诚的；另一个非常重要的一点则是赞美别人时要具体，不要泛泛而谈。

课堂活动

戴"高帽子"（优点大轰炸）

1. 活动目的

学习发现别人的优点并予以欣赏，促进交往双方相互肯定与接纳。

2. 活动内容

（1）5～8人分为一组，每组围成圆圈坐下，请一位成员坐在圆圈中央，带上纸糊的高帽子，其他人轮流说出他的优点（如性格、相貌、处事方式等）。

（2）被称赞的成员说明哪些优点是自己以前就知道的、哪些是以前不知道的。

（3）每个成员轮流到圆圈中央戴一次高帽子。

（4）组内交流讨论，并派代表与其他组进行交流。

3. 活动要求

（1）必须说出别人的优点，态度要诚恳，努力发现别人的长处，并且要有依据。

（2）参与者要注意被人称赞时的自我感受，以及思考怎样用心去发现他人的长处、怎样做一个乐于欣赏他人的人。

（二）增强信任

世界上大多数工作都是人与人、组织与组织之间合作完成的，信任是合作的基础，彼此信任能让交流更有效率。我们若要发展、建立、巩固人际关系，首先就需要获取他人的信任。信任是一种交互的关系，要想获得他人的信任，我们首先要给他人以信任。信任能给人提供愿景，我们应养成肯定他人的习惯，挖掘他人的潜力，激发他人的积极性就是主动地信任对方。正如歌德所说，"你把一个人当作他可以和应该成为的样子来对待的话，他就能成为那个样子"，即"你相信他人是什么样子，他就会成为什么样子"。

信任必须经历实践的磨炼，而且信任的建立过程是一个长期的过程，一般很难通过一两件事情达到立竿见影的效果。因此，我们在人际交往的过程中不仅要遵守人际交往的法则，还要长期遵守，这样才能够增强彼此间的信任。

（三）优化人际交往艺术

1. 语言艺术

同一句话由于语气、语调和表达方式等的不同会出现不同的含义。可见，人际交往的效果不仅取决于交谈的内容，还取决于交谈的方式、方法。因此，我们在与他人交谈时应使用一些语言的艺术。语言的艺术可以表现为说话时的语气、语调、表达的内容和面部表情等。

表达时使用幽默的语言能够促进彼此间的交流，活跃气氛。幽默体现的是化解尴尬的能力，是一种良好的心理素质和出色的语言技术。在人际交往的过程中，幽默往往会激发他人对你的兴趣，还会充分调动你表达的欲望。一位秃顶的教授做演讲，但他到场时发现上座率不到 50%，见此情景，他感到很失望。但他很快调整了情绪，恢复了自信，他在自我介绍时说："一位朋友称我聪明透顶，我含笑地回答'你小看我了，我早就聪明绝顶了'。"然后，他指了指自己的头说："我今天演讲的题目是（外表美是心灵美的反映）。"教授就这样开始了自己的演讲，整个会场气氛活跃。为数不多的观众立刻对这位教授产生了好感，聚精会神地聆听。可见，幽默改变了他尴尬的处境。

2. 非语言技巧

美国心理学家艾伯特·梅拉比安从研究中得出这样一个沟通公式：沟通=内容（7%）+语气语调（38%）+表情肢体语言（55%）。可见，非语言行为在沟通过程发挥了较大的作用。为了改善自己的人际关系，我们也应当提高自己的非语言技巧。非语言技巧体现在得体的社交礼仪、合适的社交距离、恰当的动作语言等方面。在人际交往过程中展现得体的社交礼仪能够给他人留下良好的印象。在现实的人际交往中，我们需要在各种场合以社交礼仪规范自己的言行。良好的社交礼仪可以确保各类交往活动的顺利进行，并丰富社交内容。人们只有在人际交往中讲礼仪、懂礼貌、知礼节，才能在尊重对方的基础上，得到别人对你的尊重，才能形成和谐、良好、积极向上的人际关系。

　　与他人交往时保持合适的人际距离有利于促进人际关系的和谐。人际关系通常可以用心理距离来描述，心理距离又可以用人际距离来衡量。美国体语学家爱德华·霍尔研究发现，人际关系不同，交往时的人际距离也不同。一般来说，人际关系越亲近，人际距离也越近。个体应该根据自己与他人的关系来决定人际距离，以增强彼此间的亲密感或避免被反感。

　　恰当的动作语言可以提高沟通的效率。动作语言是人际交往中传情达意的一种方式。在心理学研究中，人的动作语言可以传达 70% 以上的信息，人际交往过程中的坐姿、手势、招手的方式、面部表情等都包含了丰富的信息，我们需要对这些动作语言足够敏锐才能保证良好的沟通。

扩展阅读

　　在社会心理学中，人际距离是指人际交往中双方之间的距离及其意义，人际距离可以划分为以下几类。

　　（1）亲密距离。双方间的距离在 0～15cm 时，双方亲密无间，在 15～45cm 时，双方为亲密关系。

　　（2）个人距离。45～75cm 为朋友或情侣在公开场合的人际距离，75～120cm 为熟人间交往的人际距离。

　　（3）社交距离。1.2～2.1m 为工作环境或社交聚会中的人际距离，2.1～3.7m 为上下级交流或商务谈判中的人际距离。

　　（4）公众距离。3.7～7.6m 为演讲或讲课时的距离，大于 7.6m 为大型集会中的人际距离。

　　个体应把握自己与他人交往时的合适的人际距离，使用恰当的交往行为，以促进人际关系的良好发展。

本章小结

　　（1）人际关系的心理结构由人际认识、人际感情、人际行为 3 部分构成。

　　（2）人际关系主要有 4 个发展阶段：定向阶段、情感探索阶段、情感交流阶段、稳定交往阶段。

　　（3）人际吸引力主要包括个人吸引力和相互吸引力。

　　（4）首因效应、近因效应、晕轮效应等心理学效应对人际交往有一定的影响。

　　（5）人际交往中我们应该遵守平等、尊重、诚实、共情、信用、宽容等原则。

　　（6）调整认知偏差、把握人际交往的原则、熟练掌握三大法宝（微笑、赞美、倾听）、增强信任、优化人际交往艺术等是促进人际交往的重要方式。

思考题

　　阿明是家里的独生子，他聪明能干、学习优秀，在家里集父母、姥姥、姥爷的疼爱于一身。来到大学后，6 个人住一间宿舍，他常常感到不适应，经常支使别人、抱怨别人，还认为这些都是理所当然的。久而久之，其他舍友开始疏远他、孤立他，这使他感觉很孤独。你怎么理解阿明的行为？你将如何帮助阿明处理宿舍人际关系？

推荐资源

　　1. 书籍：《人性的弱点》（戴尔·卡耐基著，天津人民出版社于 2014 年 9 月出版）

　　《人性的弱点》以人性具有的一般性的弱点为切入点，内容涉及人际交往、心态调节、家庭维系、工作安排和合理用钱等多个方面。在书中，卡耐基为读者提供了如何与他人相处、如何得到他人的认同、如何回避人性的弱点、如何战胜人性的弱点的各种方法，并提出了应对各类弱点的有效策略。

　　2. 书籍：《羞涩与社交焦虑》（马丁·M. 安东尼著，王鹏飞等译，重庆大学出版社于 2013 年 8 月出版）

　　《羞涩与社交焦虑》为读者提供了一个全面的训练计划。通过训练，读者能够根据自我评价发现自己的优势与不足、找到自己害怕的原因、制订个性化的改变计划，并在真实的社交场合付诸实践。害羞没有错，但如果社交焦虑影响了自己与他人的交往、妨碍了自己学习和工作的正常开展，甚至影响到了日常生活的方方面面，你就应该去克服它。

第六章

相思谁赋——大学生恋爱与性心理指导

导言

爱情从来都是亘古不变的话题，我们总是向往怦然心动的感觉，爱情能给人带来精神上的慰藉、情绪上的欢愉。有人认为恋爱是人类的本能，就像向日葵生来就喜爱阳光；有人认为爱情需要不断修炼，才能守得云开见月明。希望通过学习本章内容，你可以：

◇ 知道爱情的本质和发展阶段，了解性心理的概念和大学生性心理的特点；

◇ 掌握处理恋爱冲突的方法；

◇ 加深对恋爱的理解，提升共情能力。

导入案例

小林是老师和家长眼中的"乖乖女"，高中时父母就教导她要专心学习，坚决不能早恋。进入大学以后，小林非常欣赏班里的学习委员小李，她喜欢欣赏他英俊的侧脸，当和小李交谈时，她总是害羞得满脸通红。可是让小林苦恼的是，她不知道这种感觉是不是代表自己爱上了小李，她也不知道应该如何面对小李。如果小李也喜欢自己，她该怎么办呢？谈恋爱会不会荒废学业，让父母和老师失望？

第一节　问世间情为何物——恋爱心理概述

一、爱情的本质

爱情作为人类的一种情感，并没有严格的定义。马克思主义爱情观认为，爱情是自然属性和社会属性的统一。爱情的自然属性是指成熟、健康男女自身的性欲和性需求，它们是产生爱情的最基本的生物前提之一。爱情的社会属性是指人的性需求不是以一种自然方式来满足的，而是以一种内容丰富、不断发展变化的社会方式来满足的。

美国心理学家罗伯特·J.斯滕伯格提出的爱情三角形理论（见图6-1）诠释了爱情的本质，他认为爱情由3种基本成分组成：亲密、激情和承诺。

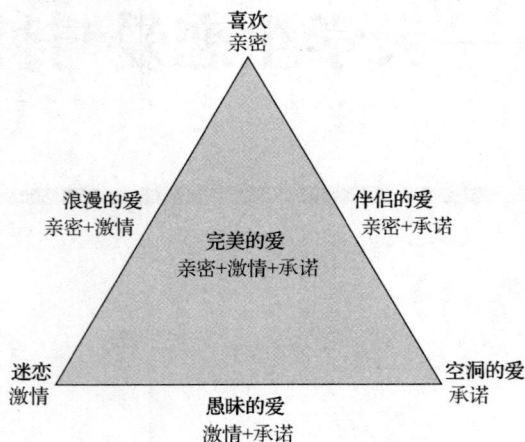

图6-1　罗伯特·斯滕伯格的爱情三角理论

（1）亲密。亲密是爱情中的情感成分，是指喜欢上对方并促进双方产生亲密关系的感觉，例如不求回报地为对方付出、无条件地欣赏和爱慕对方、呵护与支持对方、与对方在一起时的快乐感觉等都属于亲密的范畴。

（2）激情。激情是爱情中的动机成分，是指强烈地渴望与伴侣结合，包括情绪上的着迷、生理上的接触、浪漫的体验和外貌的吸引等。在爱情关系中，性需求是引起这种激情体验的主导方式。法国大思想家罗素说："爱情源于性，又高于性。"

（3）承诺。承诺是爱情中的认知成分，它是一种用于控制情绪和动机的因素。具体来说，承诺分为两种：短期承诺和长期承诺。短期承诺是指一个人做出了爱另外一个人的决定；长期承诺是指那些能维持爱情关系的投入、衷心、责任感。对大多数人来说，承诺是亲密和激情升华的结果。它可以帮助人们维系爱情关系，使伴侣们不仅能享受恋爱的激情和美好，也能共度爱情的平淡与艰难。

扩展阅读

爱情是"一种相遇"还是"一场旅行"？

人们对"爱情"的认识会影响其恋爱状态。对于很多人来说，他们相信"真爱"。他们认为，在茫茫人海中，总有那么一个人是为自己"量身定做"的。世界上存在所谓的"Mr.Right"和"Miss.Right"，我们要做的就是等待属于自己的"另一半"出现。他们坚信，恋爱就是两个生命的完美嵌合，是一种和谐的、理想的、超越一切的存在。

有些人是不太相信上述内容的。他们认为，爱情就是一场旅行。普通的两个人相遇，共同开启一段叫作"爱"的旅程。一路上可能欢声笑语，也可能乌云密布，但这都不重要，重要的是他们一起经历、一起成长。

这两种关于爱情的不同认识，会影响人们对恋爱的满意度吗？2014年发表在《实验社会心理学期刊》（*Journal of Experimental Social Psychology*）的一篇文章指出，在经历感情冲突时，持有第一种看法的人会比持有第二种看法的人更加伤心。研究者为此设计了两个研究。首先，他们找来73对恋人，这些人的恋爱时间至少为半年。将这些人随机分成4组：第一组参与者会读到3个句子，这3个句子表达的观点都是"我们为彼此而生""我们是一体的""我的另一半"等，然后再读两句无关紧要的话。接下来，研究者让他们回忆在恋爱过程中的两次纷争，并把它们写下来。最后，第一组参与者评估自己的恋爱满意度和总体生活的满意度，最低分为1分，最高分为11分；第二组的流程和第一组大致一样，只不过第二组参与者回忆的是恋爱中的两件甜蜜的事；第三组和第四组则会读到3个以"爱情是一场旅行"为主旨的句子，然后再进行后续的操作。实验的结果非常有意思。当恋人们回想恋爱中的甜蜜时刻时，不管参与者持有的是哪种爱情"观点"，其恋情满意度没有显著差异。并且那些认为"我们为彼此而生"的人的恋爱满意度似乎更高一些。但是，当恋人们回想恋爱中的纷争时，那些认为"我们为彼此而生"的人，相对于认为"爱情是一场旅行"的人来说，他们的恋爱满意度要显著地低很多。除了用不同的句子来辅助实验，研究者还采用了抽象的图形来帮助人们暂时形成的对"爱情"的不同观点。

爱情思维模式图如图6-2所示。让一部分参与者看左边的图片，然后将可以重合的两部分用线连起来，以此来启动"爱情是一场相遇"模式；而另一部分人则看右边的图片，寻找从A到B的路线，从而启动"爱情是一场旅行"模式。研究结果发现，借助图形进行的实验的结果与借助句子进行的实验的结果相同。其实这样的结果涉及心理学中的一个经典概念——归因。当我们将爱情看作一场相遇时，就会倾向于"遇见对的人"是维持一段感情的最重要的因素。在这样的前提下，一旦发生矛盾，两个人首先想到的可能是——我的判断是错误的，他/她不是完美的另一半，而不是想如何解决问题。这样的消极归因肯定会降低其对爱情的满意度。相反，如果将爱情看作一场旅行，我们对爱情的预期就会降低很多，会对"旅行"中出现的各种情况做好心理准备，一旦出现矛盾，我们也会更多地"就事论事"、解决问题。所以，开始时越浪漫的爱情也许会越短暂，而以平常心开始和维持的感情也许会走得更加长远。两种爱情观都有利有弊，最重要的是还是看自己想要什么。

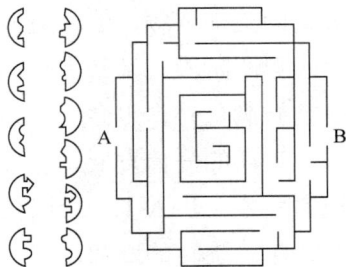

图 6-2　爱情思维模式图

课堂活动

我眼中的完美爱情

描述自己眼中完美的爱情是什么样的。请根据自身经历或感受用词语或短语的形式回答。

要求：请至少列出 5 项。

时间：10 分钟。

（1）＿＿＿＿＿＿＿＿＿＿＿＿＿＿＿＿＿＿＿＿＿＿＿＿＿＿＿＿＿＿＿＿

（2）＿＿＿＿＿＿＿＿＿＿＿＿＿＿＿＿＿＿＿＿＿＿＿＿＿＿＿＿＿＿＿＿

（3）＿＿＿＿＿＿＿＿＿＿＿＿＿＿＿＿＿＿＿＿＿＿＿＿＿＿＿＿＿＿＿＿

（4）＿＿＿＿＿＿＿＿＿＿＿＿＿＿＿＿＿＿＿＿＿＿＿＿＿＿＿＿＿＿＿＿

（5）＿＿＿＿＿＿＿＿＿＿＿＿＿＿＿＿＿＿＿＿＿＿＿＿＿＿＿＿＿＿＿＿

二、爱情的发展阶段

赖斯于 1960 提出爱情发展车轮理论（wheel theory of love's development），以车轮的形式将爱情的发展分为 4 个阶段，如图 6-3 所示。

第一阶段，形成契合（rapport）。坠入爱河的第一阶段是与另一人相处时感觉舒坦的阶段，彼此心情放松、身心舒畅，彼此了解且易于沟通。社会背景、个人经验和基本价值观越相近，两个人之间建立和谐关系的机会越大，就越能顺利进入第二阶段。

第二阶段，自我揭露（self-revelation）。在这个阶段，双方愿意分享较为私密的话题，如期望、欲望等。第二阶段是双方磨合的重要阶段，倾诉与接纳成为重要的影响因素。很多人的爱情在这一阶段戛然而止，大致有以下原因：一是不能接纳对方的某种"揭露"，磨合失败；二是在双方信任度、包容度还不够的情况下，揭露全部，导致一方不能接纳或者造成突然的压力而磨合失败。

第三阶段，相互依赖（mutual dependency）。双方向彼此表露自己更私密的部分，两人之间更加依赖，促使更大的需求被满足。

第四阶段，亲密需求的满足（personality need fulfillment）。自己除了觉得自身的需求要被满足外，也会为对方考虑，进而信任、了解并支持对方。

赖斯的爱情发展车轮理论中，每一个阶段都是循序渐进的，只有前一个阶段渐渐完成之后才会步入下一个阶段，当车轮旋转方向为顺时针时，表示爱情的发展是正向发展的；车轮旋转的圈数越多，表示双方的爱情越好也越成熟；反之，若遇阻碍，则逆时针旋转，这时爱情的发展是负向的，且有可能导致双方分手。

虚线：代表失恋的顺序，其方向为逆时针

实线：代表坠入情网的顺序，其方向为顺时针

亲密需求的满足
（四）

形成契合
（一）

相互依赖
（三）

自我揭露
（二）

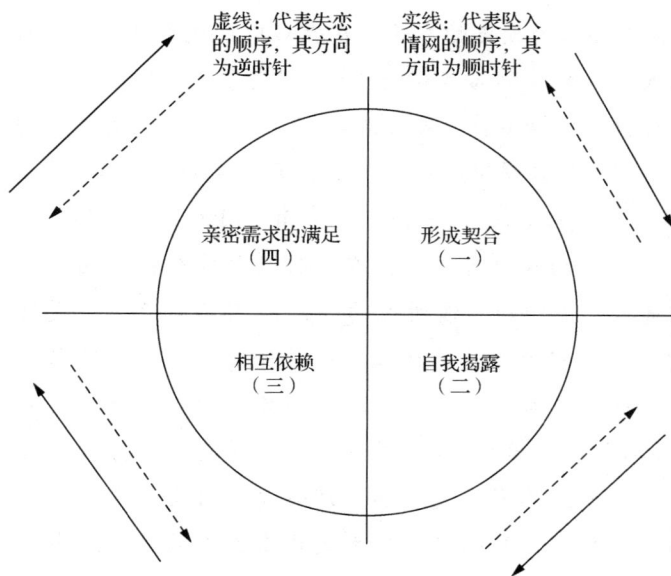

图 6-3　爱情发展车轮理论

扩展阅读

心动难违

1995 年版的 BBC 英剧《傲慢与偏见》中有一个很经典的桥段，剧中长相英俊、气质不凡、魅力十足又充满傲气的贵族男子达西先生面对自己心仪的女士伊丽莎白，犹豫不决、饱含羞涩，甚至略带结巴地表达了自己的心意："I…I…admire and love you."（我仰慕你并爱你）而这一细节在后来重拍的版本中似乎被忽略了，长相英俊的达西先生对伊丽莎白小姐的示爱变成了我们耳熟能详的"I love you"（我爱你）遗漏了"admire"（仰慕）。

对于一段美好的爱情而言，除了"love"（爱），恐怕绝对不能缺少的就是"admire"（仰慕）。换言之，真正的爱情不单是"我爱你"，还需要"我仰慕你"，连起来就是我们常说的"我爱慕你"——"爱慕"与"爱"相比，多了一层倾倒，多了一种无可救药的怦然心动。

"爱慕"二字比单独一个"爱"字更完整地诠释了"爱情"的真意——我对你的爱，不是因为你对我好，不是因为你长得美丽，不是因为你聪明过人，而是因为我无可奈何地被你吸引，就是莫名地觉得你充满魅力，就是想见到你、禁不住爱你。当我见不到你的时候，我能想出很多你不可爱的理由，比如你不够高挑、不够温柔，有时脾气暴躁……可一见到你，我就无法抑制地想要走近你，想拥抱你；即使我告诉自己"离开你""不要理睬你""假装没看见你"，我却依然忍不住健步如飞地奔向你，只为了你与我说一句话、给我一个微笑或只是看我一眼。就是这样一个看似满是缺点的你，在我心里却是如此的完美

无瑕，甚至连那些他人公认为缺点的东西，在我心中也成了装点你的标志、你个性中的特点，与你的那些优点一样令我莫名其妙地喜爱。"爱慕"二字比单独一个"爱"字更能生动地勾画出爱情的神秘：爱情就像一个不解之谜，你似乎没有什么特别，却成了我别无他求的唯一；你也谈不上什么明艳照人，但对我而言是那样无与伦比的美丽。

"爱慕"一词揭示了爱情的一个真相：我爱你，因为我仰慕你，为你倾倒。爱情的起因不在于客观上你是否比别人更可爱，仅在于我只对你心存依恋、心怀向往，只希望与你朝朝暮暮长相厮守。就像禅师慧能所说的那样："不是风动，不是幡动，是仁者心动。"爱情亦如是，我爱你不是因为你是什么人、说了什么话、做了什么事，反而是因为不论你是什么人、说了什么话或做了什么事，我都为你心动。在此我们要澄清爱情中容易混淆的一对概念："心动"和"感动"。如果你的爱源于感动，那么你的爱源于你被他人所爱，你因被爱而爱，那不是你发于灵魂和怦然心动的自发之爱，不是你心驰神往之下的不自觉之情感，而是清醒的理智的爱，或者是出自内心的歉疚。当一个人因为"感动"而爱，那么你爱的不是他这个人，而是"他爱你""他对你好"这个事实。你爱他，不是因为你为他魂牵梦萦，情不自禁为他奉献自己，而是因为你知道，他因你魂牵梦萦，他愿意为你奉献自己。你爱他，恰恰是因为他的爱伟大，你被他的伟大的爱所震慑，却不是因为你的爱有多伟大——这样的"爱"近乎施舍，或是报恩，或是感激，或是有良心，但那独独不是真正的"爱情"（选自《好的爱情》，陈果著）。

第二节　你的柔情我永远不懂——常见的恋爱困扰

很多大学生觉得两个人相爱，就应该每天如胶似漆，不应该有矛盾和冲突。可是在现实生活中两个人往往面临很多选择，当两个人选择的方向不同时感情就会出现"裂痕"。

一、恋爱与学业

案例

小李和小马是同学们眼中的"神仙眷侣"，因为两人是班里的第一名和第二名。小李说："约会不一定非要去电影院和咖啡厅，当两个人真的喜欢彼此，你会发现，不管在哪里，不管做什么，只要两个人在一起，就是一场美妙的约会。我们在一起之前，我喜欢睡懒觉，宅在宿舍，很少去图书馆，但小马是图书馆志愿者，需要经常在图书馆里值班。我们在一起以后，为了配合他的工作，也为了两个人可以在一起，我开始了早起排队去图书馆的日子。虽然开始很不适应，但后来我渐渐地喜欢上了这种早起的生活，喜欢上了图书馆的氛围。我不仅学习效率提高了，还意外地读了很多书。"小马也这样认为，他说："很多时候，两个人一起复习会比一个人复习效率更高、更有趣。"每逢期末，他们会一起把所有的知识点整理一遍，然后在图书馆的走廊里一遍又一遍地复习。学到厌烦的时候就互相提问，偶尔还会让输的人给赢的人一个奖励，这让本来枯燥的复习变得生动多彩。

大学 4 年匆匆而过，小李和小马实现了爱情和学业双丰收。临近毕业，小李和小马因为各方面表现突出，成绩优秀，都被推免继续攻读研究生，还一起成为光荣的中国共产党党员。毕业答辩时，他们互相致谢：感激这段爱情让自己收获了大学中最好的礼物。

恋爱与学业并不冲突，也不是二选一的选择题。一段成熟的恋爱会促进双方共同成长，就如同他热爱运动，你便愿意和他一起在运动场上挥洒汗水；你喜欢阅读，他也愿意陪你在闲暇时翻开一本旧书。在互相影响中，你们会变得越来越懂对方。要永远记得，如果你们深爱彼此，那么你现在在学业和生活上做出的所有努力都是为了未来和他拥有更好的结果。虽然有时候很辛苦，但只要彼此始终朝着同一个目标前进，就会享受每一个在一起奋斗的日子。

如果你发现恋爱影响了自己的学业，该怎么办呢？

（一）合理控制情绪

每个人都是独立的个体，一定会有各自不同的学习、生活和工作习惯，当你发现恋爱影响了彼此的学业时，你首先应该合理地控制自己的情绪，冷静下来，不要一味地埋怨对方，试着理解和包容对方，并学会站在对方的角度考虑问题。

（二）努力聚焦解决办法

当你发现恋爱影响了学业的时候，千万不要把错误都归咎于对方，两个人需要心平气和地谈一谈，共同寻找产生问题的原因。是哪些方面磨合不够？还是哪里存在问题？你应做一个合格的倾听者，同时也要敢于袒露自己的心声。

（三）明确共同目标

当两个人通过有效沟通并找出影响学业的主要原因后，不要简单粗暴地用分手来解决矛盾，因为分手会给两个人都带来伤害，而且在气头上做的决定常常不够理智。如果两个人因为过度玩乐荒废了学业，你不妨勇敢地提出改进建议，树立两个人在学业上愿意和能够达成的共同目标。注意不要将问题抛给对方，你应尝试提出解决方案，并请求对方给予修改和支持，毕竟两个人的成长需要双方的共同努力。

课堂活动

把"你和我"变成更好的"我们"

请你写出让你们变得更加优秀的办法。

要求：至少写出 3 条。

时间：5 分钟。

（1）_____

（2）_____

（3）_____

二、生理与精神

案例

小丽与男友谈恋爱后，两人相处得非常融洽。恋爱两周年纪念日那天，男友表示想要和她发生关系，小丽犹豫了，一方面是自己不接受婚前性行为，另一方面是担心男友失望。纠结的心情让小丽很苦恼，她不知道该如何面对男友，也不愿意向别人提及自己的困扰。她该怎么办？

大学生正处于性生理已经成熟，但性心理尚未成熟的时期。在我国，由于传统伦理观念的影响，性的问题一直被蒙上了一层神秘的面纱。正确认识和理解性的内涵，明确自己的性观念，调节性冲动与性需求，保持身心健康和谐，是大学生需要面对的重要成长课题。

（一）性心理和性心理健康的内涵

所谓性心理是指个体在性生理成熟的基础上所形成的与性征、性欲、性行为有关的心理状况和心理过程。简而言之，性心理就是与性生理、性行为有关的心理现象。

性生理是性心理发展的生物学基础。性生理发育障碍或有缺陷会使性心理的发展出现偏差。大学生正处于性生理发育成熟、性心理逐渐趋向成熟的时期，也处于性生理需求与性的社会规范冲突的阶段。

世界卫生组织给性心理健康下的定义是，通过完善人格、丰富人际交往方式，达到性行为在肉体、感情、理智和社会诸方面的协调。性心理健康是人类健康不容忽视的一部分，近年来越来越受到人们的重视。

（二）性心理健康的标准

性心理健康的标准包括以下 7 点。

（1）正确认识和接纳自己的性别。一个性心理健康的人能正视自己的性心理发育、性心理变化，既能在所处的社会环境中正确地评估自己，也能客观地评价他人，并乐于承担相应的性别角色。

（2）具有正常的性欲望。性欲望是获得性生活的前提。具有正常的性心理首先是具有正常的性欲望，如果没有正常的性欲望就不会有和谐的性生活，就会影响性心理健康。性欲望的对象应指向成熟的个人，而不是其他替代物。

（3）性心理和性行为符合年龄特征，即性生理和性心理的发展要统一。

（4）正确对待性变化。人在生长和发育过程中，性心理因素、性生理因素和性社会因素是交互呈现的。个人只有建立自我同一性才能保持三者的和谐状态。三者的和谐状态要求个人能够正确对待性生理成熟所带来的一系列身心变化，在出现性冲动后，能够正确释放、控制、调节，使之符合社会规范的要求。

（5）对性没有犹豫、恐惧。个人能够把性作为生活的一部分科学对待，不存在对性的犹豫、恐惧。

（6）和异性保持和谐的人际关系。在与异性的交往过程中，保持独立而完整的人格，做到互相尊重，互相信任。

（7）具有正当、健康的性行为，符合社会伦理道德的规范。

课堂活动

我眼中的性

1．活动目的

帮助同学们梳理对性的认知。

2．活动时间

20 分钟。

3．活动内容

老师分发练习纸。从表 6-1 所示的词汇中找出你认为与性有关的词，写在一张纸条上。老师将全班同学的纸条收集起来，每个同学再从中抽取一张纸条。

表 6-1　备选词汇表

快乐	好玩	污秽	生育	恐惧
爱	美妙	信任	羞耻	不满足
委身	忠贞	尴尬	压力	例行公事
表现	欢乐	实验	释放	难为情
舒服	无奈	罪	厌恶	内疚
无助	享受	压抑	乏味	满足
魅力	征服	沟通	禁忌	亲密
融洽	遗憾	自卑	自信	和谐

我的选择是：_____。

4．小组讨论

学生 5～6 人为一组，每人在小组内谈一谈自己对这些与性相关的词汇的看法。

（1）你选择了哪些词汇？

（2）你为什么认为它们与性有关？

（3）你的这些感觉是负面的还是正面的？

（4）你的这些认知与你的经历有关吗？

5. 学生进行分享，教师总结

（1）邀请小组代表分享组内的讨论结果。

（2）教师总结。我们对于性的认识和我们的经历是息息相关的。有人认为性是美好的，代表沟通、亲密、和谐；也有人认为性是污秽的，充满恐惧和羞耻。通过这个练习我们可以看到，不同的人对同一件事情的认知是不同的。我们对于性的负面感觉过多，就会影响亲密关系的发展。那么，你可以借此机会找心理咨询师进行深入的自我探索，解除身上这些隐形的枷锁，拥有和享受更加美好的亲密关系。

（三）大学生婚前性行为

国家人口计生委科学技术研究所 2014 年发布的一组数据引起社会各界的广泛关注，中国每年人工流产人次位居世界第一，其中 25 岁以下妇女占一半以上，大学生成为高发人群（中国之声《新闻晚高峰》报道）。通过对高校大学生婚前性行为的调查发现，婚前性行为给女大学生带来身体和精神上的双重困扰，不知道如何拒绝、不清楚自己会承担什么风险等问题深深困扰女大学生。因此，合理对待性行为显得尤为重要。

调查显示，大学生对婚前性行为的态度在性别上的差异显著。男性大学生比女性大学生更加赞同婚前性行为的发生。女性大学生更多持反对态度，说明女生对待婚前性行为的态度更加保守，这可能是因为在女性的认知结构中认为发生性行为这一事件时自己大多处于被动角色，女生在寻求到心灵以及身体上的多项承诺与保护之前，大多数不愿意发生性行为。相比之下，男生对于婚前性行为的态度就要开放得多。

（四）合理对待"性生活"

大学生作为一个特殊的群体，由于接受教育程度以及所处的特殊环境影响，其常见性心理困扰包括性冲动和性幻想、性自慰焦虑、性心理偏差行为等。如何科学应对这些现象呢？

1. 调整认知，科学看待性心理困扰

性焦虑有时来自性无知。比如，偶尔或适度的性幻想是性发育过程中出现的正常现象，一般是有益无害的。但是如果频繁出现，就会影响睡眠和体力的恢复，从而影响身体健康。同样，性自慰本身并不会带来害处，它是"标准的性行为的一种"。性自慰的危害并不在于性自慰本身，而在于对性自慰的担忧、恐惧甚至罪恶感。因比，大学生应以积极的态度接受正规性教育，探求科学的性知识，消除对性的神秘感，从而增强对性的调节和控制能力。

2. 树立健康的性观念，避免伤害

大学生健康的性心理有两个标准：一是能接受和处理自己的性行为带来的后果；二是性活动应以不伤害他人为原则。建议在采取性活动前，仔细思考以下问题。

（1）婚前性行为是否与我的价值观一致？

（2）我有没有意识到性行为可能带来的后果？比如意外怀孕、妇科疾病、性传播疾病以及因此引发的担心、恐慌等情绪感受。

（3）我能不能承担相应责任？

负责任的性行为包括双方的平等、自愿，真心相爱且身心成熟，有保护的性行为，了解可能发生的后果并能对其负责。

3．科学释放性冲动

维护大学生的性健康是一个复杂的社会课题，大学生性健康的维护不仅需要来自社会的帮助，更需要大学生们积极主动、有意识地维护自身性健康。

（1）培养艺术爱好。艺术是释放性能量的一个有效方法，音乐可以让我们被美好的爱情陶冶，文学作品可以描绘刻骨铭心的爱。

（2）通过劳动和运动释放性的能量。大学生通过劳动和运动可以消耗能量，释放性冲动，缓解性压抑。

（3）鼓励自己和异性交往，脱敏对异性的冲动。比如可以鼓励自己参加集体活动，学习交谊舞等，多与异性接触，渐渐习以为常，大学生对异性的性冲动会随之减少。

技能学习

什么样的性行为是负责任的性行为？

（1）双方平等。　　　　　　（2）双方自愿。

（3）真心相爱。　　　　　　（4）身心成熟。

（5）有保护的性行为（避孕方法包括：避孕套、避孕药和结扎等）。

（6）对可能发生的后果有所准备并能对其负责。

如何拒绝对方的性要求？

（1）和对方讨论你对性的观点及态度。

（2）你需要理解和尊重对方的想法，不要讽刺和愤怒。

（3）承认时机成熟时你可以接受这种做法，因为你也爱他；但如果现在你没有做好准备，希望对方给你充足的时间。

（4）表达你对性关系的担心和恐惧，因为意外怀孕对女生来说是一种莫大的伤害。

三、开始与结束

案例

小林和小墨在一次社团活动中相遇，两人一见钟情、情投意合，很快就开始谈起了恋爱。相处过程中，小墨发现小林遇到事情喜欢钻牛角尖，性格急躁，与自己心中的理想伴侣有差距，所以她萌生了分手的想法，但是碍于情面，她不知道是否应该果断结束这段感情。考虑再三，她决定暂时不理小林，等感情慢慢淡下去，自然就分手了。另一方面，小林也觉察出了小墨的变化，她对自己爱理不理，还和其他异性走得很近，小林非常愤怒，认为小墨欺骗了他的感情。小林与小墨发生了激烈的争吵，不欢而散后，小林便开始不断纠缠小墨，小墨躲着他，小林就去宿舍楼下和教室等待小墨，无奈的小墨找到老师求助，她不知道该如何处理与小林的关系。

1. 如何选择恋人

在选择恋人方面，每个人的观点可能不同。有人喜欢志同道合、兴趣相投的人，有人则希望找个跟自己互补的人，特别是在自己不擅长的方面表现优异的人。这些都无可厚非，大学生应该找一个核心价值观相似的人。核心价值观是一个人判断事情时依据的是非标准、遵循的行为准则。

大量研究发现，在夫妻关系中出现的主要冲突是家务、父母相处、夫妻情感、金钱观、子女教育等。因此，大学生在交往中应主要了解和考察彼此在这几个方面的观点和行为。

2. 怎么开始爱

要想开启一段美妙的爱情旅程，就要找到和你志趣相投的人。不要为了恋爱而谈恋爱，也不要因为感动接受对方。爱情是两个人共同付出的过程，"独角戏"的爱情注定无法长久。"美好的爱情是一次又一次爱上同一个人。"你们一起经历风雨、沐浴阳光，一起拥有生活中无数个新奇的体验。在一次又一次的共同经历中，你们更加了解彼此的喜好、欣喜彼此的付出、深爱彼此的灵魂。

开始一段恋情前，你首先需要懂得爱是什么，知道自己喜欢什么或需要什么，接下来清楚什么样的异性适合自己，对他人保持热情并及时、准确地对爱的信息做出判断，最后要坦然做出选择。

3. 如何结束爱

爱情有美好的开始，也会有悲伤的结束。当发现恋人不合适的时候，你千万不要勉强，放手是对彼此的解脱。你应该庆幸和他曾经拥有共同的经历、体验和探索，而不是在分手的时候觉得自己和对方一无是处。当然，如果一段恋情在并不希望开始的时刻到来，你也要果断勇敢地说"不"，学会用最恰当的方式拒绝，不用担心伤害对方，因为你的善意和勇敢是最好的回应。

在感情之路摔了一跤，你需要抓紧时间站起来离开现场，而不是在原地纠结那个让你摔得人仰马翻的坑。你需要明白，痴情不是优势，卑微不是资本，恋恋不舍也不是美德，感情结束时，好聚好散是最体面的结局。你需要明白"一个人喜欢你不代表他会一直喜欢你"。

"关于前任，没有攻略。"无论是对你还是对你的"前任"而言，你们需要做到的是彻底消失在对方的世界里，不诋毁对方，也不委屈自己，认可这段关系是双方心甘情愿开始的，也愿意为这段关系的结束负责。如果你能够试着变优秀，你就会有机会遇到更优秀的人；如果你愿意爱惜自己，你就不会介意孤独。无惧结束才会有崭新的开始。

🕮 **技能学习**

6 招教你走出失恋阴影

爱情是世界上最美的情感之一，无数文人墨客为之留下了经典的诗词歌赋。两个人从陌生到相知再到相恋，然后一起慢慢老去，是最美好的结局。然而并不是所有的爱情都能够这般圆满。那么如何快速让自己不再沉浸于过去的悲痛中，勇敢地走出来，迎接自己的新生活呢？下面有 6 招帮你走出失恋的阴影。

（1）优雅转身。当对方坚决地提出分手以后，不要再纠缠，第一时间离开，不要在电话里狂骂，不要试图回忆过往的点点滴滴，更不要试图叮嘱对方。要知道感情发展到现在，你唯一能做的就是优雅转身，并对对方说一声谢谢，感谢对方多年来的陪伴。

（2）认真反思。人不能在一个地方跌倒两次，分手后一定要冷静地反思，恋爱是两个人的事，分手也是两个人的事，哪怕对方有九成的错误，也有一成是你的。当夜深人静辗转反侧的时候，你一定要对这段感情进行反思。想想你们的感情从什么时候开始出现了问题；想想在一起时你哪里做得不好；想想你是不是过分在意对方，甚至为了对方忽略了远方的父母和身边的朋友；想想你是不是忽略了对方的感受；想想你是不是一直在原地踏步，以至于失去了对对方的吸引力等。

（3）培养一项爱好。没有恋爱之前，可能你是朋友眼中的艺术家、摄影达人、计算机发烧友，谈恋爱以后，恋人成了你生活的全部。分手后可以把之前因为这段感情放弃的兴趣爱好都捡回来，短期内给自己找点重要的事做，比如学习一种乐器，精通一门外语等。选择一些将耗费你大量精力，并且能给你带来巨大收获的事去做，这样既能充实生活，也能减少胡思乱想的时间。

（4）振作自强。往事不回头，未来不将就，你若盛开，清风自来。做一个坚强的人，千万不能被失恋击倒，你要做的就是让自己变得更为强大。只有改变自己，脱胎换骨，你才能让自己的未来有更多的可能。可能你努力的初衷是挽回对方，但无论对方是否回到你身边，你都会变成更好的自己。努力的好处是，即使你们没有复合，起码以后知道你的消息时，对方会觉得爱过你是一件幸事，如果你从此堕落，一蹶不振，只会让曾经的恋人庆幸当初选择离开你。

（5）释放情绪。在真正陷入绝望之前，人们都会挣扎几下，这是人之常情。如果过了很久，你发现自己还是很爱对方，对方就是自己遇到的对的人，但你们就是没有缘分继续走下去，这时候请不要压抑自己的情绪，不妨大声哭泣、呼喊，发泄出你所有的悲伤和痛苦。消极情绪是需要释放的，让自己释然，你也会因为这段关系而成长并变得强大。

（6）挥洒汗水。失恋后，在操场听着音乐一圈又一圈奔跑无疑是个好选择，当你做出奔跑、跳跃、投篮、射门等动作时，你会进入一个忘我状态，任由汗水挥洒，就如同逝去的恋情，当你停下来仰望天空时，失恋也就成为过去的一件小事了。

第三节　相爱容易相守难——培养爱的能力

在生活中我们经常看到，恋爱中的人们有非常不同的表现，有的卿卿我我、小鸟依人，有的激情澎湃、如胶似漆，有的平静如水、若即若离，有的吵吵闹闹、稍纵即逝。爱情中良好的亲密关系都受到哪些因素的影响呢？有哪些方法可以让爱持久保鲜呢？下面让我们来看看心理学家艾瑞克·弗洛姆和全球著名婚恋专家盖瑞·查普曼博士的研究吧。

一、良好亲密关系的要素

德裔美籍心理学家艾瑞克·弗洛姆认为，良好的亲密关系包含 5 个要素，即给予、关心、责任心、尊重和了解。

1. 给予

爱情首先是"给予"，而不是"索取"。真爱产生的动机是付出和分享的欲望，而非满足自我需求或者弥补自我不足的欲望。那么，对于爱情而言，恋人们要给予对方什么呢？"给予"并不是说要为对方牺牲自己，而是奉献出自己最富生命力的东西，比如，我们可以给予对方快乐、兴趣、理解力、知识和幽默，通过"给予"来丰富对方，通过丰富自己的生命来丰富对方的生命。观察现实生活中的情侣我们不难发现，凡是长久的爱情，双方都可以从这份感情中获得自我成长，进而共同成长。

2. 关心

爱情中的关心是指对我们所爱的人的成长的主动关注，这种关注是积极的而非消极的，是主动的而非被动的。关心是爱的表现形式，缺少关心的爱是不完整的爱，是口头上的爱，是病态的爱。

3. 责任心

责任心是一种绝对自愿的行为，是对另一个人表达出来或尚未表达出来的愿望的答复。有责任心意味有能力并准备对这些愿望给予答复。恋爱是一种选择，你要为你的选择负责，一方面要为你所爱的人负责，另一方面也要为自己负责。恋爱双方要承担起应承担的责任，让自己值得对方托付。

4．尊重

尊重是承认对方的独立性和独特个性，是要努力使对方成长和发展。尊重对方既不是惧怕对方，又绝无剥削之意。缺乏尊重，责任心就会蜕变为控制和奴役别人。在对大学生进行心理咨询时我们发现，有一些恋爱中的大学生会限制与约束对方的发展，此时，爱已变为一种控制。因此可以说，没有关心与尊重，就没有爱，没有给予就没有爱。

5．了解

了解在恋爱中也是至关重要的，了解是关心和尊重的前提。对一个人而言，没有了解就没有尊重，没有了解的引导，爱情中的关心和责任心就是盲目的。了解就是要深入他人的内心，洞悉他人的思想，触及他人的底蕴，设身处地理解他人、认识他人。了解他人的本质就是要克服自我的幻想及消除对他人的误解，从客观的角度认识他人和自己。

弗洛姆认为，成熟的爱应包含爱5个要素：给予、关心、责任心、尊重与了解。成熟的爱源自内心，包括主动关心，"给予"，有责任心，尊重和了解对方；不成熟的爱是索取，包括对恋人漠不关心，不承担责任，对自己所爱的对象不了解。在日常生活中，不成熟的爱并不罕见，如有"公主病"的女性以及"巨婴"的男性都会在恋爱时有不成熟的表现。弗洛姆认为，发展爱的能力就是要培养无私的品格和给予的精神，培养善于处理矛盾的能力，有效地化解和消除爱情中的矛盾与纠纷，为恋人负责，从而创造出美满幸福的爱情。

二、爱的5种语言

人人都渴望爱，都希望得到爱，每个人都有爱和被爱的需要。世界上存在着不同个性的人，每个人都是独一无二的，每个人表达爱的方式也不尽相同。在爱的国度里，有哪些语言？辨别清楚对方的爱语是我们表达爱的前提，把准脉搏，我们的爱才会更有意义和力量。有句话这样说："我知道你爱我，但是我希望你用我爱的方式来爱我，而不是用你爱的方式来爱我。"美国婚恋专家盖瑞•查普曼博士提出了5种爱的语言，以帮助恋爱中的人们更好地理解对方的爱语，从而更有效地处理冲突，收获幸福美满的爱情。这5种爱的语言就是肯定的言语、精心的时刻、礼物、服务的行动和身体的接触。

（一）肯定的言语

肯定的言语比唠叨、挑剔的话更能激励人，用语言肯定他人具有巨大的力量。马克•吐温说："一句称赞的话，可以让我多活两个月。"所以我们要用话语赞扬、欣赏爱人，这是爱的有力沟通工具，其表达形式为简单、坦率的肯定语句。

我们真心赞赏爱人，并非是要用奉承的话让爱人替我们做事，爱的目的不是得到我们想要的，而是为了我们爱的人去做些什么。

鼓励的话语能激发爱人潜在的能力，使爱人有勇气去做一些自己想做的事。我们鼓励爱人，表明我们相信他和他的能力，给予他认可和支持。这样我们会收获爱人的感谢，加深彼此的感情。鼓励爱人是发现他的优势，激励他去发展已有的兴趣或特长。

我们用语言传达爱时，说话的方式非常重要，声调、神态传达的信息有时远远超过语句本身。

爱是提出请求，而非要求。恋爱双方若想表达自己的愿望，表达的方式非常重要：以请求的方式呈现我们的需要和愿望，引导对方知道如何去爱自己，从而增加亲密感，而非下达命令和最后通牒。

技能学习

（1）跟你的爱人分享言语对你的生活产生深远影响的经历——可以是正面的影响，也可以是负面的影响。

（2）做一个记录，写下你每天对爱人所说的肯定的言语，持续一个星期。

周一，你说：

"你穿这件衣服真好看！"

"谢谢你陪我跑步！"

周二，你说：

……

你可能会惊讶地发现，你说肯定的言语说得很好，或是说得很差。

（3）写一封情书、一段爱的短文，或是一句爱语给你的爱人。

（4）寻找爱人的优点，并告诉他，你多么欣赏那些优点，他可能就会更加努力。

（5）你可以开始做一个"肯定的言语"记录本，记下那些爱人对你说的肯定的言语和你对爱人说的肯定的言语，并经常拿出来翻看，这些激励人的内容，特别有价值。

（二）精心的时刻

精心的时刻是指把你的注意力专注于爱人身上，给他时间，跟他一起做一些事情。如你们一起坐在草地上促膝长谈，一起散步或看电影。在精心的时刻要集中注意力，两人只是在一起是不够的，必须两人同时一起做些什么。做的事情是次要的，重要的是花时间关注对方的情感，而事情只是创造两人在一起的感觉的载体。精心的时刻在于两人花一定时间共处，传达的信息是彼此关心对方，喜欢跟对方在一起，喜欢一起做事。

精心的时刻的言语必须是精心的会话：两个人在不受干扰的环境中，分享你们的经历、思想、感觉和愿望。这与肯定的言语的不同之处在于：肯定的言语的焦点是我们在说什么，而精心的会话的焦点是我们在听什么。精心的会话，不仅需要我们带着同理心倾听，还需要我们进行自我表白。自我表白就是表达自己的思想和情绪，我们要练习观察自己的情绪，如生气、烦乱、沮丧、伤心等。当我们舒服地和爱人表达我们的情绪时，我们与对方的沟通更加顺畅，我们的情绪也能得到宣泄或调整。

精心的时刻还包括精心的活动。就是两个人一起做某件事，倾注全部的注意力。其重点不是两人在做什么，而是两人为什么做它。目的是两人一起经历一件事，从中感受到对方爱我、关心我，如一起逛公园、听音乐会、做烘焙等。精心的活动会为我们提供美好的记忆，这是爱的记忆。

技能学习

以分享、倾听和参与共同且有意义的活动来共度精心的时刻，以传达我们真正的关心及爱意。

（1）请你的爱人列一张单子，写上他（她）喜欢跟你在一起做的 5 项活动。在接下来的 5 个月内，每个月做一项。

（2）在谈话中了解你的爱人最近最想做的事情、最想吃的食物，做好准备之后你可以发短信告诉他（她）你的安排，给他（她）一个惊喜。

（3）在接下来的一个学期内，安排几次周末户外活动，或外出旅游、探险健身等。

（三）礼物

在很多民族的文化中，送礼物都与爱紧密相连，礼物本身无关紧要，重要的是礼物是爱的象征，传达了爱语。礼物有很多种，不一定都是昂贵、稀有的，可以很便宜或是自制的。对于收到礼物的人来说，礼物的价格并不重要。

有一种无形的礼物有时候胜过可以拿在手里的礼物，那就是我们自己，把自己当作礼物送给你的爱人。当他（她）需要你的时候，你就在那里陪伴他（她），尤其当你的爱人处于悲伤、失意的时候，你的在场非常重要，你的陪伴会让爱人感觉到爱的支持，从中获得力量。

技能学习

（1）尝试在爱人的生日或是恋爱纪念日等重要的日子，为他（她）送上一份精心准备的礼物，比如一束鲜花、一张电影票，或是他（她）期盼很久的东西。

（2）开发"手工原作"的价值，为你的爱人做一件礼物。这件礼物是你精心准备的，世界上独一无二的，这件礼物充满了你的爱。

（3）做一个"礼物点子笔记本"。每次听到你的爱人说"我喜欢这个"时，你可以悄悄记在笔记本里。在某个重要时刻，当你需要向爱人送礼物时，可以参考笔记本中的记录。在不经意间给对方一个惊喜，同时也表达了你对他（她）的在乎和深情。

（4）送一份有纪念意义的礼物。在你的爱人的生日或其他重要的日子，你可以准备一份有纪念意义的礼物，如和他（她）一起种下一棵可以开花结果的树，一起为它浇水、施肥。

（四）服务的行动

爱的语言要有服务的行动。所谓服务的行动，是指做你的爱人想要你做的事情。为爱人做事，使他（她）高兴，也能表达出自己对他（她）的爱。对于爱的语言是服务的行动的人来说，肯定的言语、精心的时刻、礼物都不如帮助他（她）做他（她）希望你做的事令人欣喜。

我们为爱人做服务的行动，并不意味自己被爱人利用或操纵，对方以爱之名来奴役我们。"如果你爱我，你会为我做这件事""你最好这么做，否则你会后悔"这些不是爱的语言，我们不应该纵容这种行为，否则我们等于允许爱人养成不人道的习惯。真正的爱的表达应该是这样的："你帮助我做了这么多事，我太爱你了，所以我不能让你一直如此。"服务的行动绝不该是被强迫的，而应该是自由地给予和接受，并且照着爱人的请求完成。

技能学习

（1）让你的爱人把希望你做的事情列成一个清单。每个星期你完成其中一件，把它当作爱的表示。

（2）请求你的爱人列一个清单，列出 10 件他（她）希望你在下个月能够做好的事情。然后，请你的爱人用 1～10 为这 10 件事情标号，1 代表最重要的，10 代表最不重要的。用这张清单引导你做好服务的行动，用行动来表达你对爱人的爱。

（3）请你的爱人告诉你，哪些日常的服务的行动能真正表明你对他（她）的爱。试着把这些记入你的日程表。

（五）身体的接触

身体的接触是沟通情感的一种方式，也是表达爱的有力工具。牵手、亲吻、拥抱以及性生活等都是身体的接触，它能够表达爱。对主要的爱语是身体的接触的人来说，身体的接触远胜于"我爱你"或"我恨你"等言语。

触摸我的身体就是触摸我；远离我的身体，就是在感情上远离我。对某些人来说，某种程度上触摸等于爱。当然，我们的身体接受触摸，而不是虐待，恋爱中的暴力显然不是爱的触摸。值得注意的是，大学生在谈恋爱期间，对于是否要发生性关系要有足够的认识并做好充足的心理准备。

技能学习

以身体的接触作为一种爱的表示方式，其表达出的爱可以到达我们的心灵深处。作为爱的语言，它是一种有力的沟通形式，小到碰触肩头，大到热情地亲吻。

（1）在公共场合，以合适的身体接触方式来表达爱。比如，手牵手在校园里散步。身体的接触要与场合相适宜，要文明有度。

（2）身体的接触要以对方能接受或愿意接触的方式，双方可以讨论一下在什么场合以什么方式进行身体的接触才是愉快的，避免勉强或强迫对方。

（3）要敏感地感知身体的接触是对方对爱的表达，还是对自己身体的控制或虐待。要及时处理非正常的身体接触，避免遭到伤害。

（4）面对对方想要发生性关系的身体接触时，你要清楚地知道自己是否已经做好了准备，包括身体的、心理的准备以及可能带来的风险。

在爱情的国度里，我们需要认清自己和对方的爱的语言，只有弄懂对方的爱的语言，爱情才更有意义。也许你还不能确定你喜欢哪种爱的语言，在热恋中，5 种语言可能出现在你和对方的身上。掌握了这 5 种语言，将助你一臂之力，让你收获从未发现的幸福。

技能学习

如何发现你和恋人的主要爱语

爱有 5 种语言，那应该如何发现自己和恋人的主要爱语呢？你可以使用以下 3 种方式。

（1）查看爱的语言的负面应用。思考一下，你的爱人做的哪些事、说的哪些话或者哪些没有做的事、没有说的话，伤害自己最深？与这些事和说过的话相反的，就是你和爱人的主要爱语。例如，伤害你最深的是爱人对你的批评，那么你和爱人的主要爱语可能是"肯定的言语"。

（2）最常请求爱人做的是什么？你最常请求爱人做的事，可能就是最能使你感觉到爱的事。你对爱人送的礼物并不感兴趣，反而时常挑剔；但你多次邀请爱人一起出去旅游、外出吃饭或散步，这表明你和爱人的主要爱语是"精心的时刻"。

（3）你通常以什么方式向爱人表达爱？你表达爱的方法就是让你感觉到爱的方法。经常送女朋友礼物的人，他和恋人的主要爱语可能就是"礼物"。

了解了自己的爱语，我们可以坦率、诚挚地对爱人提出爱的请求；了解了对方的爱语，我们就可以以他（她）的爱语去表达爱。我们时常以自己的爱语来表达爱，而不去发现对方的爱语。我们应该明白：爱是我们为别人做了什么事，而非我们为自己做了什么事。让我们以爱的语言填满爱人的"爱箱"，他（她）的"爱箱"被填满后，很可能就会对我们使用我们的爱的语言。这时候，我们的情感得到回馈，我们自己的"爱箱"也会被填满。

恋爱应具备的8种能力

爱的能力是一种综合素质，是在爱的过程中一系列能力的组合。爱的能力包括鉴别爱的能力、表达爱的能力、接受爱的能力、拒绝爱的能力、呵护爱的能力、处理爱的冲突的能力、承受爱的挫折的能力、保持爱情长久的能力。

（1）鉴别爱的能力。鉴别爱意味要理智地面对爱，分清好感、喜欢与爱情，真爱具有平等、信任与有幸福感等特质。首先，在平等的爱中，双方会把彼此看作独立而完整的人，允许彼此以真实与完整的自我存在。在不平等的爱中，恋人们一般只在乎自己的感受：如被关爱、被呵护、被特别关注、不断满足自己的需求；或者完全没有自我地去满足对方的需求。其次，两个人应彼此信任、心灵相通，而缺乏信任的爱必然伴随着猜疑、否定等负面情绪。最后，幸福感是存在于两个人内心中长久的情感体验而非短暂的情绪。

（2）表达爱的能力。爱的表达不是"爱你在心口难开"，也不是"你是我一生的唯一"的执着，而是随着交往的深入，自然而坦率地表达对对方的爱意。一个人心中有了爱，要敢于表达、善于表达，这是一种爱的能力。表达爱是一种自信的表现。

（3）接受爱的能力。一个人面对别人对自己的爱，能否及时准确地做出判断，是否能够坦然地接受这份爱，这也是一种爱的能力。当爱情来临时，我们要坦诚、真诚、自然地接受爱，而不是矫情、掩饰、似是而非、优柔寡断。

（4）拒绝爱的能力。对自己不愿或不值得接受的爱我们应该有勇气拒绝。爱情中不能有半点勉强和将就，在不希望得到的爱情到来时，要果断、勇敢地说"不"，拒绝时要感谢对方对自己的欣赏，尊重对方的感情，态度要明确、表达要清晰，而不能模棱两可、似是而非，不能使别人产生误解。

（5）呵护爱的能力。对爱的呵护是一种综合能力，是人生的艺术。呵护爱是对一个人内在品质的检验，爱是长跑不是短跑，面对人生的风风雨雨，我们要想坚守这份爱，就需要经历友情、爱情、亲情和恩情等各种体验。爱情是需要用心经营的。

（6）处理爱的冲突的能力。在爱的过程中，难免会出现一些冲突，有时只有误会，没有谁对谁错。有效的沟通是解决恋人间的冲突的最有效的办法之一，争吵、冷战、任性都不利于解决问题。爱需要双方用建设性的方式解决问题。能否妥善地处理冲突，是爱的能力的重要方面。

（7）承受爱的挫折的能力。当爱遇到挫折时，如何面对这份挫折，也是重要的爱的能力。我们要经得起挫折，该放手时要放手，而不能"在一棵树上吊死"。我们应从这段恋情中汲取经验教训，以最好的状态迎接新的爱人。

（8）保持爱情长久的能力。爱情是需要保鲜的，一个成熟的人应有能力通过不断学习爱的艺术，提升自己的内涵、修养，完善自己的人格，从而使爱情长久。

本章小结

（1）爱情组成的 3 个要素：亲密、激情和承诺。

（2）常见的恋爱困扰：如何平衡爱情与学业的关系，保持性生理和性心理的健康，爱情中能珍惜开始也无惧结束。

（3）良好的亲密关系包含 5 个要素，即给予、关心、责任心、尊重和了解。

（4）爱的 5 种语言主要包括肯定的言语、精心的时刻、礼物、服务的行动和身体的接触。掌握这 5 种爱语，能理解对方爱的语言，有效地处理冲突，使爱情长久，提升爱的能力，收获幸福美满的爱情生活。

技能学习

积极错觉

积极错觉这一概念是由美国心理学教授谢利·E.泰勒等人于 1988 年在学术界提出的，他们认为积极错觉是个体在生活中或在面临威胁性情境、压力性事件时所做出的一种对自我、现实生活和未来的消极方面的认知过滤，而这种过滤以歪曲表征方式投射到个体的自我意识中。积极错觉虽然是对现实的一种背离，但它实际上是个体的一种积极心理适应。因为积极错觉显示了个体对现实的积极把握和乐观知觉，同时也体现了个体对自我价值和自尊的一种保护。

扫一扫

积极错觉

思考题

小明和女友大吵一架，原因是女友总因为小明之前的恋爱经历"挑事"，为了终止女友的"无理取闹"，同时证明自己的忠贞，小明做了极端举动的准备……你如何理解双方的行为？你将如何帮助两个人处理这段"纠纷"？

推荐资源

1. 书籍：《好的爱情》（陈果著，人民日报出版社于 2018 年出版）

每个人都向往爱情，但是很少有人懂得如何真正去爱。

多少情侣明明彼此深爱，最后却还是分开了。这是因为，我们能用一秒钟爱上一个人，却不懂得如何用一生去爱他（她）。

复旦名师陈果用哲学的方式告诉你——好的爱情就是长久的爱情，而长久的爱情，就是要一次又一次地爱上同一个人。一次又一次地爱上年少轻狂的他（她）、风华正茂的他（她）、唠唠叨叨的他（她）、白发苍苍的他（她）……

好的爱情就是这样一种状态，千变万化，又始终如一。

翻开这本书，感受爱情的艺术，让爱永远不会被时间打败。

2. 电影：《只有芸知道》（黄轩、杨采钰等主演，2019 年上映）

该片改编自冯小刚挚友的真实爱情经历，讲述一对中年夫妇隋东风和罗芸 15 年间相濡以沫的爱情故事。

第七章

拨云见日——大学生情绪管理

导言

拿破仑曾说，成功者与失败者的最大不同在于，前者是情绪的主人，而后者是情绪的奴隶。生活中的我们，总会伴随着某种情绪：有时舒适愉快，有时焦虑不安，有时欣喜若狂，有时悲痛欲绝，有时平静如水，有时孤独恐惧……情绪就像空气一样围绕着我们，陪伴着我们，使我们的生活时而阳光灿烂，时而阴霾密布。无论是积极情绪，还是消极情绪，它们都是我们内心世界的真实反映，都与我们形影不离，成为我们生活、学习和工作的一个心理背景。正处于人生观和世界观形成的关键时期的大学生，情绪是复杂多样的，与个体的需要、认知和行为相联系。同时，情绪具有自我保护、人际交往和信息传递等功能，对我们的学业、成长和身心健康都具有直接的影响。如果我们能清楚地认识情绪，合理地管理情绪，培养自己的积极情绪，就能成为情绪的主人。通过本章的学习，你可以：

◇ 知晓情绪的含义和构成要素以及情绪的功能；

◇ 了解大学生常见的消极情绪及产生机制；

◇ 掌握培养积极情绪的技巧，获得幸福的真谛。

导入案例

8 只狐狸的命运

在一位农夫的果园里，紫红色的葡萄挂满了枝头，令人垂涎欲滴。当然，这种美味逃不过安营扎寨在附近的狐狸们的眼睛，它们早就想享受一下了。第一只狐狸跳了起来，但够不着，它咬牙、跺脚、怎么跳都够不着。"这个葡萄肯定是酸的，肯定不好吃。而且，别的狐狸也没吃到，我有什么好遗憾的，去抓鸡吃。"于是它哼着小曲，高高兴兴地走了。第二只狐狸来到了葡萄架下，也使劲跳，也够不着，但它告诉自己："我不能放弃，我就不信我吃不到。"于是，它从天亮跳到了天黑，又从天黑跳到了天亮，它跳得越来越低，最后累死在了葡萄架下。第三只狐狸也吃不到葡萄，破口大骂："谁这么缺德，把葡萄种这么高，成心跟我过不去！"正巧被农夫听到了，农夫用铁锹一下就把它打死了。第四只狐狸很内向，它尝试跳起来但没有成功，于是它试图让自己不再去想葡萄，可它怎么也做不到。它听说有别的狐狸吃到了葡萄，心情更加不好，每天头疼、失眠、焦躁不安，什么事都不想干，最后饿得骨瘦如柴，奄奄一息。第五只狐狸看到自己在葡萄架下如此渺小，便伤心地哭了起来："我的命运怎么这么悲惨啊！想吃个葡萄都吃不到，活着还有什么意思？"它越想越郁闷，每天唉声叹气，毫无活力。第六只狐狸也不停地跳，就是摘不到葡萄，一气之下这只狐狸病了，整天傻笑，疯言疯语。第七只狐狸来到葡萄架下，它既没有破口大骂，也没有坚持不懈地往上跳，而是发出了感叹："美好的事物有时候就是离我们那么遥远，但有这样一段距离，让自己留有一点幻想又有什么不好呢？"于是它诗兴大发，一本诗集从此诞生！第八只狐狸看到了自己与葡萄架之间的差距，奋发图强，报了一个研修班，刻苦钻研葡萄采摘技术，最后如愿以偿地吃到了葡萄。

思考：8只狐狸在情绪方面各有什么特点？现实生活中的你是哪一只狐狸？你愿意做哪只，为什么？

第一节　走进情绪的天空——情绪概述

案例

喜怒无常的情绪

小莉是一名大二学生，最近一年同学们感觉她的情绪喜怒无常，对人对事总是一会儿好得不得了，一会儿又差得不行，简直让人受不了。比如当小莉与男朋友相处得好时，她整天都会笑嘻嘻的，对同学们非常友好，谁的忙都愿意帮，甚至还会高兴得大声歌唱。相反，当小莉与男朋友相处不洽时，她整天黑着脸，对谁都不理睬，甚至还会无缘无故地与人发生冲突，好在同学们都能原谅她。小莉很困惑，怀疑自己是不是永远都长不大，是不是情商有问题。

案例中的小莉同学有哪些情绪问题？

情绪问题常常影响大学生正常的学习和生活。在生活中，人们所说所做的每一件事情几乎都带着情绪。情绪反映在生理活动、行为方式之中，是人心理状态的晴雨表，反映人们的内在心理状态。古往今来，人们为此感叹，亦为此困惑，不断地讨论一个古老又常新的问题：情绪究竟是什么？

一、情绪脸谱：情绪的含义

一般认为，情绪是指伴随认知过程和意识形成而产生的对外界事物的态度，是对客观事物和主体需求之间关系的反应，是以个体的愿望和需求为中介的一种心理活动。当客观事物或情境符合个体的愿望和需求时，就能引起积极的、肯定的情绪。如渴求知识的人得到了一本好书会感到满足，一个人在生活中遇到知己会感到欣慰等；反之，就会产生消极、否定的情绪。如失去亲人会引起悲痛，工作中出现失误会产生内疚和苦恼等。对于同一事物，人们对它的认识不同，由此产生的情绪也不同。在图 7-1 中，同样是下雨为什么会引起不同的情绪呢？下雨了，小明想去踢球的愿望得不到满足，他因此感到失望；下雨了，农民伯伯想灌溉庄稼的愿望得到满足，他因此感到高兴。

图 7-1　下雨引起的不同情绪

情绪到底由哪几部分构成呢？我们先来看一个简单的例子。有一天，你和朋友躺在草地上惬意地听着歌，突然，一条大蟒蛇出现在你们面前。这时，你心跳加速、口干舌燥、肌肉紧张，非常害怕。有人大喊一声："快跑！"你才反应过来，尖叫并跌跌撞撞地跑开了。当你看到蟒蛇时，你的情绪是害怕、恐惧，同时伴随生理上的变化，如心跳加速、口干舌燥、肌肉紧张等；同时，你的害怕以尖叫、跌跌撞撞地逃跑等外在行为表现出来；最后你之所以害怕是因为你意识到蟒蛇对你的生存构成了威胁。

从这个事例不难发现，情绪由 3 个要素构成：认知层面的主观体验、生理层面的生理唤醒、表达层面的外部行为。当情绪产生时，这 3 个要素共同活动，构成一个完整的情绪体验过程。

（一）主观体验

主观体验是个体对不同情绪的自我感受。不同情绪有不同的主观体验，它们代表了人的不同感受，如喜、怒、哀、乐、爱、惧、恨等。人们对不同事物的态度产生不同的感受。人们对自己、对他人、对事物都会产生一定的态度，如对朋友遭遇的同情、事业成功的欢乐、考试失败的悲伤。这些主观体验只有个体才能真正感受到或意识到，如我知道"我很高兴"，我意识到"我很痛苦"，我感受到"我很内疚"等。

（二）生理唤醒

生理唤醒是指由情绪产生的生理反应。它涉及广泛的神经结构，如中枢神经系统的脑干、中央灰质、丘脑、杏仁核、下丘脑、蓝斑、松果体、前额皮层，以及外周神经系统和内、外分泌腺等。人产生情绪时，常常会伴随一定的生理唤醒，不同情绪的生理唤醒模式是不一样的，如人感到满意、愉快时，心跳正常；感到愤怒时，心跳加速，血压升高；感到恐惧时，心跳也会加快，呼吸改变，体温下降；感到痛苦时，血管容积缩小等。生理唤醒有时是强烈的，有时是微弱的。一般而言，愤怒、恐惧、悲伤、焦虑等消极情绪往往伴随较强的生理唤醒。

扩展阅读

锣的"控告"

从前在印度有一个部落存在这样一种习俗，法官会向偷窃嫌疑犯问一些与案件直接相关的问题：是否偷钱、被偷的人的名字、偷窃的金钱数额等。偷窃嫌疑犯在回答问题时应当不假思索地回答，同时轻轻地敲锣。敲锣时要敲得尽量轻，轻到只有法官能听见，而站在旁边的人们听不见。如果嫌疑犯真的有罪，那么这些问题就会使他心神不安，在回答时他就会不由自主地敲得重些，人们就会听见锣在"控告"小偷。

（三）外部表现

情绪的外部表现通常为表情。情绪作为一种内心体验，一旦产生，通常会伴随产生相应的非言语行为，如面部表情和身体姿势等。一些心理学家在研究人类交往活动中的信息表达时发现，表情在表达情绪的过程中起到了重要的作用。表情是情绪表达的一种方式，也是人们交往的一种手段。在人际交往过程中，言语与表情经常是相互配合使用的。同样一句话配以不同的表情，会使人产生完全不同的理解。所谓的"言外之意""弦外之音"也更多地依赖于表情的表达。而且，表情比言语更能表明情绪的真实性。有时人们能够运用言语来掩饰和否定其情绪体验，但是表情往往掩饰不了其内心的真实体验。

表情可以分为面部表情、姿态表情和语调表情。

1. 面部表情

面部表情是指通过眼部肌肉、脸部肌肉和嘴部肌肉的变化来表现各种情绪。人的眼睛是最善于表达情绪的，不同的眼神可以表达人的不同的情绪和情感。例如，高兴和兴奋时"眉开眼笑"，气愤时"怒目而视"，恐惧时"目瞪口呆"，悲伤时"两眼无光"等。

面部表情不仅能传达情绪，还可以交流思想，通过观察一个人的面部表情，我们可以了解他的内心思想和愿望，推知他的态度：赞成还是反对、接受还是拒绝、喜欢还是不喜欢等。图7-2所示为人的面部表情图。

图 7-2　人的面部表情图

　　心理学家对辨认表达不同情绪的表情照片的难度进行了研究，结果发现：最容易辨认的是快乐、痛苦；较难辨认的是恐惧、悲哀；最难辨认的是怀疑、怜悯。一般来说，情绪成分越复杂，表情越难辨认。表 7-1 所示为不同情绪的面部模式。

表 7-1　不同情绪的面部模式

情绪	面部模式
感兴趣	眉毛朝下、眼睛追踪着看
愉快	笑、嘴唇朝外朝上扩展、眼笑（环形皱纹）
惊奇	眉毛朝上、瞪眼
悲痛	哭、眉毛拱起、嘴角下拉、眼眶有泪
恐惧	眼发愣、脸色苍白、脸出汗发抖
羞愧、羞辱	眼朝下
轻蔑、厌恶	冷笑、嘴唇朝上、鼻子耸起、双目斜视
愤怒	皱眉、眼距变窄、咬紧牙关、面部发红

课堂活动

画出自己的"情绪脸谱"

　　请尝试画出自己的"情绪脸谱"吧。把自己最近最主要、印象最深的情绪状态写下来，并且记录下诱发事件和发生的时间，然后画出你的各个"情绪脸谱"（并涂上色彩），最好是喜、怒、哀、惧 4 种情绪都有。画完之后，找 6 个同学进行分享。

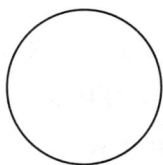 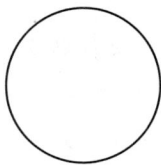 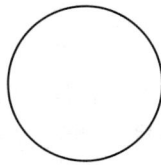 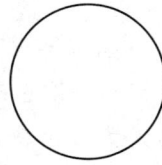

事件：_____　　事件：_____　　事件：_____　　事件：_____

情绪：_____　　情绪：_____　　情绪：_____　　情绪：_____

时间：_____　　时间：_____　　时间：_____　　时间：_____

2. 姿态表情

姿态表情可分成身体表情和手势表情两种。身体表情是表达情绪的方式之一，头、手和脚是表达情绪的主要身体部位。身体表情既能表达当事人的情绪，又是他人识别当事人内心状态的有效途径。人在不同的情绪状态下，身体表情会发生不同的变化，如悲痛时捶胸顿足，成功时昂首挺胸，失败时垂头丧气，紧张时坐立不安等。手势是表达情绪的另一种重要形式。奥地利心理学家西格蒙德·弗洛伊德曾这样描述手势表情："凡人皆无法隐瞒私情，尽管他的嘴可以保持缄默，但他的手指会多嘴多舌。"手势通过和语言一起使用，可以表达个体的态度和思想。手势也可以单独用来表达情绪、思想或做出指示。在无法用言语沟通的情况下，单凭手势也可以表达开始或停止、前进或后退、同意或反对等思想感情。例如，"振臂高呼""双手一摊""手舞足蹈"等手势，分别表达了个人的激愤、无可奈何、高兴等情绪。

3. 语调表情

语调表情是通过言语声调的变化来表达情绪的，这也是一种语言现象，其中包括语调的高低、发音的抑扬顿挫等。俗话说"言为心声"，是指不同的语调表情会反映出不同的心理状态。一些研究表明，当人撒谎时，其平均语调（或基音）比说真话时要高一些。此外，当人请求、感叹、惊讶、烦闷、讥讽、鄙视时，也都有一定的语调变化。同样一句话用不同的语调讲出来则会表现出不同的含义。据说美国一位女演员用悲伤的语调念26个英语字母，竟能使听众落泪；而一个波兰喜剧演员用欢快的语调念26个英文字母，却能引得听众哄堂大笑。

总之，面部表情、姿态表情和语调表情等构成了人类的非言语表达形式，心理学家和语言学家称之为"体语"。人们之间除了使用语言沟通达到互相了解之外，还可以通过由面部表情、身体姿势、手势以及语调等构成的体语表达个人的思想、感情和态度。在许多场合下，人们无需使用语言，只要看看对方的脸色、手势、动作，就能知道对方的意图和情绪。

扩展阅读

表情的力量

心理学家在对普遍使用英语的国家的人们的交往状况进行研究后发现，在日常生活中，55%的信息是通过非言语表情传递的，38%的信息是靠言语表情传递的，只有7%的信息是靠言语传递的。表情是产生得比言语更早的心理现象。婴儿在不会说话之前，主要就是靠表情与他人交流。表情比语言更具生动性、表现力、神秘性和敏感性。特别是在言语信息表达不清时，表情往往具有补充作用，人们可以通过表情准确而微妙地表达自己的思想感情，也可以通过表情辨认对方的态度和内心世界。

主观体验、生理唤醒和外部表现作为情绪的3个组成部分，在评定情绪时缺一不可，只有三者同时活动，同时存在，且有一一对应的关系，才能构成一个完整的情绪体验过程。

二、读懂你的心：情绪的功能

人之所以会产生情绪，是因为每一种情绪都非常重要，不同的情绪拥有不同的功能，所以情绪的功能非常强大，具体内容如下。

（一）适应功能

个体在生存和发展的过程中有多种适应方式，情绪是其中一种重要的方式。婴儿出生时，不具备独立的生存能力和言语交际能力，这时他主要依赖情绪传达信息，与成人进行交流，得到成人的理解。成人也正是通过婴儿的情绪，及时满足婴儿的各种生活需求。在成人的生活中，情绪与人的基本适应行为有关，包括攻击行为、躲避行为、寻求舒适、帮助别人等。这些行为有助于人们生存及成功地适应周围的环境。情绪直接反映人们的生存状况，是人们的心理活动的晴雨表，如愉快可以表示处境良好，痛苦可以表示面临困难。人们还通过情绪进行社会适应，如用微笑表示友好，通过移情维护人际关系，通过察言观色了解对方的情绪状况，进而采取相应的措施或对策等。总之，人们可以通过情绪了解自身或他人的处境，适应社会的需求，得到更好的生存和发展。

扩展阅读

"情绪便秘"现象

一个人的情绪应该表达而又没有表达出来的状况，称为"情绪便秘"。美国著名外科医师希格尔表示，一个人如果无法表达内心的冲突，其生命机能的运作将受到影响。所以，我们必须设法打开心灵和身体的沟通渠道，将正面情绪的信息送进心里和体内。作为"社会人"，我们时时刻刻都在与外界发生情感联系，不管是在学校还是家庭，这些联系每天都在循环。当你胸怀大志而未受到重用、你犯了错误而遭到斥责、你的恋爱过程满含坎坷、你的家人去世、你的学业不佳时，如果你不善于调节，加上性格和环境等因素的影响，如性格内向、害羞、社会适应不良等，心中有"苦"而口难开，或言不由衷，就会导致"情绪便秘"。如果这种情绪长时间得不到宣泄，可忧郁成疾，引发身体疾病，或诱导精神障碍和行为异常。

（二）动机功能

情绪是动机的源泉之一，是动机系统的一个基本成分。情绪能激励人的活动，提高人的活动效率。适度的情绪兴奋，可以使身心处于活动的最佳状态，推动人们有效地完成任务。研究表明，适度的紧张和焦虑能促使人积极地思考和解决问题。加拿大心理学家唐纳德·赫布认为，唤醒水平和绩效之间存在倒"U"形的关系，太低或太高的唤醒水平都会降低工作效率。同时，情绪对于生理内驱力也具有放大信号的作用，成为驱使人们行为的强大动力。如人在缺氧的情况下会产生补充氧气的生理驱动力。这种生理驱动力可能没有足够的力量驱使你做出行动，但是，人的恐慌感和急迫感会放大和增强它，使之成为行动的强大动力。情绪的动机功能还体现在它能在人类高级的目的行为和意志行为中发挥重要影响。这一点能通过兴趣情绪明显地表现出来，如兴趣、好奇会促使人们去探索复杂的现象，即使屡遭失败也能坚持，最终获得成功。

（三）组织功能

情绪对其他心理活动具有组织作用。这种作用表现为积极情绪的协调作用及消极情绪的破坏、瓦解作用。中等唤醒水平的愉快和兴趣情绪为认知活动提供了最佳的情绪背景。愉快强度与操作效果之间的曲线也呈倒"U"形，过低或过度的愉快唤醒均不利于认知操作。研究表明，情绪可以影响学习、记忆、社会判断和创造力。人在加工和提取信息时，那些和当前情绪一致的内容会表现出敏感化，这些材料容易受到注意，得到深入加工，并建立更为细致的联系。

情绪的组织功能还表现在人的行为上，当处于积极、乐观的情绪状态时，人们更容易注意事物美好的一方面，此时其行为比较开放，愿意接纳外界的事物；当处于消极的情绪状态时，人们更容易失望、悲观，放弃自己的愿望，甚至产生攻击性行为。

（四）健康功能

人对社会的适应是通过调节情绪进行的，情绪调控得好坏会直接影响个人的身心健康。情绪对健康的影响是众所周知的。积极的情绪有利于身心健康，消极的情绪会引起各种疾病。我国古代医书《内经》中就有"怒伤肝，喜伤心，思伤脾，忧伤肺，恐伤肾"的记载。许多心因性疾病就与人的情绪失调有关，例如溃疡、偏头痛、高血压等。有些人患癌症也与长期心情压抑有关，一项长达 30 年的关于情绪与健康关系的追踪研究发现，年轻时心情压抑、焦虑和愤怒的人患结核病、心脏病和癌症的比例是心情愉悦的人的 4 倍。相反，积极的情绪有利于人们的身心健康。

扩展阅读

一个小丑进城，胜过一打医生

法国化学家法拉第患了神经衰弱症，发病时不能工作，不能休息，痛苦不堪。他虽遍访名医，但治疗效果不佳，病情越来越重。当他一筹莫展时，一位朋友对他说："一个小丑进城，胜过一打医生。"于是，他一有时间就去马戏团看小丑表演。自此，法拉第的病情奇迹般地一天天好转。不知什么时候，他发现自己的病好了一大半。

三、情绪万花筒：情绪的状态

按照情绪发生的速度、强度和持续时间可将情绪的状态分为心境、激情和应激 3 种。

（一）心境

心境是一种轻微的、持久而平静的情绪状态，通常被称为心情。心境具有弥散性，它不是关于某一事物的特定体验，而是以同样的态度对待一切事物。当一个人处于某种心境时，就好像戴上了一副有色眼镜，其对周围一切事物的反应都带有当时的情绪色彩。比如人在高兴时会觉得花儿在点头微笑，鸟儿在快乐歌唱；难过时会觉得一切都是灰色的。人逢喜事精神爽、遇到烦心事忧心忡忡等，均为心境的不同表现。

心境的持续时间有很大的差别。某些心境可能持续几小时；另一些心境可能持续几周、几个月或更长的时间。心境的持续时间取决于引起心境的客观刺激的性质，如失去亲人往往使人产生较长时间的郁闷心境；一个人取得了重大的成就（如高考被录取、实验获得成功等），在一段时期内会处于积极、愉快的心境中。人格特征也能影响心境的持续时间，同一事件对某些人的心境影响较小，心境持续时间较短；而对另一些人的影响则较大，心境持续时间较长。

心境对人的生活、工作、学习、健康有很大的影响。积极向上、乐观的心境，可以提高人的认知活动效率，增强人的信心，使人对未来充满希望，有益于健康；消极悲观的心境会降低认知活动效率，使人丧失信心和希望。

（二）激情

激情是一种强烈的、爆发性的、持续时间较短的情绪状态，人们常常伴有难以克制的冲动性行为。这种情绪状态通常是由对个人有重大意义的事件引起的，不同的生活事件会引发不同的激情，重大成功之后的狂喜、惨遭失败后的绝望、亲人突然死亡引起的极度悲哀、突如其来的危险所带来的异常恐惧等，都属于激情状态。

激情往往伴随生理变化和明显的外部行为表现，例如，盛怒时全身肌肉紧张，双目怒视，咬牙切齿等；狂喜时眉开眼笑，手舞足蹈；极度恐惧、悲痛和愤怒后，可能导致精神衰竭、晕倒、发呆，甚至出现所谓的激情休克现象。如范进得知中举的消息后疯了，就属于激情中的狂喜状态；听到亲人去世的噩耗，晕厥在地则属于激情中的狂悲状态；一夜白头则属于激情中的绝望状态。

激情状态下人往往会出现"意识狭窄"现象，即认识范围缩小，理智分析能力受到抑制，自我控制能力减弱，进而使人的行为失去控制，甚至做出一些鲁莽的行为或动作。有人用激情爆发来掩盖自己的错误，认为"激情时完全失去理智，自己无法控制"，这种想法是不对的。人能够意识到自己的激情状态，也能够有意识地调节和控制它。因此，任何人对在激情状态下的失控行为所造成的不良后果都是要负责的。

足球明星齐达内的遗憾

齐达内是法国的足球明星。在 2006 年世界杯法国与意大利的决赛局中，法国队本来形势大好，齐达内因对方球员用言语顶撞他，冲动之下，齐达内在球场上公然头顶意大利球员马特拉齐，被裁判红牌罚下，使法国队失去了场上的决胜优势，将大力神杯拱手让给了意大利队。这场比赛本该是他的完美谢幕战，他辉煌的足球生涯也因此蒙上了阴影。这样的结局令球迷们扼腕痛惜。

（三）应激

应激是指人对某种意外的环境刺激所做出的适应性反应。例如，正常行驶的汽车突然发生故障时，司机紧急刹车等。在这些情况下人们所产生的一种特殊紧张的情绪和反应，就是应激状态。应激状态的产生与人面临的情景及人对自己能力的估计有关。当情景对一个人提出了要求，而他意识到自己无力满足当前情境的过高要求时，这个人就会因感到紧张而处于应激状态。

人在应激状态下，会产生一系列生物性反应，如肌肉、血压、心率、呼吸以及腺体活动等都会出现明显的变化。这些变化有助于人们适应急剧变化的环境刺激，维护机体功能的完整性。

扩展阅读

一只苍蝇可以打败一个世界冠军

1965 年 9 月 7 日，世界台球冠军争夺赛在纽约举行。路易斯·福克斯的得分遥遥领先，只要再得几分就能稳拿冠军。就在这时，他发现一只苍蝇落在主球上，他挥挥手将苍蝇赶走了。可是当他伏身击球时，苍蝇又飞回来了，他起身驱赶，但苍蝇好像在跟他作对，他一回身，苍蝇就落在主球上，周围的观众发现了这个现象，开始哈哈大笑。他的情绪突然坏到了极点，终于他失去了理智，愤怒地用球杆去击打苍蝇，结果碰到了主球，裁判判他击到了球，于是他失去了一轮机会。他因此方寸大乱，连连失利，而对手约翰·迪瑞越战越勇，最后获得了冠军。第二天人们发现了路易斯的尸体，他投河自杀了。一只小小的苍蝇，竟然打垮了大名鼎鼎的世界冠军。本来可以一笑了之的事情，竟因情绪的失控而导致死亡的结局，让人扼腕叹息。

第二节　情绪大本营——大学生情绪问题与管理

情绪没有好坏之分，都有其存在的意义。适度的、情境性的消极情绪是正常的，但如果大学生长时间沉浸在消极情绪里，不仅会妨碍学习和生活，还会对身心健康产生一定的不良影响。

一、心有千千结：大学生常见的消极情绪

案例

我应该是优秀完美的人

李花是一名大三的学生，她从小成绩优异，在班上一直担任班干部，高考时以本地区第二名的好成绩考入某所大学。她性格内向好强，做事认真仔细，力求完美，长相出众，擅长唱民歌，每次学院举办文艺演出都有她的独唱节目。她是家中独女，父母均为教师，对李花的要求严格，父母以她为荣，经常在别人面前夸耀自己的女儿。但进入大学后，李花的成绩一直未进入本专业前三名，在大三时，她的成绩只排到第十一名。这件事情对李花的打击很大，她认为自己智力下降了，觉得自己越来越差劲，对自己很失望，以至于近三周都情绪低落，焦虑烦闷，经常感到头昏脑涨，上课时注意力无法集中，睡不着觉，不仅不愿意与同学交往，还认为同学都在讥笑她。李花心里很着急，想尽快让自己好起来，但不知道该怎么办。

（一）抑郁

抑郁是每个人一生中或多或少都会有的、最常体验到的消极情绪之一。抑郁是一种因感到无力应付外界压力而产生的低落、悲哀、痛苦、自卑、消沉的情绪体验。抑郁者会表现出对生活的无望感和强烈的无助感。大学生抑郁时经常愁眉不展，对什么事都提不起兴趣，体验不到快乐；精神不振，对前途悲观失望；思维迟缓，反应迟钝，行动缓慢；不愿参加社交活动，故意远离熟人；对生活缺乏勇气和热情，甚至把自己封闭和孤立起来。大学生抑郁时还会伴随身体方面的症状，如常常感到乏力、疲惫、周身不舒服；睡眠不良，习惯的睡眠时间和方式被打乱；食欲不振，进食时缺乏正常的享受感，觉得吃饭是一件枯燥而无奈的事。比较严重的抑郁情绪会对大学生的正常学习、工作和生活产生明显的不良影响，更为严重的还可能导致多种身心疾病，甚至使大学生出现轻生的念头或行为。

抑郁常常与苦闷、不满、烦恼、困惑等情绪交织在一起。一般来说，这种情绪多发生在性格内向、孤僻、敏感多疑、依赖性强、不爱交际、生活遭遇挫折、长期努力得不到回报的大学生身上。那些不喜欢所学专业或有人际关系处理不当、失恋等问题的大学生可能会产生抑郁情绪。

（二）焦虑

焦虑是大学生常见的情绪状态之一，是一种类似担忧的反应或是自尊心受到潜在威

胁时产生担忧反应的倾向，是个体主观上预料将会有某种不良后果产生的不安感，是紧张、害怕、担忧混合在一起的情绪体验。

大学生在学习、工作、生活各方面遭遇挫折或担心需要付出巨大努力的事情来临时，便会产生这种情绪体验。大学生常见的焦虑情绪有 6 种：适应焦虑，即由于生活环境和学习方式的改变，对新环境难以很快适应而引起的各种焦虑反应；自我形象焦虑，即由于担心自己不够漂亮、没有吸引力、体态过胖或矮小等而产生的焦虑；人际交往焦虑，即由于缺乏自信和交往经验，自尊心过强，个体心灵闭锁，感到孤独、寂寞而产生的焦虑；考试焦虑，即由于担心考试失败或渴望获得更好的成绩而产生的一种忧虑；情感焦虑，即由于恋爱受挫而引起的自我否定，认为自己不具备爱人与被爱的能力；就业焦虑，即由于过度地担忧自己未来的职业选择和就业前景而坐立不安、心烦意乱。

技能学习

如何排解焦虑

在经历挫折后，大学生很容易陷入焦虑，此时，大学生可以参照下面的方法来排解焦虑。

（1）充分放松自己的神经。例如大学生可以先在脑海中构想一副平和安静的画面，再开始静静地勾勒每一个细节，直到脑海里呈现一幅鲜活的画面。当情绪变得越来越轻松时，大学生可以选定一个动作，以表示这份安全且舒适的感觉，例如把右手大拇指轻轻放在左手大拇指上。每天这样反复练上 10 遍。几个月下来，只要一做这个动作，自己就会感受到轻松和舒服。

（2）想象一下最糟糕的情形。如果大学生曾经因为某件事情经受挫折，那就想象一下最糟糕的情形，将能想到的用笔一一记录下来。接下来问问自己，这些最糟糕的情形再次出现会怎么样呢？只要大学生多想想最糟糕的情形就会发现，其担心根本就没有必要。

（3）干脆豁出去。如果大学生因为讨厌自己的缺点、恶习，一直压抑自己，就会使自己变得焦躁不安。这个时候不如充分释放自己的欲望，让自己随着心里的想法去做。因为内心的欲望不再被刻意压抑，此时大学生会感到自由和解脱，原来抑制不住的恶习现在反而不再想做了。

（三）愤怒

愤怒是由于客观事物与人的主观愿望相违背，或因愿望无法实现，人们内心产生的一种激烈的情绪反应。心理学研究表明，愤怒可能导致人体心跳加快、心律失常、血压上升，同时还会使人的自制力减弱甚至丧失，思维受阻，行为冲动，甚或干出一些后悔不迭的事情以至造成不可挽回的损失。

精力充沛、血气方刚的大学生，在情绪的发展上往往具有好激动、易动怒的特点。例如，有的大学生因一句刺耳的话或一件不顺心的小事而暴跳如雷；有的因人际交往受阻而怒不可遏、恶语伤人；有的因别人的观点或意见与自己相左而恼羞成怒。遇事缺乏冷静的分析与思考，图一时之快，逞一时之勇的好激动、易动怒的不良情绪特点，在一些大学生身上时有体现。这种情绪对大学生的影响是极其有害的，怒气看起来是对外的，实际上受伤害的却是自己，心理上咀嚼不愉快的也是自己。正如古希腊哲学家毕达哥拉斯所言："愤怒以愚蠢开始，以后悔告终。"

技能学习

如何控制愤怒

总有一些事会让你感到愤怒，无法自制，而很多时候，愤怒百害而无一益。这时不妨试试用下面的方法来控制自己的愤怒。

（1）如果你开始愤怒，你应该：①承认自己的愤怒；②查明愤怒的根源，是哪件具体的事情或行为使你感到愤怒（切记：愤怒的对象不应该是某个人），想出解决方法；③试着做深呼吸，再从一数到十，然后尽可能冷静地做出反应；④暂时先离开，直到你感觉到能够冷静而理性地对待此事时再回来处理；⑤和与此无关的第三者谈话交流；⑥把自己的愤怒写下来，但注意不要让他人看到，24小时之后再重新浏览自己所写的内容。

（2）如果对方愤怒，你可以：①仔细聆听；②不要中途打断对方讲话，让他有机会倾吐心中的不快；③承认对方的愤怒是应当的，并表示理解；④承认对方的立场，使他明白你的意见同他一致以及你对这次事件的理解；⑤避免使用可能导致对方的愤怒升级的语言；⑥保持冷静且从容的心态；⑦使用平静的声调（控制语言和语速）同对方交流；⑧帮助对方解决困难，以免再发生类似的情况。

二、解读你的脆弱：消极情绪的产生机制

美国心理治疗大师维琴尼亚·萨提亚在解读自我时提出了著名的冰山理论，萨提亚用了一个非常形象的比喻：我们就像一座漂浮在水面上的巨大冰山，能够被外界看到的行为表现或应对方式，只是露在水面上的很小的一部分；而暗涌在水面之下更大的山体，则是长期压抑并被我们忽略的"内在"。揭开冰山的秘密，我们会看到生命中的渴望、期待、观点和感受，看到真正的自我。

其中，影响情绪的最底层的原因是人对于自身的根本性思考和判断，包括人格但超出了人格的范围，如生命力、精神、灵性、核心、本质（见图7-3）。关于生命力，我们可以将其理解为个体的心理能量，这种能量让个体充满信心和对未来充满渴望。

渴望包括被爱的渴望、被关注的渴望、被接纳的渴望、被认同的渴望、有意义的渴望、有价值的渴望、自由的渴望、被尊重的渴望、被欣赏的渴望，有力量的渴望、有能力的渴望、有用处的渴望。人类是具有灵性的，自人类开始具有自我意识时便有了爱与被爱的渴望，只是我们在不同阶段表达渴望的方式不一样。有一句话说得很好，没有人

爱的人是可怜的，但没有可以爱的人是可悲的。总之，我们都渴望爱与被爱，渴望一种重要感、温暖感。

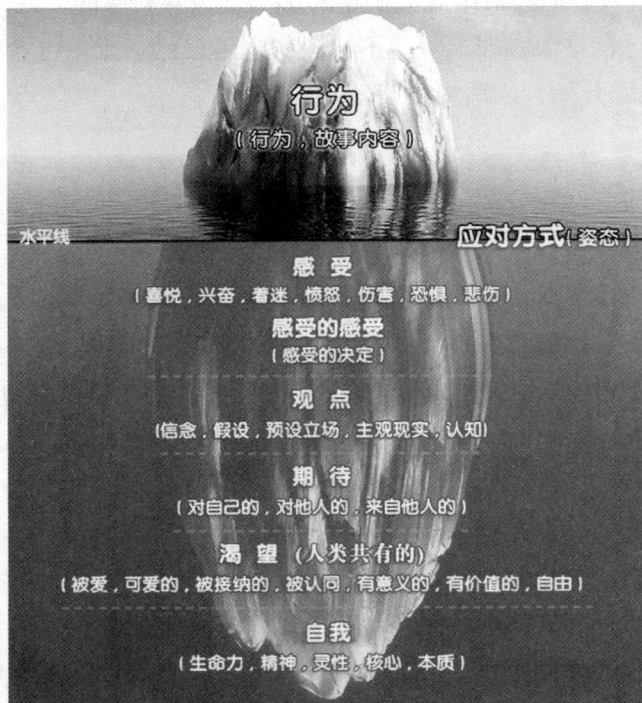

图 7-3 萨提亚冰山理论模型

因为我们有了渴望，所以我们有了期待。这份期待包括了对自己的期待、对他人的期待和来自他人的期待。对爱与被爱来说，我们期待自己是一个有爱心的人，所以我们甘心付出、乐于分享，同时我们期待自己是一个被人关注、被人喜爱、值得别人爱的人。我们对他人的期待是情感互动的本源，我们期待我们的形象能够得到别人的认可和喜欢，期待自己的爱和关怀得到别人积极的回应和感激。更重要的是，我们期待来自他人对我们的爱、关心、肯定和尊重等。

因为我们有了期待，我们便有了基本的观点，包括信念、假设、预设立场、主观现实等。我们对自己和对他人的期待形成了我们对这个社会的基本预设和预判，也就是说，我们对这个社会有了自己的预想和描述。这是情感转变为情绪的最重要一步。因为我们有了预设，我们就有了标准，有了标准才有了我们的认知和判断，有了认知和判断我们才有了情绪的基本感受。比如，你认为自己一直努力成为一个多才多艺、有魅力的人，这是你的自我思考，你这么想的渴望是得到别人的关注和爱，当然你也可能是为了自己的人生更丰富多彩。而你渴望得到别人的关注和爱，你便对自己有了基本的期待，比如自己的行为举止应该如何，如何发展自己的才艺等。当然你这么做的目的是期待对你有好感或者你认为对你来说重要的人能够注意你、亲近你。现在你有一个暗恋的女生，你一直期待得到她的青睐，你希望和她建立恋人关系。请注意这就是你的预设，自从你建立了预设之后，你和这个女生的互动关系有了标准，也许你们并没有开始认识，但你会对她和其他男生走在一起感到不开心，甚至嫉妒，你对她没有注意到你而感到郁闷。这就是情感转换为情绪的最关键环节——来自期待的预设。

再来看感受，也就是我们的情绪。我们有满意—不满意、喜欢—厌恶、兴奋—低落、喜悦—悲伤等多对相反的情绪。事实上，这些情绪在绝大多数情况下都先由感受决定，也就是先决定是积极的情绪还是消极的情绪，然后才决定具体是满意、喜欢、喜悦、兴奋还是狂热。根据情绪的强度、情绪的紧张度、情绪的激动程度、情绪的快感程度、情绪的复杂程度等变化组合出来的情绪千差万别，但都会影响到行为。情绪对行为影响的特殊之处在于它既有冰山隐于水面之下的心理体验部分，也有显于水面之上的应对方式的表现部分。当你的消极情绪更多的时候，不妨找一个独处的环境，"聆听"自己的情绪，深入地体会自己正经历的感受是什么：是内疚、怨恨、害怕、惊讶，还是哀伤？人的情绪不是单一的，常常是几种情绪混杂在一起。这时，你要仔细分辨一下，究竟哪种情绪是你目前最主要的情绪，并留意自己此时的身体反应。

课堂活动

情绪管理体验单

（1）将同学们分组，4～6位同学一组。

（2）填写情绪体检单。

（3）组内分享自己的情绪故事。

（4）每组提供1～2个情绪词，进行"情绪传声筒"活动。

（5）"情绪传声筒"活动：每组同学依次排队，除了第一位同学，其他同学背过身去，由第一位同学从情绪库里面抽取一张写有情绪词的卡片，在非言语的环境通过非言语动作将卡片上的情绪词表演给第二位同学看，表演结束后第一位同学转过身去，第二位同学表演给第三位同学看，依次表演下去，表演结束之后，请该组最后一位同学猜出第一位同学抽到的情绪词。

（6）我的情绪我做主：情绪词为什么会传递错误？

三、我的情绪我做主：消极情绪的调适

（一）改变认知法

合理情绪治疗法（RET）也称"理性情绪疗法"，它是由美国著名心理学家阿尔伯特·艾利斯于20世纪50年代提出的。该理论认为，使人们的情绪产生困扰的并不是外界发生的事件，而是人们对事件的态度、看法、评价等认知内容，因此要消除情绪困扰不应致力于改变外界发生的事件，而应该改变人们的认知，进而改变情绪。

合理情绪治疗法的基本理论主要是ABC理论。ABC理论也由艾利斯创建，他认为

正是我们常有的一些不合理的信念使我们产生了情绪困扰。ABC 理论中，A（Activating event）表示诱发性事件，B（Belief）表示个体针对此诱发性事件产生的一些信念，即对这一件事的一些看法、解释，C（Consequence）表示个体产生的情绪和行为的结果。

ABC 理论如图 7-4 所示，A 指事情的起因，C 指事情的结果，但是同样的起因 A，却产生了不一样的结果 C_1 和 C_2。这是因为在起因和结果之间，一定会通过一座桥梁 B，这座桥梁就是信念。又因为在同一情境之下（A），不同的人的信念不同（B_1 和 B_2），所以会产生不同结果（C_1 和 C_2）。

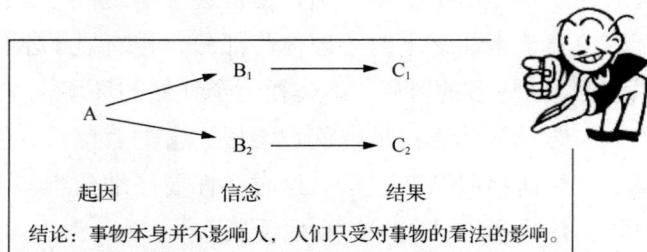

起因　　　　信念　　　　结果

结论：事物本身并不影响人，人们只受对事物的看法的影响。

图 7-4　ABC 理论

通常人们会认为诱发事件 A 直接导致了人的情绪和行为结果 C，发生什么事就会引起什么情绪体验。然而，同样一件事，不同的人对此会产生不同的情绪体验。例如，两个鞋子推销员来到一个荒岛上，发现荒岛上的人都不穿鞋。一个推销员感到非常失望，因为他认为这个岛上的人都不愿穿鞋，成功推销是没有希望的；另一个推销员感到非常兴奋，因为他认为这个岛上的人还没有鞋子穿，成功推销的希望极大。

扩展阅读

11 类不合理信念

艾利斯总结出日常生活中常见的促使产生情绪困扰，甚至导致神经症的 11 类不合理信念。

（1）每个人必须获得周围环境尤其是生活中每一位重要人物的喜爱和赞许。

（2）个人是否有价值，完全在于他是否是个全能的人，即是否能在人生的每个环节和方面都有所成就。

（3）世界上有些人很邪恶、很可憎，所以应该对他们做出严厉的谴责和惩罚。

（4）如果事情非己所愿，那将是一件可怕的事情。

（5）不愉快的事总是由外在环境的因素所致，不是自己所能控制和支配的，因此人无法控制和改变自身的痛苦和情绪困扰。

（6）面对现实中的困难和自我所承担的责任是件不容易的事情，所以人们不如逃避它们。

（7）人们要对危险和可怕的事随时随地加以警惕，应该非常关心并不断注意其发生的可能性。

（8）人必须依赖别人，特别是在某些方面比自己强的人，只有这样，才能生活得更好。

（9）一个人以往的经历和事件常常决定了他目前的行为，而且这种影响是永远难以改变的。

（10）一个人应该关心他人的问题，并为他人的问题而感到悲伤、难过。

（11）人生中的每个问题都应有唯一正确的答案。

我们虽然无法避免所有不合理的信念，但应充分认识它们的存在，尽量减少其对生活产生的负面影响。不合理信念主要具有以下 3 个特征。

1. 绝对化要求

绝对化要求通常与"必须""应该"这类字眼联系在一起。比如"我必须获得成功""别人必须很好地对待我""生活应该是很容易的"等。俗话说，"人生不如意事十之八九""计划不如变化快"，生活中很多事情是不以人的意志为转移的，我们不可能在每一件事情上都获得成功。同样，周围的人和事物的表现和发展也不可能以我们的意志为转移。

2. 过分概括化

过分概括化是一种以偏概全的不合理的思维方式的表现，它常常把"有时""某些"过分概括化为"总是""所有"等。它具体体现在人们对自己或他人的不合理评价上，其典型特征是以某一件或某几件事来评价自身或他人的整体价值。例如，有些人遭受一些失败后，就会认为自己"一无是处、毫无价值"；而这种评价一旦指向他人，就会变成一味地指责别人，产生怨怒、敌意等消极情绪。

3. 糟糕至极

当一个人讲什么事情都觉得糟糕透了、糟糕极了的时候，他就会认为其碰到的都是最坏的事情。我们当然希望不要发生我们所认为的非常不好的事情，但是我们没有任何理由让这些事情绝对不发生。当一切已成事实，我们必须努力去接受现实，尽可能改变这种状况；实在不能改变时，则要学会在这种状况下生活。

因此，在日常生活和工作中，当遭遇各种失败和挫折时，我们要想避免情绪失调，就应多检查一下自己的大脑，看是否存在一些"绝对化要求"、"过分概括化"和"糟糕至极"等的不合理想法，如有，就要有意识地用合理的观念取而代之。

扩展阅读

两个秀才赶考

从前，有两个秀才一起进京赶考，路上遇到一支出殡的队伍。看到那口黑乎乎的棺材，其中一个秀才心里立即"咯噔"一下，心想：完了，真触霉头，赶考的日子居然碰到这么倒霉的事情。于是，他的心情一落万丈，走进考场，那口"黑乎乎的棺材"一直在他的脑海中挥之不去，结果，他文思枯竭，名落孙山。另一个秀才也看到了这口棺材，一开始他的心里也"咯噔"了一下，但他转念一想：棺材，棺材，噢！那不就是有"官"又有"财"吗？好兆头啊，看来今天我的运气太好了，这次一定能高中。于是他十分兴奋，情绪高涨，走进考场后，文思如泉涌，果然一举高中。回到家里，两人都对家人说："那棺材真的好灵"。

通过以上案例可以看出，影响我们情绪的不是事件本身，而是我们对事件的看法。不同的看法会引起不同的情绪，产生什么样的情绪完全可以由自己控制。

（二）注意力转移法

注意力转移法就是把注意力从引起不良情绪的刺激情境中转移到其他事物上，或从事其他活动的自我调节方法。注意力转移法主要有以下几种。

（1）做事转移法。当觉察到自己的情绪不佳时，我们可以选择做自己喜欢的事情，或者做一些能让自己专心投入的事情来转移注意力，暂时忘记令人不愉快的事情。例如看喜欢的书、和朋友玩、做义工、看电影、睡觉等。

（2）运动转移法。当感到心情低落、沮丧、精神不振时，我们可以选择去运动，加速身体的新陈代谢，促进身体中的使人快乐、放松的激素的分泌。

（3）环境转移法。当觉察到自己的情绪不好时，我们可以单纯地改变环境来转变我们的情绪。例如去海边散步、去郊外骑车、徒步登山、去与当前所处的环境差异特别大的地方旅游等。

（4）暂时搁置法。当觉察到自己的情绪不好时，我们应尽量避开不良情绪的刺激源，特别是在处理人与人之间强烈的矛盾冲突时，暂时搁置，冷静下来再处理，不失为一种好方法。

（三）合理宣泄法

俗话说，"情绪似潮，越堵越高"。这句话是很有道理的，消极情绪如同一股能量积攒在心里，这股能量不可能自行消失，需要以某种方式宣泄出来。我们既不提倡压抑情绪，也不提倡恣意放纵情绪。我们要通过适当的方式与途径将消极情绪宣泄出来。合理宣泄法主要分为以下几种。

（1）诉。有了消极情绪，我们可以向亲人、朋友、老师倾诉，诉说自己的烦恼、忧虑和痛苦。

（2）哭。哭是一种心理的调节方式，也是一种情绪的宣泄方式。眼泪能把机体在应激反应过程中产生的某些毒素排泄出去，遇到该哭的事强忍住并不一定是好事。

（3）写。若一时找不到倾诉对象或羞于启齿，我们则可以将自己内心所想写出来。写有几种形式，写信，是对别人倾诉；写日记，是对自己倾诉；写博客，既是对别人倾诉，也是对自己倾诉，这些都可以宣泄消极情绪。

（4）吼。有必要时我们可以到山谷、草原、河边、森林、公园或者是海边大吼几声，吼完了就不会觉得那么堵得慌了，会感到心平气和、精神振奋、充满活力。

（5）动。情绪不佳时我们可以打打球、散散步、跑两圈、对着沙袋痛击一阵，也可以进行一些体力劳动，这样就可以把心理的负荷变为体力负荷释放出去，自然就会觉得舒服许多。

（四）放松疗法

放松疗法主要包括肌肉放松法、呼吸放松法、想象放松法、静坐放松法、音乐疗法。

（1）肌肉放松法。肌肉放松法可以帮助我们克服焦虑、消除疲劳、稳定情绪、振奋精神。全身肌肉的放松能够促进血液的循环，使人身心放松。

（2）呼吸放松法。呼吸放松法指通过特定的呼吸方法来消除紧张、压抑、焦虑和急躁等情绪，使身体放松，从而达到心理放松的效果。

扫一扫

情绪放松冥想
指导语

扩展阅读

深呼吸放松法

用鼻子呼吸，双肩自然下垂，慢慢闭上双眼，然后慢慢地、深深地吸气，吸到足够多时，憋气2秒钟，再把吸进去的气缓缓地呼出。

我们可通过一些暗示和指导语来保持呼吸的节奏，如"吸……呼……吸……呼……"，呼气的时候尽量告诉自己"我现在很放松、很舒服"，注意感觉自己的呼气和吸气动作，体会"深深地吸进来，慢慢地呼出去"的感觉。重复深呼吸20遍，每天两次。如果你遇到紧张的场合，或是在不知道自己该怎么办、手足无措之时，不妨先做一次深呼吸来放松。

（1）想象放松法。想象放松法是指通过宁静、轻松、舒适情景的想象和体验，来缓解紧张、焦虑等情绪，控制唤醒水平，形成注意力集中的状态，从而增强内心的愉悦感和自信。

（2）静坐放松法。许多研究表明、静坐能降低血压、胆固醇水平，对心脏健康有益。

（3）音乐疗法。不同的音乐可以引起各种不同的情绪反应，因此，我们可以通过听音乐来放松自己，从而调节情绪。

第三节　向幸福出发——积极情绪及养成

一、观念的转变：从消极到积极

在过去很长时间的心理学研究中，心理学家关注的内容是病态的、消极的情绪，很少开展对健康、幸福、勇气和爱等的研究。美国心理学家马丁·E. P. 塞利格曼和米哈里·希斯赞特米哈伊在 2000 年 1 月出版了 *Positive Psychology：An Ineroduction*，引发了越来越多的心理学家进行积极心理学领域的研究，逐渐形成了一场积极心理学运动，矛头直指过去近一个世纪中占主导地位的消极心理学研究。积极心理学的研究对象是普通人，它要求心理学家用一种更加开放的、更具有欣赏性的眼光去看待人类的积极品质：潜能、动机、能力、美德、创造力、幸福感等。积极心理学研究的是生命中的幸福事件，或者说积极心理学从以往的关注人类的疾病和弱点转向关注人类的优秀品质。

2000 年，积极心理学家克里斯托弗·彼得森和塞利格曼组织了一个由社会学家组成的小组，制作了优势行动价值问卷（Valuse in Action Inventory of strengths，VIAIS）性格力量分类手册，旨在为发展青年的积极性格提供有效途径。在该问卷中，他们列出了 24 类积极的性格和品格力量。这里简单列举 6 类，供大家参考。

第一类是智慧和知识的力量：创造性、好奇心、热爱学习、思想开放（能全面透彻地思考问题，不急于得出结论，能根据事实调整自己的思想）、洞察力。

第二类是意志力量：诚实、负责、勇敢、坚持、热情。

第三类是人道主义的力量：善良、爱、社会智慧。

第四类是公正的力量：正直、领导力、团队合作精神。

第五类是节制的力量：原谅、同情、谦逊、审慎、自我调节（自律、控制欲望和情绪）。

第六类是卓越的力量：对美和优点的欣赏、感激、希望、幽默、虔诚及灵性。

二、与幸福相关：积极情绪的发现

情绪到底怎么样影响着我们的认知过程？致力于研究积极心理学的芭芭拉·弗德里克森教授于 1998 年提出了积极情绪的拓展和建构理论，她认为积极情绪能够拓展人的瞬时知行能力、建构个人的资源。"把你自己想象成春天里的一朵花，花瓣聚拢、紧紧地围绕着你的脸。虽然你还可以看到外面，但你能看到的只有一点点光线。你无法欣赏发生在你身边的事情。然而，一旦你感受到阳光的温暖，情况就变了，你开始变软。你的花瓣放松，向外伸展，你的脸露了出来。你看见得越来越多。你的世界就相当明确地扩展着。"这段诗意的话描述了作者的积极情绪的扩展和建构理论的最核心的内容，你的积极情绪如同那使得花开的阳光一样，能给你的人生带来更多的可能性与开放性。

加布勒等于 2010 年在情绪的拓展和建构理论的基础上开展了更进一步的研究，他们认为促使认知的缩窄/拓宽的原因是动机，而不是消极或积极情绪。在研究中，他们用滑稽电影引发被试者产生低动机的积极情绪，比如开心，这时候再让他们完成认知任务，确实发生了芭芭拉教授所说的认知拓展现象；而当用美食、金钱引发动机较大的积极情绪时，比如兴奋，他们的认知并没有拓宽，反而出现了缩窄。基于此，他们得出结论，在开始一件任务的时候，不那么势在必得，反而能细水长流，后来居上。

关于情绪是如何影响我们的健康的，美国卡耐基梅隆大学的劳伦斯·科恩博士进行了一项有趣的研究，他发现积极情绪会提高人们对普通感冒的抵抗力。研究招募了 334 名身体健康的志愿者。首先，这些志愿者需要在 3 周之内的任意 7 个晚上接受电话访谈。志愿者在电话中向研究者描述他们这一整天的感受，描述对 3 类积极情绪（欢欣、舒适和平静）及 3 类消极情绪（抑郁、焦虑和敌意）的感受程度，并用"0～4"进行评分（0 表示完全没有感受，4 表示充分感受）。结果发现，积极情绪总分较低的人患感冒的可能性是总分高的人的 3 倍。而消极情绪总分的高低对志愿者患感冒的概率没有影响。

此外，一些研究已经证实的引发愉快情绪的变量有：体育活动、音乐、接受礼物、良好的室内环境、好的天气、亲密的身体接触（拥抱、亲吻等）、社交聊天。

三、情绪的巅峰：福流

福流（flow）概念由美国心理学家米哈里·希斯赞特米哈伊提出。他在 20 世纪 60 年代观察棋手、攀岩者、作曲家、运动员等人，他发现这些人在他们所从事的职业活动中全神贯注，时常忘记时间和忽略周围的环境。这些人从事他们的职业活动总是出于某种乐趣。这些乐趣来自活动的过程，而且外在的报酬极小或不存在。这种经由全神贯注所产生的体验称为福流体验。人们在从事具有挑战性但可掌控的任务时，会受其内在动机的驱使，同时他们会有一种独特的心理状态。希斯赞特米哈伊将其称为一种最佳的体验，即一个人完全投入某种活动，无视其他事物存在的状态。这种体验会给人带来莫大的喜悦，使人愿意付出非常大的代价来从事它。

要想达到福流状态，人们必须在任务的挑战性和自身的技能水平中找到平衡。如果任务太难或太简单，福流就不会出现。同时自身的技能水平和任务的挑战性必须相符合并且处于较高的水平，如果自身的技能水平和任务的挑战性虽然相符合但都处于较低的水平，那人们就会产生毫无兴趣、冷淡的感受。

四、向幸福出发：积极情绪的获得

芭芭拉·弗雷德里克森教授在她的专著《积极情绪的力量》中探讨了获得积极情绪的 5 种方法。

（一）找到积极的方面

人们在日常生活中，要努力地寻找积极的方面。人们在日常生活中面对的大多数情况并非一无是处，所以，在生活中发现积极的方面的机会是存在的。消极情绪并非来自人们遭遇的不幸，而是来自人们如何看待不幸。当你将不愉快甚至是悲惨的境况以积极的方式重新定义时，你就获得了积极情绪。

（二）构想你的未来

获得积极情绪的简单方法之一，就是更加频繁地构想你的未来。为自己构想最好的未来，并非常详细地将它形象化。将美好未来形象化能够让你把自己每天的目标和动机与自己的梦想匹配起来。

（三）利用你的优势

积极心理学早期的重大研究成果之一是，调查结果表明，每天都有机会做自己最擅长的事情的人，凭借其优势，更容易在工作与生活中取得成功。因此，人们应确定自己的优势，并据此重新制订你的工作与日常生活流程，重塑自己，而由此产生的积极情绪，既明显又持久。

（四）与他人在一起

没有人能孤立地挖掘出自己的全部潜能。人们通过与他人相处能够获得更多的积极情绪。每个积极向上的人都与朋友及家人有温馨且可信赖的关系。与消极堕落者相比，积极向上者每天与自己亲近的人相处的时间更多。因此，无论你的性格是否外向，每天都要与他人建立联系。科学实验表明，当你和别人在一起的时候，即使你只是假装外向，你也会表现得更大胆、健谈、自信、积极主动和充满活力，从而你就能从中获得积极情绪。此外，培养对他人的关爱，培养自己的温和性情和同情心，你也会从中获得更多的积极情绪。

（五）享受自然环境

在明媚的好天气里外出是获得积极情绪的简便方法，在春季和初夏，每一个在好天气里外出至少 20 分钟的人，都表现出了积极情绪的增长和思维的开阔。

本章小结

（1）情绪是指伴随认知和意识过程产生的对外界事物的态度，是对客观事物和主体需求之间关系的反应，是以个体的愿望和需要为中介的一种心理活动。

（2）情绪由认知层面上的主观体验、生理层面上的生理唤醒、表达层面上的外部行为 3 部分构成。

（3）表情分为面部表情、姿态表情和语调表情。

（4）情绪具有适应功能、动机功能、组织功能和健康功能。

（5）按照情绪发生的速度、强度和持续时间可将情绪的状态分为心境、激情和应激 3 种。

（6）艾利斯的合理情绪治疗法认为，不良情绪并不是由某一诱发事件所引起的，而是由经历了这一事件的人对这一事件的信念所引起的。

（7）大学生情绪困扰的调适方法有：改变认知法、注意力转移法、合理宣泄法、放松疗法。

（8）获得积极情绪的 5 种方法有：找到积极的方面、构想你的未来、利用你的优势、与他人在一起、享受自然环境。

思考题

晶晶现在是一名大二学生，他和同寝室的同学相处得不愉快，他的成绩也不是很理想，这种情况持续了半年的时间。这半年来，晶晶整个人的变化特别大，变得不爱说话，经常自己一个人活动，也不和其他同学接触，慢慢出现了食欲不振、头痛、胸闷等症状。后来在家人和亲戚的劝说下，晶晶决定休学一年，但是休学在家的晶晶仍然封闭自己、抑郁沉默，茶不思、饭不想，还整天乱发脾气，晚上更是难以入眠。

请结合本章所学知识内容，思考并回答以下问题。

（1）晶晶产生了怎样的情绪困扰？

（2）如果你是她，你会怎么解决？

推荐资源

1. 书籍：《情绪》（莉莎·费德曼·巴瑞特著，周芳芳译，中信出版社于 2019 年 1 月出版）

传统情绪观认为，情绪是人类进化的产物，外界活动激发人类做出情绪反应，因此情绪是难以控制的。但是，巴瑞特教授基于多年的深入研究，提出了全新的情绪建构理论。他认为，情绪并非与生俱来，它也不具有普遍性；情绪不是被激发的，而是由个体创造出来的。因此，我们能够通过一些方法，有效地管理情绪、控制情绪。

2. 书籍：《积极情绪的力量》（芭芭拉·弗雷德里克森著，王珺译，中国人民大学出版社于 2010 年 12 月出版）

你如果想获得美好的人生，就必须要借助积极情绪的力量。积极情绪能扩展我们的思维和视野，建构帮助我们成功的各项资源。最重要的是，我们可以通过努力来获得积极情绪。你是想要变得积极向上还是消极堕落？这完全取决于你内心的积极情绪。积极情绪与消极情绪的最佳配比是 3:1。芭芭拉通过多年的研究告诉我们，我们可以通过 7 种方法减少消极情绪、通过 11 种方法增加积极情绪。获取和调整情绪是我们与生俱来的能力，我们可以通过自己的努力，获得幸福美好的人生。

第八章

雨后彩虹——大学生压力与挫折应对

导言

每个人都承受着不同的压力。适度的压力能转化成动力，提高我们学习和工作的效率，过度的压力则会在一定程度上影响我们的身心健康和降低活动效率。正确认识压力，学会应对压力，破解压力困境，提升抗逆力和耐挫力，是大学生身心健康的有效保障。通过本章的学习，你可以：

✧ 了解压力的来源和表现，全面认识压力的影响以及认知方式对压力的作用取向的影响；

✧ 熟知应对挫折的防御机制；

✧ 掌握应对压力和挫折的方法，帮助自己减少压力和挫折带来的负面情绪。

导入案例

你有压力吗？你知道不同年龄段的人群都有什么样的压力和困惑吗？让我们一起聆听下面的对话，看看从 5 岁的娃娃到 90 岁的老者都有什么压力吧。

5 岁的男孩哭着说："我不想上学，可不可以不去了。呜……"

10 岁的男孩说："现在我还在上学，不上学是不可能的，我们可能要上一辈子的学。""我的问题是清华好，还是北大好，我要考哪个学校呢？"

15 岁的女孩笑着说："你还是先考上初中再说吧。""我喜欢一个男生，但是他好像不喜欢我。"

25 岁的女士说："22 岁时没有对象挺好的，有了也会分开，不靠谱。不如到我这个年龄再找，相处得好可以直接结婚。""我的压力是到 30 岁时给父母买房，你说其他人是怎么做到的？"

30 岁的小伙说："这个我没法回答，你要问 40 岁的人吧，我也没钱。""我感觉我现在到了人生的瓶颈期，每天都要面对，来自各方面的压力与问题，我觉得特别迷茫。"

40 的人说："你的这种感受我特别能理解，不要怕，坚持就是胜利，因为人生还会有更大的困境。我做过歌手、演员、导演，感觉都很有趣，但是从 15 岁时我就开始工作，我真的很想退休，我什么时候可以退休啊。"

50 岁和 55 岁的人说："法定年龄到 60 岁时才能退休，你再等等吧。""退休年龄可能会延迟。""我们的问题是孩子在外面漂了这么久，我不想他们不在我的身边，想孩子们回来。"

60 岁的人说："你就让孩子在外面发展吧，发展得好就继续发展，发展得不好他们自然会回来的。""我现在刚 60，就感觉身体不如以前了，你说这到了 70 可怎么办？"

"70？70 岁时你就把孙子叫回来，孙子听话了你的身体也就好多了，不信你试试"70 岁的人说，"老伴怕我血压升高，饭菜低油、低盐、低糖，没味道不好吃。"

"不好吃，来我这吃，我现在就得高血压了，天天吃药。我有个哥们病了好几年，躺在病床上，靠往胃里输营养液活着，看了真叫人难受。"80 岁的老人哽咽着说。

90 岁的老人看了赶紧说："别难过，都有这一天，趁还能走动，多去公园溜达，和老哥们聊聊年轻时候的事，心情就顺畅了。"当被问及 90 岁应该没有烦恼了吧，90 岁的老爷爷说："老伴 3 年前去世了，我知道总有一个人先走，可是每每想起她，我的心里还是觉得很难过。"

5 岁的孩子吃着巧克力，嘴角沾着融化的巧克力，甜甜地说："老爷爷，你别伤心，老奶奶睡着了，等你看见她亲她一下，她就醒了。"

人们不论在哪个年龄段，都会遇到不同的压力，有各自的困惑……请相信任何问题都会找到答案，任何压力与挫折都会过去。

坚持、前行是找到答案、应对压力与挫折的唯一途径。

第一节　身处逆境也不可绝望——压力概述

案例

主持人白岩松在一档访谈节目中谈到自己作为媒体人承受着巨大的压力。他刚做主持人时，因发音不准、读错字被罚款。台里规定，主持人每念错一个字，罚款 50 元，有一个月他被罚光了工资，还欠了钱。那时候，他压力重重，不愿说话，只用笔和妻子交流。有时候，辛苦做了一个节目，却因种种原因被"枪毙"，整个人都沮丧、难受，四五个月睡不好。但是，不管压力多大，他认为这是自己的工作，即便节目被"枪毙"也属于正常的工作状态，自己要学会坦然面对。从事新闻行业本身就是一个动态的学习过程，

"读书、看报那是每天的必修课,"他曾对年轻人说,"别指望我会停下来等你,你必须用更快的速度超过我。"他也说过:"再大的风也刮不了一天,再大的雨也下不了一夜,所以请相信一定有晴朗的时候。"白岩松平日的解压方式就是在工作告一段落后,把与工作有关的一切放在一边,关上"门",做做自己想做的事,如逛街、旅游、读书、欣赏影片……

一、何谓逆境:压力的含义

(一)什么是压力?

压力这个概念最早由加拿大心理学家谢尔耶提出。他认为,压力是个体无能力、无资源应对"外在需求"时的一种非特定的生理反应,是个体表现出的一种特殊的状态,这种状态是由外界刺激引发的一系列生理状态的集合。

心理学家艾利斯从合理情绪理论的角度提出,应激情境本身很少作为压力存在于人们的日常生活中,压力主要来自个体认知系统,与个体的"认知系统"及"价值系统"相关。综合我国学者的观点,我们可以从以下3个方面进一步理解压力的含义。

第一,压力可以是那些使人感到紧张的人、事件或环境,如有一份"让人'压力山大'的工作",也就是将可能带来紧张反应的外界刺激当作压力。

第二,压力是一种身心反应。比如有人说:"竞选班委,让我觉得压力好大。"这个事例体现的就是个体对竞选事件的反应状态即压力。实际上,这种反应既包含心理成分,如我们常说的"觉得紧张",也包含生理成分,如心跳加速、口干舌燥、胃部紧缩、手心出汗等。

第三,压力是刺激与反应交互的过程。个体是这个过程中能通过认知、情感、行为等来改变刺激引起的冲击的主动行为者。但是,不同个体对同样的刺激的反应可能是不同的。

(二)个体为什么会有压力?

压力是个体在环境的需求和自身的应对能力不匹配时所产生的反应。那么,个体为什么会有压力呢?

首先,个体觉察到了外界刺激。当个体觉察到环境的改变、重大生活事件或日常生活中的困扰发生时,压力反应就可能会被触发。例如,当面临考试、就业时,大学生无法逃避,压力就由此产生。

其次,压力事件对个体具有重要的价值。只有在个体认为要面对对自己而言有重要价值的事情时,压力才会产生。例如,在意考试成绩的同学在考试临近时就会有很大的压力。

再者,压力事件成功解决的不确定性。如果个体能够很容易地解决压力事件,就不会产生压力。同样,如果压力事件没有解决的可能,压力也不会产生。当压力事件解决的可能性是不确定时,压力反应会油然而生。

冲突

影响压力的因素有很多，当个体面临不同的需要、动机、愿望或者外部的要求并且难以决策时，个体会产生心理冲突。冲突理论是心理学家勒温用场理论对冲突进行分析得出的。勒温按照冲突中相互接近与回避等两种倾向的不同组合，划分出了 4 种冲突类型。

1. 趋避冲突

趋避冲突是指在有些冲突下，人们一方面想接近某个目标，同时又想回避这一目标。例如，正在进行形体管理的同学们，看到美食就想大快朵颐，可是吃掉美食又浪费了前期的付出，因此左右为难。

2. 双趋冲突

双趋冲突是指一个人同时要达到两个相反的目标，由于这两个目标背道而驰，难以同时达到，从而引发心理冲突。在解决这类冲突时，个体必须采取放弃其中一个目标，或者同时放弃两个目标，以便追求另一个折中目标的方式，正所谓"鱼和熊掌不可兼得"。例如，大四学生考研成功，同时又有心仪的单位同意聘用他，该学生既想升学，又不愿放弃好的就业机会，由此产生了难以取舍的冲突情境，这就是双趋冲突。

3. 双避冲突

双避冲突是指当一个人面临需要同时回避的目标时所产生的冲突类型。在这种情况下，人们往往会设法摆脱这种困境，这就是所谓的"前有伏兵后有追击""两难心理"。

4. 多重冲突

上述两种或多种冲突交织在一起，形成一种复杂的模式，称为多重冲突。例如，目前有两案单位有意向与某同学签约，A 单位工资待遇好，但是发展前景不容乐观；B 单位工资待遇不高，但发展前景好，有机会深造，该同学因此感到十分困扰。多重冲突在日常生活中很常见。一般涉及 3 个或 3 个以上的目标的冲突，则称作多重冲突。

二、让你身处逆境的它：压力源

（一）什么是压力源

大学生的压力源很广泛，我们将这些具有威胁性或伤害性并因此引起压力反应的具体的人、事件或环境称为压力源，也称作应激源或紧张源，通俗地说就是诱发个体产生紧张感或威胁感（压力），并要求个体做出改变或调整的环境。

（二）压力源的分类

压力源的分类多种多样，主要根据压力是否是人为引起的、压力的复杂性、引起压力的生活事件类型等进行划分。客观外在诱因和个体对压力的感知程度、态度及承受能力是影响压力源的重要因素。

根据压力源是否是人为引起的，压力源可分为非人为的压力源和人为的压力源。非人为的压力源又称自然逆境，如地震、泥石流、台风、海啸等自然因素，其特点是不以人的意志为转移；人为的压力源又称社会逆境，如经济压力、社会竞争、就业压力、人际压力等。

根据压力的复杂性，压力源可分为一般单一性生活压力、叠加性压力、破坏性压力。如果个体在某一时间段内，经历某种事件并努力去适应它，而且其强度不足以使其崩溃，那么我们称这一压力为一般单一性生活压力。其带来的影响不一定是负面的，有的压力也会给个体带来一些新的发展的可能。叠加性压力指同时或先后出现的相互影响或相关联的压力，这种压力在生活中最常出现，经常会给个体带来"屋漏偏逢连夜雨"的感受。破坏性压力往往强度比较大，可能会造成创伤后应激障碍（post-traumatic stress disorder, PTSD）。

根据引起压力的生活事件类型，可以将压力源分为以下 4 种。

（1）社会性压力源，主要指个人生活方式的变化，以及人们为其做出调整和适应的情境与事件。社会性压力源既包括个人生活方式的变化（工作时间或条件、饮食习惯改变等），也包括社会生活中的重要事件（社会活动的改变等）。

（2）心理性压力源，指来自人们头脑中的紧张性信息。它与其他类型的压力源的显著不同之处在于它直接来自人们的大脑，反映了人们在心理方面的困扰。例如心理冲突与挫折、不切实际的期望、不祥预感、与工作责任有关的压力和紧张等。

（3）躯体性压力源，指通过对人的躯体直接发生刺激作用而造成心身紧张状态的刺激物，包括物理的、化学的、生物的刺激物。这一类刺激是引起生理压力和压力的生理反应的主要原因。

（4）文化性压力源，其中最常见的是文化性迁移，即从一种语言环境或文化背景转换为另一种语言环境或文化背景时，人们面临全新的生活环境、陌生的风俗习惯和不同的生活方式，从而产生压力，如城镇化、城市间移居、升学、留学、移民等。

三、逆境中的你：压力的表现

从压力的定义可以看出，人在压力状态下会出现生理反应和心理反应。

（一）生理反应

图 8-1 所示是身体器官在压力状态下的反应情况。压力的生理反应主要涉及自主神经系统、内分泌系统和免疫系统等多个系统，例如心率加快、血压升高、呼吸急促、激素分泌增加、出汗、消化道蠕动和消化液分泌减少等。

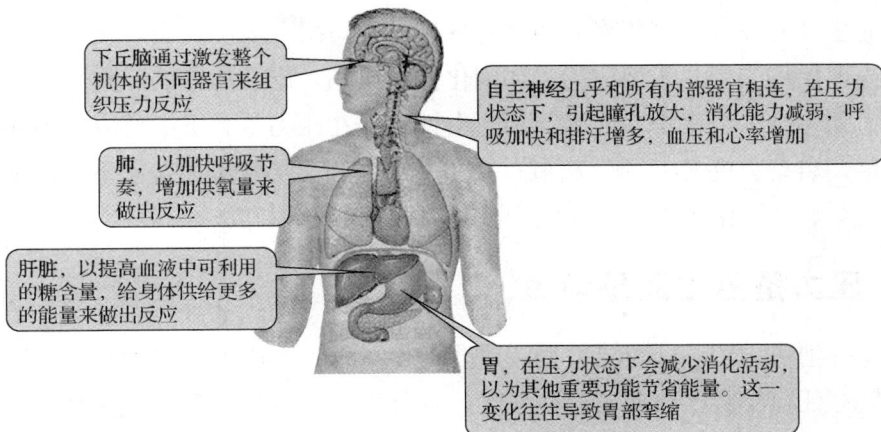

下丘脑通过激发整个机体的不同器官来组织压力反应

自主神经几乎和所有内部器官相连，在压力状态下，引起瞳孔放大、消化能力减弱、呼吸加快和排汗增多，血压和心率增加

肺，以加快呼吸节奏，增加供氧量来做出反应

肝脏，以提高血液中可利用的糖含量，给身体供给更多的能量来做出反应

胃，在压力状态下会减少消化活动，以为其他重要功能节省能量。这一变化往往导致胃部牵缩

图 8-1　身体器官在压力状态下的反应情况

20 世纪 50 年代，汉斯·塞利以小白鼠为研究对象开展了多项有关压力的实验，指出压力状态下身体反应分为 3 个阶段，如图 8-2 所示。

警觉　·情绪紧张、注意力提高·体温与血压下降，肾上腺素分泌增加

抗拒　激素水平提升

衰竭　·疲惫、抗拒反应减弱·适应调整降低

图 8-2　压力状态下身体反应的 3 个阶段

第一阶段是警觉阶段。当个体接触到压力源时，就会调动能量来满足压力源的需要，这表明身体已经为立刻行动（自卫或者夺路而逃）做好了准备，具体表现为情绪紧张、注意力提高、体温与血压下降、肾上腺分泌增加等，人体由此进入应激状态。

第二阶段是抗拒阶段。如果压力源长时间没有被消除或有效应对而继续存在，机体为保持体内平衡，就必须通过转换到一种低水平但更为复杂的压力反应来适应外界刺激。这种反应使机体的各种器官和腺体产生各种激素来抵抗压力源，并保持身体的内部平衡。

第三阶段是衰竭阶段。个体在长时间应对压力源之后，身体的各项功能突然衰竭，以适应机体能量的丧失，具体表现为疲惫、抗拒反应减弱、适应性调整降低等。

（二）心理反应

压力状态下的心理反应可以从认知反应、情绪反应、行为反应 3 个方面表现出来，具体内容如表 8-1 所示。

表 8-1　压力状态下的心理反应

心理反应	具体表现
认知反应	降低或提高注意力、工作能力、逻辑思考能力
情绪反应	焦虑、不安、恐惧、易怒、攻击性、无助、工作成就感降低
行为反应	生产力降低或升高、行为慌乱、易发生意外

压力的生理反应和心理反应有明显的性别差异。研究表明，面对相同的压力情境，男性多以生理疾病的形式表现压力，如消化系统疾病、皮肤病等，而女性的压力多表现在情绪上，如焦虑、沮丧等。此外，男、女性大脑在压力状态下的反应也不同，男性左脑血液充足，启动"攻击/逃跑"机制，攻击性强，因而男性压力状态下更需要独处；而女性的大脑会启动情绪机制，更倾向于找他人倾诉。

四、压力是阻力还是动力

压力是一把双刃剑，既可以鼓励人进步，也可以把人压垮。正如开篇的导入案例那样，任何人在任何年龄阶段都会遇到压力，这是不可避免的，而我们能做的就是减少压力的负面影响，甚至化压力为动力，利用压力创造出更加美好、精彩的生活。

（一）压力的积极影响

积极应对压力有利于促进个体成长。当感受到压力时，个体会利用各种资源积极地应对压力，从而降低压力水平或消除压力。个体在这个过程中可以将压力转化成动力，提高自我抗逆力、耐挫力，培养坚韧的人格，同时个体的学习或工作也会有新的进展。

近年来的研究中有一个新的发现，那就是压力的有些生理反应与兴奋、开心等的反应是相同的，如心血管扩张、呼吸急促等，这些说明适度的压力有利于身体健康。并且，个体在探索解决压力的方法时通常会寻求社会的帮助，从而会增加人际交往的频率，而人际交往对个体健康发展也是有益的。

（二）压力的消极影响

个体如果长期处于高强度或不能缓解的压力下，可能会出现厌食、暴饮暴食、酗酒、不锻炼、缺乏耐心、好斗、情绪急躁或低落等消极反应，导致内分泌系统和免疫系统紊乱。身心的交互作用会导致各种身体疾病的发生和心理问题的出现。

（三）认知方式影响压力的作用取向

为什么面对压力时，不同的个体表现得不一样呢？这是因为人们对压力的认知方式不同，从而导致压力的作用取向各异。例如，面对挑战性事件，有的个体认为"压力山大"，而有的个体认为这是取得成功的机会，这两种认知势必会导致压力的作用取向不同，最终产生不同的结果，即认为"压力山大"的个体倾向于消极应对，而那些认为挑战性事件是取得成功的机会的个体通常会调动认知资源，实施有效行为，即便没有成功，但他们在实践的过程也会有所收获。

（四）压力与绩效的关系

压力与绩效之间的关系呈倒"U"形，如图 8-3 所示，适度的压力有助于提高工作绩效，压力过高或过低可能会阻碍工作绩效的提升。因此，我们要找到适合自己的最佳压力水平，激发自己的潜能，极大地发挥出压力的积极作用，高效率地完成学习和工作任务。

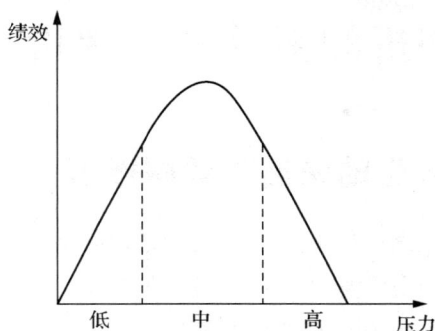

图 8-3　压力与绩效的倒 "U" 形关系

课堂活动

以下是大学生活中可能遇到的压力，从中选择你遇到过的压力，并尝试动笔写一写你遇到这些压力时的反应，以及你是如何消除压力的。

A. 考试（考试周）临近　　　　　　　B. 男/女朋友欺骗了你

C. 难于与父母和谐相处　　　　　　　D. 参加体育活动

E. 在班级或其他集体面前讲话、发言、表演

F. 担心自己的外表　　　　　　　　　G. 交新朋友

H. 无法平衡学习与工作　　　　　　　I. 选择专业或对未来的担心

J. 和室友难以相处　　　　　　　　　K. 缺乏睡眠

L. 伙伴的压力（可以具体写写是哪一方面的）

M. 与老师发生冲突　　　　　　　　　N. 经济困难

O. 家庭变故　　　　　　　　　　　　P. 考试不及格

Q. 学习任务繁重　　　　　　　　　　R. 朋友遇到麻烦，自己不知怎么帮忙

S. 第一次离家　　　　　　　　　　　T. 联谊活动

案例

本是一名大一学生，入学成绩排在班级第一。刚入校时，因为他学习好，才艺多，老师和同学们都很喜欢他。然而没过多久，本的暴脾气就暴露了出来，他一言不合就和同学吵架，甚至动手打人。一次，为争抢上课座位，本与邻班同学吵起来并打了该同学。为此，本受到了处分，现在大家都对他敬而远之。本从此心灰意冷，也不认真上课，期中考试成绩甚至不及格。本原打算在大学里好好发展，现在学业、人际关系等均受挫，他不知道该怎么办了。

其实，每个人的人生都会遇到这样或那样的挫折，那么，我们要如何与挫折为伴呢？

第二节　挫折的锤炼——挫折与防御机制

一、经历挫折是人生的必然：理解挫折

挫折是一种情绪状态，指人们在某种动机的推动下，为实现目标而采取的行动遭遇到无法逾越的困难障碍时，所产生的一种紧张、消极的情绪反应和体验。例如，某同学平时积极为同学服务，但是在班干部竞选中落选，他因期望落空而产生激动、愤怒、失望等消极情绪。又如，某同学以所在学校第一名的成绩考入大学，发现班级里比自己分数高的同学还有很多，教师也不像以前的教师那样优待自己，他的优越感顿时消失，挫折情绪开始滋生。

具体来说，挫折的内涵可以从以下 3 个方面来进一步理解。

（1）挫折情境，即阻碍个体行为的具体环境。这类情况由 3 类因素构成：自然环境因素，如天气情况、自然灾害等因素；社会因素，如战争、移民、移居、父母离婚等；个人因素，指妨碍个人实现一定目标的个人能力、生理或心理缺陷等方面的因素。当上述因素成为个人实现一定目标的障碍，而个人又无法加以克服时，它们便会构成挫折情境。

（2）挫折认知，即个体对挫折情境的认知、态度和评价。如当参评奖学金落选时，有的人会认为自己是一个失败者，与他人相比自己差得太多，那他在以后的评优评先也可能不会成功；但是有的人则会视这次落选为一个契机，认识到自己仍需继续努力，借此提升自己的综合能力，争取下一次评选能成功。

（3）挫折反应，指个体在挫折情境下所产生的烦恼、困惑、焦虑、愤怒等负面情绪交织而成的心理感受，即挫折感。

挫折认知是理解挫折的核心因素，影响个体挫折反应的性质和程度。只有个体感知到挫折情境时，个体才会产生挫折反应；如果个体没有意识到挫折情境的出现，或者虽然意识到挫折情境但认为其不是很严重，就不会产生挫折反应，或只会产生轻微的挫折反应。相反的，如果个体感知到挫折情境很严重，则会相应的产生强烈的挫折反应。也就是说，挫折认知在挫折情境和挫折反应的关系中起到了调节作用。

二、应对挫折的"自欺技术"：防御机制

个体在认知到挫折情境后，会把由此产生的挫折反应控制在一定水平以维持机体的正常运转，这就运用到了挫折的防御机制，即有意无意地寻求摆脱因挫折产生的心理压力、减轻精神痛苦、恢复正常情绪和心理平衡的自我调节和自我保护的方法。也许你会说它是一种"自欺技术"，可是它的确提供了一定的应对方法，要不然我们可能无法承受压力。

我们可从两个方面来理解个体个性化的防御机制。

（1）适应性，指防御机制帮助个体适应压力、保护人体机能。适应性强的防御机制可以保护或增强人体机能，而适应性弱的防御机制会阻碍机体的正常运转。这里要特别指出的是，防御机制的适应性的强弱并不是一成不变的，一种情形下的强适应性的防御机制在另一种情形下可能就是弱适应性的防御机制。

（2）灵活性。无论一种防御机制如何有效，它都不可能适用于所有的情况。因此，个体必须灵活地使用一系列防御机制，不能灵活地使用防御机制的个体，往往控制欲强、不好相处、脾气暴躁、态度生硬。此外，个体在同一情形的不同阶段自主、适宜地更换防御机制也是防御机制灵活的表现形式。

一般来说，防御机制可以分为积极心理防御机制和消极心理防御机制两类。

（一）积极心理防御机制

积极心理防御机制是指正视挫折，承认挫折，正确分析挫折产生的主客观原因，总结经验教训，尝试积极行为，战胜挫折反应，主要表现为折中、认同、补偿、升华等应对方式。

1．折中

面对压力或挫折时，最普遍有效的应对方式之一就是折中。折中的前提是我们知道我们不可能得到想要的一切，懂得付出后不一定会收获期待的结果，理解他人不可能都按我们的意愿行事。在这种情况下，我们就要在最初寻求的目标上有所让步，或者将引发挫折反应的事件或人从"神坛"拉入"人间"，使之更接地气，更容易被接受或执行。例如，高数考 80 分不容易，则大学生可以先保证考到 60 分。

2．认同

认同是指个体在现实生活中无法获得成功时，将自己比拟为某一位成功者，借以在心理上减轻挫折产生的痛苦；或者迎合能满足自己需要的人，按照他们的希望去支配自己的思想、行动，从而冲淡自己的挫折感，并以此求得内心的满足。例如，大学生会将一些成功人士或者自己欣赏的人作为效仿对象，将他们视为榜样，并且进行积极的自我暗示和激励。

3．补偿

补偿是指当个体行为受挫时，或因个体在某方面存在缺陷而无法实现目标时，可以用新的目标代替原有目标，以其他方面的成功来补偿因失败而丧失的自尊与自信。这就是人们常说的"失之东隅，收之桑榆"。例如，《假如给我三天光明》的作者海伦·凯勒（Helen Keller），面对失去视力和听力的巨大挫折，通过努力，最终成为作家、教育家、慈善家、社会活动家。

值得注意的是，由于个体要实现的目标有积极目标和消极目标之分，遭遇挫折后的补偿也有进取与沉沦之别，因而决定了补偿也有积极与消极之分。如果选择的新的目标和活动符合社会规范和人的发展需要，这时的补偿是积极的、有益的。如果选择的新的目标和活动不符合社会规范或有害于身心，即便这种补偿使自己暂时获得了心理平衡和心理满足，也无益于心理的健康发展，最终会导致个体自暴自弃，甚至堕落犯罪，危害他人与社会。因此，个体应选择符合社会规范和人的发展需要的积极的目标作为补偿。

4．升华

升华是指用一种比较崇高的具有创造性和建设性的目标代替原有目标，借以弥补因受挫而丧失的自尊与自信，减轻痛苦。升华是最积极的行为反应，从古至今流传下了不少关于升华的佳话。例如，古之文王拘而演《周易》，仲尼厄而作《春秋》，屈原放逐赋《离骚》，左丘失明写《左传》，孙膑跛脚修《兵法》，司马迁受辱著《史记》。如新东方教育科技集团创始人俞敏洪，他参加了 3 次高考，从普通话讲不好到英语教父，面对一次次挫折，他积极应对，不仅自己完成了学业，还帮助了更多的学生顺利走上了自己的求学创业之路，被大家认可。

（二）消极心理防御机制

消极心理防御机制是指在个体认识挫折后所表现出的带有强烈情绪色彩的非理性行为。常见的消极心理防御机制有文饰、投射、退行、移置、理性化、反向等。

1．文饰

文饰是指文过饰非的反应。当个体无法实现追求的目标时，他们为了避免或减轻因挫折产生的焦虑，以及维护自尊，总是会从外部寻找某种理由为自己开脱。这个理由可能能让他自圆其说，但是从行为的动机来说，它并不是促使行为发生的真正理由。例如，当学生考试不及格或经常旷课时，有的学生总是说课程太难、老师讲课不好，而不从自身找原因。

2．投射

投射是指人们将自己内心那些不被允许的愿望、冲动、思想、观念、态度、行为转嫁到他人或其他事物上，以让自己摆脱紧张心理，从而达到为自己辩护、保护自己的目的。投射的实质是个体将自己身上所存在的心理行为特征变成在他人身上也同样存在的特征。就如同苏东坡与僧人佛印的典故。

3．退行

退行是指人们在受到挫折或面临焦虑、应激等情绪时，放弃已经学到的比较成熟的适应技巧或方式，而退行使用早期生活阶段的某种行为方式，以满足自己的某些欲望，这是一种不成熟的心理防御机制。例如我们常说的"巨婴""啃老族"（因就业受挫不再外出工作谋生而是让父母供养），就是一种退行的表现。

4．移置

移置是指原先对某些对象的情感、欲望或态度，因某种原因无法向其对象直接表现，而把它转移到一个较安全、较为大家所接受的对象身上，以减轻自己心理上的焦虑。

5. 理性化

乍一看，你可能认为理性化是积极的防御机制。其实理性化是指个体通过表面上的就事论事，客观地分析地问题，将出现挫折的原因推卸到他人身上，以让自己从焦虑中解脱出来的方式。其与偷桃换李、张冠李戴相似。现实生活中有些人以弱者自居，"我弱我有理"的处理方式就是理性化的典型案例。

6. 反向

反向在心理学上又称反向作用，是指否认内心的一种行为表现：个体以一种过度夸张的形式来表达受挫后（无法接受内心想法，或不敢正面表达）的观念和情绪，但其与个体真实的想法和情感截然相反，个体便以此来掩盖自己的本意，并达到减轻或避免心理压力的目的。夸大是这种行为反向的显著的特征。

通常而言，人们的行为方向和动机方向是一致的，即动机启动行为，促使行为向满足动机的方向进行。但是，当人们受挫后，其内在动机无法被社会接受。由于他不敢正面表露自己的真实动机，于是就会从相反的方向将其表达出来。反向行为与动机相矛盾，因此会给人过分夸张和做作的感觉。尽管反向可以在一定程度上掩饰个体的真实动机，不过，这种掩饰中包含对压力的压抑，如果长期运用这种方法，个体的自我意识就会从根本上被扭曲，使动机与行为脱节，进而造成心理失常。

综上所述，防御机制多种多样，无论是积极的还是消极的，都是人们在面对压力或挫折时的态度。不同之处在于积极的心理防御机制是在促进个体成长和发展的基础上应对挫折，而消极的心理防御机制只能起到暂时平衡心理状态的作用，不能让个体直面挫折，更不能从根本上消除挫折，也不能帮助个体提高社会适应能力和应对挫折的能力，对其今后的发展是不利的。因此，大学生应当学会合理运用心理防御机制，多采用积极的心理防御机制，直面挫折，积极应对，战胜挫折，促进身心的全面发展。

课堂活动

回想你的求学经历，有没有哪一件事给你带来挫折？挫折对你产生了怎样的影响？你是如何防御的？试着想一想并写出来，帮助自己找到更好的方法去面对挫折。

第三节　在逆境中前行——如何应对压力与挫折

巴尔扎克说过："世界上的事情永远都不是绝对的，结果完全因人而异。苦难对于天才来说是垫脚石，对于能干的人来说是一笔财富，对于弱者来说则是万丈深渊。"人生难免遇到困难、经历挫折，我们该如何应对呢？本书将从认知和行为两个层面探讨应对压力与挫折的策略和技巧。

一、突破困境从内心开始：认知层面

本章的第一、二节在介绍压力与挫折时均提到了认知的重要性，压力的大小是由压力源的客观性和自我认知的主观性共同决定的。也就是说，压力的作用取向受到个体对压力的认知的影响，挫折认知影响个体在挫折情境中的反应。因此，拥有积极正确的认知对于大学生应对压力与挫折是十分必要的。

（一）接纳、面对压力和挫折

压力和挫折一旦到来，就是躲不掉的。有压力和挫折是非常普遍的现象，你只能去接纳它们、面对它们，尝试找到解决方法。首先，学会接纳。例如，大学生升学后发现班上有比自己更优秀的同学，要接受"天外有天，人外有人"的现实，同时也要坚信自己有自己的特点和长处。再如，临近毕业，每一个人都要接受离开校园寻找工作的压力等。其次，学会面对。大学生要承认自己存在有待解决的压力，正面采取行动，坚决向解决问题的方向推进。例如，学习新技能、改变原有的非理性认知或者向他人寻求帮助。

（二）正向认识压力和挫折

既然压力与挫折是无法避免的，那就正面压力和挫折。你会发现，生活中有些人能够较好地应对压力和挫折，而有些人则认为那些微不足道的小麻烦、小挫折难以应付。之所以会产生这种差异，可能是因为后者没有正向理解压力的意义，没有看到压力转化为动力的益处，只看到压力的负面影响。因此，面对压力与挫折时，个体不仅要认识到压力和挫折是难以避免的，还要承认压力和挫折具有双重性，是一把双刃剑，树立正确的压力和挫折观。只有从认知方面入手，正向认识压力和挫折，接纳和面对压力与挫折，采取积极的行为，才有可能有效应对压力与挫折。

这里的认知类似于本书在前面提到的 ABC 理论，即对压力和挫折的认知不同，个体产生的行为和心理反应也会不同。那究竟什么样的认知有利于个体更好地应对压力和挫折呢？正向积极的认知。个体应将压力和挫折看作对自己能力的锻炼或者是对自己需要更加努力的一个警钟，认识到它的积极意义，将其变成人生路上的垫脚石，借其实现自己的梦想和价值。例如，考试成绩比较差时，大学生可以将这件事视作学习上的预警，以提醒自己要更加勤奋刻苦。对压力和挫折积极的认知就是发现压力和挫折情境中的合理之处，以及被你忽略的有益内容，从而找到积极的应对压力和挫折的方式。

案例

古时候，有一位秀才进京赶考，住在城外的一间客栈里。考试前两天，他做了 3 个梦：第一个梦是梦到自己在墙上种白菜，第二个梦是梦到自己在下雨天戴了斗笠还打了伞，第三个梦是梦到自己跟自己心爱的姑娘背靠背躺在一起。他向客栈老板描述了自己做的梦，客栈老板沉思了一会，说："这不是好兆头，你收拾一下回家吧。你想想，墙上种白菜不是白费劲吗？下雨天你又戴斗笠又打伞，岂不是多此一举？与心爱的人背靠背肯定是没戏啊。"秀才听后，心灰意冷，便收拾包袱回家了。

返家途中，在另一间客栈里，秀才把弃考的事告诉这家客栈的老板，老板说："赶紧回去赶考，你一定能考中。墙上种菜，不就是高中吗？你既戴斗笠又打伞，这不是双保险吗？与心爱的姑娘背靠背，说明你翻身的时候到了。"秀才听后，非常高兴，精神抖擞地去考试，结果中了探花。

可见不同的认知会导致不同的结果。而积极的认知与行为一定会帮助我们更好地应对压力和挫折。

（三）提高幸福基线

心理学家认为，个体都拥有一条与生俱来的幸福基线，也可以称作快乐基线，它是呈螺旋形发展的。每个人受出生环境、生活经验、遗传基因等因素的影响，拥有属于自己的特有的衡量幸福程度的基线。这个基线大致在我们 3 岁以前就确定下来了。有的人的幸福基线天生就比一般人的幸福基线高，也有的人的幸福基线天生就比他人的幸福基线低，但是无论每个人的生命中发生过怎样的刺激事件，情绪有过怎样的起伏，我们大多数人最终都会逐渐回到自己的幸福基线上。很多人认为，仅凭一些外在因素的改变就可以让人变得快乐幸福起来，如考上理想大学、获得奖学金、找到好工作、中了彩票、获得成功等；而许多需求的不能满足会使人闷闷不乐，如求职受阻、学业无成、失恋等。的确，很多外在因素的改变会在短时间内让你体会到很高的幸福水平，但这种快乐和幸福很难持久。一项通过对比彩票中奖者和车祸截肢者的快乐和幸福感的研究表明：当幸运和灾祸到来之初，这两类人的幸福感确实有很大的差别；但 6 个月后进行第二次测试时，这两类人的幸福感几乎处于相同的水平。这一现象背后的心理机制就是，人天生具有适应性。

我们的快乐和幸福感不是由外部因素决定的，主要是由个体的心境决定的。从图 8-4

可以看出，每个人有不同的幸福基线，不管发生多大的事，一段时间后，其快乐和幸福的水平就会回落到幸福基准线附近。幸福基线是可以调整的，调整的方式就是调整个体的期望值。因此，提高幸福基线最重要且最有效的途径就是改变认知，即改变个体对压力和挫折的认知。

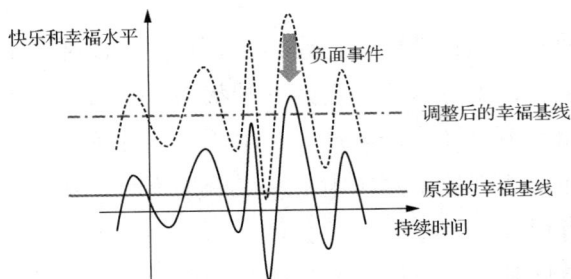

图 8-4　人的情绪状态

二、摆脱逆境用行动实现：行为层面

应对压力和挫折不仅需要个体接纳和正向认识它们，还要个体付诸行动，在实践中解决问题。下面将介绍几种具体的应对压力与挫折的方法，大家可以了解并尝试运用。

（一）直接应对压力与挫折

个体在面对压力与挫折时，应有意识地为改变压力困境或挫折情境做出努力，聚焦于压力本身，关注于当前的问题。个体通常可以通过面对、折中、退缩3种直接应对方式来实现相应目标。

（1）面对。面对可以是前文提到的在压力和挫折情境中承认它们的存在，也可以是"时刻准备着"，比如积累时间、财物、人力、技能等各种资源，提前意识到潜在的压力和挫折，并做出切合实际的计划，也就是心理学上所谓的前摄性应对。

（2）折中。当个体不能得到预期的结果时，就要在最初的目标上有所让步，通过折中来减轻或缓解压力。

（3）退缩。与消极防御机制的退行不同，退缩属于积极防御机制，其是指在某些情况下，个体从压力和挫折情境中退缩出来，属于积极而现实的反应。退缩是在接纳和正向面对压力后，个体意识到自身没有办法有效地改变自己或压力和挫折情境，也无法折中，为了避免受到更大的危害而采取的方法。比如遇到歹徒时，我们选择逃跑就属于退缩。

（二）寻找社会支持

那些能够提供社会支持的朋友和家人为我们构筑了一个牢固的依靠，有助于我们缓解压力，保持身心健康。研究表明，社会支持可以使个体的内分泌系统、心脏和免疫系统发生生理变化，进而影响个体的健康状况。

我们都会有这样的感受：当压力出现时，大多数个体会记得一些人，包括向自己提供好的建议（信息支持）的人、帮助自己感觉好转（情绪支持）的人、协助自己完成繁重的工作或给予经济援助（较直接的支持）的人，或只是与自己待在一起（归属支持）的人……因此，社会支持对个体应对压力和挫折具有重要的帮助和支持作用，这是在自身资源不足以顺利应对压力和挫折时的一种强有力的外界力量，足以支撑个体跨过一道道坎。

（三）增强复原力

复原力，有的心理学家也将其称为还原力，是一种"反弹"能力，即个体在经历了极端或长期的压力环境后，恢复自信的良好精神状态以及重新充满希望的一种能力。例如，在不良环境（极端贫穷、被父母虐待等）中成长的孩子，有些长大后成长为社会适应性良好的成年人，而有些则处于困境中，一生麻烦不断。那些成长为社会适应性良好的成年人的孩子就具有很强的复原力。那么如何增强复原力呢？除了冷静面对和预判可能发生的意外情况，合理利用已有资源避免或减少压力或挫折导致的不良影响之外，我们还可以从以下两个方面入手。

1. 寻找意义

具有坚定的价值观和坚韧的人格的个体在艰难时期依然能找到生活的意义。德国社会学家、哲学家马克思·韦伯说："人是悬挂在自己编织的意义之网上的动物。"当困难来临时，不要把自己当作受害者，只是去抱怨"为什么是我"，相反，你应该从困难中发现意义与启示，让自己受益，这也会让眼前的日子不再那么难过。

扩展阅读

你不知道的诺贝尔奖

你一定听说过诺贝尔奖，可是你不一定知道它的由来。诺贝尔奖的由来是一个具有寻找意义的故事。

阿尔弗雷德·伯纳德·诺贝尔，瑞典的大富翁，他以卖火药发家，生意遍及全欧洲。当他的哥哥路德维希因心脏病去世时，报纸把他们俩搞混了，以为是他死了。大家认为他靠发明新的、有效的、威力更大的枪支器械赚了大钱，纷纷登出"死亡贩子已死"之类的大标题。

当他看到人们是如此评论自己的时候，觉得既伤心又惭愧，决心要扭转这一局面。于是在1895年11月27日，诺贝尔立下遗嘱，死后将变换为现金的财产全部捐出，成立一个基金，用每年的利息，授予5位在物理、化学、医学、文学领域和世界和平领域有贡献的人，以作鼓励，这就是著名的诺贝尔奖。

2. 灵活变通：利用既有资源，发挥应变能力

当身处困境时，我们要分析现有资源，发挥个体创造力，探寻他人没有发现的途径，变压力为动力，以达到意想不到的效果。如电影《美丽人生》中的男主人公就是灵活变通地借用他人的资源，营造求婚现场，迎娶了心爱的妻子；之后，他又变通地在恶劣的环境中让儿子看到了胜利，保住了性命，获得了自由，得以与母亲团聚。

（四）信仰坚定，树立远大理想

19世纪英国著名社会改革家塞缪尔·斯迈尔斯在《信仰的力量》一书中这样描绘道："在最危险的情形下，最虔诚的信仰支撑着我们；在最严重的困难面前，也是虔诚的信仰帮助我们获得胜利。"现代社会中有很多时代楷模、榜样，他们因为爱国爱家、爱岗敬业的信仰，顶住压力，投身社会主义建设的洪流中，为实现中华民族伟大复兴的中国梦或夜以继日地奋战在一线，或不畏艰难困苦勇往直前，或不惧生死，义无反顾……他们怀着全部的爱投身到崇高的信仰和远大的理想中，在充实忙碌的节奏中将压力转化为动力，让压力在实现理想的过程中得到释放。

健康心理学家在信仰能降低压力和促进健康方面做了很多研究，发现信仰坚定的人

群，健康水平较高，抑郁水平明显低于没有信仰或理想追求的人群，这可能是因为相似相近的信仰和理想使得相似的人们走到一起，提供了一个社会支持系统，而社会支持系统对压力的积极作用已经被证明；也可能是因为有了信仰和理想，个体会有规律地从事相应的活动，这也提高了个体的控制力，降低抑郁水平，从而使个体拥有积极的情绪。心中有信仰，脚下有力量——这也是时代赋予信仰与理想的力量！

（五）增强利他主义

利他主义是人的社会属性，这一概念最早出现在哲学（伦理学）范畴，指个体在特定的时间和空间内，以牺牲自己的适应性来提高另一个个体的适应性的表现。心理学家通过研究发现，帮助他人是一种有效的减压方式。当我们伸出手给他人以帮助时，个体可以从自我的压力问题中暂时摆脱出来，而利他的过程也使得个体能调节低落的情绪，感受到利他带来的快乐，消解丧失感、忧伤或愤怒等情绪，使压力感、挫败感转变为建设性行为。

因此，利他主义通过个体的行为增加了个体与社会、与他人的交往，帮助个体建立了有利于自身发展的社会支持系统，调节了情绪，从而实现了降低或缓解压力的可能。

（六）拥有健康乐观的生活方式

心理学家一致认为健康的体格是应对压力的基础，进行那些保证身体健康的活动有助于应对压力和挫折。

（1）合理饮食。个体，尤其是大学生需要营养丰富的健康饮食。所谓营养丰富，最基本的要求就是一日三餐，荤素搭配，不暴饮暴食。

（2）作息规律。因个体的差异性，每个个体都有自己的生物钟。首先，个体可以看看自己在一天中的何时精力比较旺盛，在精力最充足的时候去处理最重要的事，其他时间去做次要的事情。其次，个体要知道生物钟掌管着我们的作息，所以它越稳定、越规律，我们就能越有计划、规律性地做事。因此，养成健康的作息规律，对保证身体的健康来说是十分重要的。

（3）适当锻炼。经常进行有氧运动对于保持身体健康的重要性早已被大家熟知。心理学家也通过研究证明了，有氧运动有助于应对压力和挫折，能增强活力和精力。慢步、快走、游泳等有氧运动可以提高自信、降低抑郁程度、改善睡眠质量，进而起到降低压力的作用。

（4）培养幽默感。心理学家发现，幽默是一种降压效果良好的再评估方式。这是因为幽默营造了一种心境，能够调动积极情绪，同时在大笑的过程中，内脏在前仰后合的锻炼中也得到了"有效的按摩"，增强了内脏的功能。幽默让"一切美好的出现"成为可能。因此，大学生应培养幽默感，形成乐观的心态，用笑容驱走阴霾。

课堂活动

应对考试压力

期末考试前两周，你有两篇论文要写，4 门课程要复习，一项学生活动要组织，你感到时间紧迫，"压力山大"。面对压力，你会怎么做？请写出来并与大家分享。

技能学习

这里有一些应对压力的小妙招，不妨试一试。

1. 数数法

紧握拳头慢慢地从 1 数到 60，当你数到 40 之后，每数一声就更用力地握紧拳头；即使你的手已经握得很痛了，而且越来越痛，你还是要将拳头越握越紧，直到数到 60 为止。然后慢慢地让紧握的拳头松开，松开时注意心里快乐的感觉，想想你的疼痛和压力在这时候完全消失。

2. 转移法

把注意力转移到自己感兴趣的事上，如外出散步、看电影、看电视、读书、下棋、找朋友聊天、换一个环境甚至蒙头睡一觉等。这些都能帮助你让情绪平复下来，暂时性地缓解压力，帮助你调整身心状态，以更好地应对压力。

3. 运动法

如果只是一般压力，建议进行普通的运动即可，例如慢跑、做瑜伽、骑单车、游泳等舒缓型有氧运动。如果压力感受强烈，个体就可以尝试进行剧烈运动，例如快速跑步、长跑、踢足球、打篮球、打排球等比较激烈的运动。

4. 培养动手的爱好

与转移法的性质类似，培养动手的爱好能通过转移注意力来缓解压力，尤其是能缓解焦虑情绪。与前文的转移法不同的是，转移法大都是被动接收，而培养动手的爱好是主动出击。在生活中培养一个动手的爱好，例如书写（写作、写信、写日记、写心得）、练书法、绘画、做手工等这些爱好既可以使你有意义地安排自己的闲暇时间，又可以给你找一个解压的"好朋友"。

本章小结

（1）压力是产生于个体无能力、无资源应对"外在需求"时的一种非特定的生理反应。

（2）压力源又称应激源或紧张源，是指任何能够被个体知觉并产生正性或负性压力反应的事件或内外环境的刺激。通俗来说压力源就是诱发紧张感或威胁感（压力）并要求个体做出改变或调整适应的环境。

（3）压力下的身体反应分为警觉阶段、抗拒阶段、衰竭阶段 3 个阶段；心理反应体现在认知、情绪、行为 3 个方面。

（4）挫折的内涵可以从挫折情境、挫折认知、挫折反应 3 个方面来理解。

（5）心理防御机制包括积极心理防御机制和消极心理防御机制。

（6）应对压力与挫折要改变认知，积极行动。

思考题

高中时，小雅学习成绩优异，一心想要报考名牌大学，但因高考时发挥失常，她被非心仪的大学录取了。入学时，她因成绩名列前茅，进入专业实验班。她自认自己成绩优秀，同学们都不如自己，加上没有考上心仪的大学有懈怠情绪，多种原因导致她对学习不是很上心，结果在期末考试中，她的成绩位居班级末尾。小雅想来想去都很难过，甚至有时会因此失眠。如果你是小雅，会怎么做呢？

推荐资源

1. 书籍：《平凡的世界》（路遥著，北京十月文艺出版社于 2021 年 6 月出版）

本书获 1991 年第三届茅盾文学奖。作者路遥用朴实的语言为我们描述了黄土高原上平凡的故事。主人公面对生活中的各种磨难时的抗争精神，使我们震撼和感动，也让我们明白，我们能通过努力让自己平凡的人生充满不平凡的经历。

《平凡的世界》这部作品自始至终充溢着一种蓬勃向上的自我觉醒力量。主人公孙少平坚信贝多芬的那句"我要扼住命运的咽喉，它绝不会使我完全屈服"，正视苦难并在苦难中不断锤炼自我，一直朝着不平凡的人生努力。孙少平的生活经历让读者从心里感谢命运和生活对自己的厚爱，更让读者明白，强者是在多舛的命运中一步步历练和成长起来的。

2. 电影：《中国合伙人》（黄晓明、邓超、佟大为等主演，2013 年上映）

该电影讲述了主人公成东青参加了 3 次高考才考上大学，在大学患上肺结核，在大学图书馆追女孩子，因为到外面教课被学校处分，出国留学美国被拒签，在废弃的工厂办补习班，和另外两个哥们儿一起创业，和美国人打官司，最后使自己创立的公司在美国纽约证券交易所上市的故事。

我们在人生中总会遇到压力和挫折，是逃避还是面对，是退缩还是坚持，走进电影，感受主人公的跌宕人生吧。

3. 电影：《囧妈》（徐峥等主演，2019 年上映）

强势的老板徐伊万和合作伙伴兼妻子张璐结束了失败的婚姻。由于某种心理作祟，他试图阻挠前妻在海外重新创业。因护照原因，他阴差阳错地和母亲坐上了开往俄罗斯的 K3 次列车。故事就此展开……

　　推荐理由：工作、爱情、亲情……当你不得不面对自己在家庭生活中一直逃避的问题时，你会发现生活原不是你想象中的样子，你也不能按照自己拟定的状态塑造你面前的任何人。正视它、面对它、接纳它，也许就是面对压力和生活的最好方法。

第九章

珍爱生命——大学生生命教育与危机应对

🕊 导言

十月怀胎，一朝分娩。生命的孕育、诞生需要经历 300 多天，在父母、家庭无尽的美好的期待中，新生命呱呱落地。之后，从只知吃喝拉撒、睡觉哭泣，到三翻六坐八爬，再到蹒跚学步、奔跑如飞，从咿呀学语到口齿伶俐，从和父母手牵手走进幼儿园，到中学尝试摆脱家长和老师的各种束缚，再到展翅高飞，我们经历了生命的幼小、懵懂与成长。

步入大学，我们收获了祝福、鲜花、掌声，我们证明了自己。但同时，我们离开父母、离开家庭，无数的未知等待着我们：学业、友谊、爱情、兼职、就业、自立等。我们发现，往昔的荣誉、成绩不再骄人，昔日的学习、人际经验也不再适用。我们面对的是一片新的领域、新的环境、新的人生。我是谁？我从哪里来？我到哪里去？生活的意义是什么？我如何过好我的一生？通过本章学习，你可以：

◇ 知道生命的由来，了解生命的意义；

◇ 了解心理危机是如何产生的，掌握危机预防干预的方法；

◇ 培养自助互助意识。

✏ 导入案例

"老师，我现在就只是在活着，不知道哪一天我可能就彻底放弃了。"小雷是一位大一学生，在和咨询师的第一次会面中说道。"我初高中就有轻生想法，我是真的不知道活着是为了什么！"小雷是家里的独生子，父母对其要求比较严格，尤其在学习和生活方面。父亲曾无意中说道"你咋干啥啥不行呢？"。这句话一下子击中了小雷，成为他脑海中无法抹去的"诅咒"。进入大学后，小雷人际关系不顺利，学习上也不那么突出，轻生念头再次萌生。

第一节　生如夏花之绚烂——生命及其意义

罗曼·罗兰曾说，世界上只有一种英雄主义，就是在认清生活的真相之后依然热爱生活。究竟什么是生命，生命的意义又为哪般？如何过好这不能重复的一生？本节将与你一起探索这些问题的答案。

一、对酒当歌，人生几何：生命的过程

生命是有机体的存在形式。生命的概念在不同学科具有不同的含义。生物学意义上，生命是具有不断自我更新能力的、主要由核酸和蛋白质组成的多分子系统，它具有自我调节、自我复制和对体内、外环境选择性适应的属性。生物学意义上的生命更多地强调了生命的自然性。在宇宙的发展变化过程中，自然出现的存在一定的自我生长、繁衍、感觉、意识、意志、进化、互动等现象的物体包括由生化反应产生的能够自我复制的氨基酸结构，以及真菌、细菌、植物、动物（人类）等，所有这些都是生命的具体表现形式。

作为高级动物，人的生命具有 3 种形态。

（1）生理性实体生命。即人作为生物体这一存在形式，具体表现为蛋白质、DNA、碳水化合物的组合，是具有进食、代谢、排泄、呼吸、运动、生长、生殖和反应性等功能的系统。

（2）人际性社会生命。马克思主义认为，人的本质不是单个人所固有的抽象物，在其现实性上，人是一切社会关系的总和。人一生处于家庭、学校、单位等不同的社会环境之中，需要与他人、社会进行联系、交往、合作。每个人都不是一座孤岛。我们可以从与他人、社会的联系中得到衣食住行等各种生活的便利，获得生活的满足、幸福，同时也为他人提供了服务、便利，为社会创造了财富。从这个角度出发，生命虽然是"我"的，但又不完全是"我"的。生命具有人际性、社会性等特点。

（3）超越性精神生命。人之所以为人就在于人有高于动物的意识活动，拥有可以超越生理性生命的吃、喝、拉、撒、睡、性等本能需要的心理世界。我是谁？我从哪里来？我到哪里去？我该如何生活才会有意义？这些问题都要依托于人的心理世界。会思考、有思想、有精神是人之所以为人的高贵之处，也是"我"之所以为"我"的独一无二之处。有价值、有意义的人生会带给亲友、他人、社会以财富、思想或者影响，这种生命将是穿越时空的。

🏠 扩展阅读

生命的特点

1. 唯一性

生命的唯一性是指生命的独特性。我们不可能在世界上发现两片同样的叶子，也不

可能找到两个一模一样的人。唯一性不仅指外表和遗传因素的独一无二，也包括个人心理的独特性和人生经历的独特性。个人心理的独特性指每个人的智力、情感、态度、性格等都是不同的；人生经历的独特性指每个人所走的人生道路和所拥有的人生体验都是不同的，这是个人的社会化或教育的不同造成的。在生活中，有人觉得自己就像茫茫大海里的一粒沙子，普通得不能再普通了，但是对于每个生命来说，自己是唯一的、独特的，在整个宇宙里也是独特的。

2．不可逆性

生命的不可逆性是指生命不可重复，就如同流水，只能往前走，不可向后退。正如古希腊哲学家赫拉克利特所说："人不能两次踏入同一条河流。"很多人会有一个不好的习惯：等明天吧，等放暑假的时候我一定怎么怎么样。有时候，生命就在这般虚度中耗损，因为过去只能成为过去。个体不要因为年轻就浪费自己的生命，也不要因为年老而抱怨生命的短暂，重要的是珍惜当下。

3．有限性

人的生命是有限的，最终会不可避免地走向死亡，因为死亡也是生命的一部分。按照存在主义的观点，人类在潜意识中会有对死亡的焦虑，正因为如此，人们才会进行职业生涯规划，让自己有限的生命变得更充实、更有价值。人不可能改变生命的长度，但可以改变生命的宽度。要改生命的宽度，人们首先要知道对自己来说什么是最重要的。许多时候，人们只有在经历较大的灾难后才能意识到什么对自己来说是最重要的，有的人只有失去了才知道珍惜。

4．创造性

人类的大脑是任何生物都不能比的，其他生物都会受制于本能，人类却具有创造性。人类的创造性在于可以对限制其潜能发展的外在因素采取行动，可以主动改变这个世界，可以让这个世界发生变化，展示出新的面貌，因而可以让个体有所成就，进而促进人类文明的进步和社会的发展。这也是人类生命最有价值的地方。李开复曾说："想象一个没有你的世界，对比有你的世界和无你的世界，让世界由于你的态度与选择发生有益的变化。"在这种因为"你"而发生的变化中，起主要作用的就是人的创造性。

二、解落三秋叶，能开二月花：生命的意义

案例

关于生命的意义的讨论

一次心理健康课上，老师问大家："你们为什么而活？你曾经思考过生命的意义吗？"同学们的回答五花八门：

"为了传宗接代，延续香火，孝顺父母。"

"为了找个好工作，挣更多的钱，实现自己的梦想。"

"为了经历苦难，磨炼自己。"

"为了服务他人，为社会和国家做贡献。"

……

很多人都曾思考过"生命的意义是什么"。生命的意义是一个关于人类存在的目的与意义的哲学问题。大学生正处于对生命感到好奇且充满迷茫的阶段，找到自己生命的价值和意义，可以让大学生更加清楚未来的道路，让人生更丰富。

（1）生命的意义在于奋斗。少壮不努力，老大徒伤悲。生长、发育、消亡是生命的基本过程，生命包括无数的生活事件，成功与失败并存、酸甜苦辣皆有才是生命的常态。健康生活，自尊自爱，自立自强，正确面对失败、挫折和苦难，永远乐观地面对生活是生命的本来含义。在此基础上，发挥出生命的最大价值，珍惜时间，努力学习，拼搏奋斗，勇于尝新，在打拼奋斗的过程实现自己的人生价值，是大学生对生命的最大尊重。

（2）生命的意义在于创造。生命具有唯一性、创造性，作为独一无二的"我"，要活出"我"的价值。身处政治多极化、经济全球化、社会信息化的时代，身处大学校园，有学者老师讲课，有浩瀚图书陪伴，有时间精力支配，大学时期是大学生一生中最美好、最自由、最关键的时期之一。大学阶段，我们可以充分利用师长、图书、时间等资源条件，学习专业知识，参加学科竞赛，拓展知识面，增强创新精神和提升创新能力，培养批判性思维和跨学科思维。我们可以积极地参与团体活动，发挥自身的兴趣和才能，在实践中提高自身的综合素质和能力，既仰望星空，又脚踏实地。我们可以关心时事，多读书、多思考、多交流，学思结合，培养自身的国际化视野和尊重多元文化的博大胸怀，全面发展自己。

（3）生命的意义在于爱和奉献。在发展自己、完善自身的基础上，大学生要尊重、珍爱别人的生命、生活，甚至包括动物的生命。我们都是在父母、师长等他人的关怀、关爱下成长起来的，我们要换位思考，培养同情心，提升共情力，奉献我们的爱。爱父母、爱亲戚；爱朋友、爱师长、爱认识的人；爱他人、爱陌生人；爱社会、爱国家、爱民族、爱人类，为他人、社会、国家乃至全人类做自己力所能及之事，有一分热，发一分光，在日常生活、公益活动、志愿服务中量力而行、尽己所能，贡献自己的力量，成为有人性的人。这也是我们作为人的应有之义。

课堂活动

书写自己的墓志铭

生命对每个人都是公平的：伟大如秦皇汉武、亚历山大，普通如凡夫俗子、芸芸众生，所有人都会面临死亡，每个人生命的尽头都是一座坟墓。现在，请同学们设想一下自己即将面临死亡。在生命的最后一刻，你要为自己写下墓志铭，以反映自己的一生，供人凭吊。墓志铭的内容可长可短，但至少要包含以下内容：人生的基本经历，年少时的人生目标，在不同时期取得的成就，对社会、家庭和其他人的贡献，对自己的反思。

三、幸福人生的秘诀：幸福生活5要素

在现代社会中，随着科学和医学的进步，人类的平均寿命为70多岁。但是随着生命的长度的扩展，人类最终追求的到底是生命的长度还是生命的意义呢？两者之间应该如何平衡？积极心理学之父塞利格曼教授提出了幸福生活的5要素。

（一）积极情绪

积极情绪包括愉悦、欣喜、入迷、温暖、舒适等，塞利格曼将此作为幸福生活的目标。那么我们如何能够体验更多的积极情绪呢？多品味生活中的好事，就可以让我们获得积极情绪。

（二）投入

投入指的是完全沉浸在一项吸引人的活动中，时间好像停止了，自我意识消失了。塞利格曼将以此为目标的人生称为"投入的人生"。我们可以问自己一些问题来判断自己是否投入，比如"有没有感觉到时间停止？""你完全沉浸在任务中了吗？""你忘了自我吗？"虽然你在投入的过程中并不一定会体验到积极的情绪，但投入确实会让你感到忘我和生活得充实。

（三）人际关系

你上一次开怀大笑是什么时候？上一次喜不自禁是什么时候？上一次感觉到深刻的意义和目的是什么时候？上一次产生自豪感是什么时候？这些问题的答案通常都有一个特点——与他人相关。比如你上一次开怀大笑是和好朋友一起爬山时。好的人际关系意味着你在生活中真正关心别人，也有人真正关心你。心理学家发现，帮助别人是提升幸福感最可靠的方法之一。

技能学习

"3件好事"练习

"问题"会引导我们的思维，我们提出了什么样的问题，就会产生相应的思考方向和查找方向。为了平衡负面偏差带来的不良影响，积极心理学倡导我们关注积极正向的信息，而"3件好事"练习就是被证实的一种有效干预方法。

所谓"3件好事"练习就是每天花几分钟时间记录一下发生在自己身上的3件好事（也可以记录更多事件），这3件好事是让自己觉得快乐，或有意义，或感动、感谢的事情，可以是通过考试、比赛获奖、

扫一扫

3件好事

表白成功这样的"大事"，也可以是日常中读到一段好文字、吃到一道好菜、听到一个好消息这样的"小事"。

（四）意义

有意义的人生意味着归属于某些超越你自身的东西，并为之奋斗，比如一个人的理想，为理想而奋斗就是一种意义。

（五）成就

成就的长期形式是"成就人生"，即把成就作为一生追求的目标。从这个角度看，成就和幸福之间并不矛盾，获取成就并非要以幸福的人生作为代价。获得成就能够使人产生一种自我满足感，不管这种成就是否被社会所认可，这种满足感都会促进幸福的产生。

第二节 于无声处听惊雷——心理危机概述

案例

阿强在一次偶然的机会中对小美一见倾心，并立刻投入了全部感情。小美起初同意跟他相处试试，于是俩人经常一起吃饭、自习。可是相处一段时间后，小美觉得阿强并不是他理想中的伴侣，于是提出分手。阿强一时无法接受小美的离开，仍然跟随小美出入课堂和食堂，并经常给小美发信息以寻求复合。小美的生活因此受到了严重的影响，于是她向辅导员求助。

人们总会遇到各种不如意甚至是挫折，不管是意外、疾病还是"被分手"，都有可能成为我们生命中的危机，给我们的心灵带来冲击。大学生常见的心理危机有哪些？大学生心理危机的产生机制是什么？大学生如何预防和应对心理危机？本节我们将一起了解相关知识。

一、危险还是机遇：危机和心理危机概述

危机是指个体或群体无法利用现有资源和惯常应对机制加以处理的事件和遭遇。危机往往是突发的，超乎人们的预期，如果心理危机不能很快地得到控制和及时缓解，就会导致人们在认知、情感和行为上出现严重的功能失调。

心理危机更强调危机事件给人的心理带来的巨大冲击。最早提出心理危机概念的是美国心理学家卡普兰，他认为，当生活中出现重大变故时，个体的心理平衡状态就会被改变，由于内心的紧张感不断积累，从而出现无法应对，甚至思维和行为紊乱的情况，最终进入一种心理失衡状态，这就是心理危机状态。简言之，心理危机指个体面临自然、

社会或个人的重大事件或处于应激状态，个体既不能回避，又无法用通常解决问题的方法来处理时，所出现的心理失衡状态。心理危机不是一种疾病，而是一种正常的反应，具体包含以下几个要素。

（1）发生了具有重大心理影响的生活事件。

（2）会引起急性情绪困扰或认知、躯体和行为等方面的改变，但均不符合任何精神疾病的诊断标准。

（3）当事人用平常解决问题的手段应对无效。

"危机"一词其实包含两方面的内容："危"代表危险，"机"代表机遇。所以，危机并不是一个纯负面的词。大家既要关注危机可能带来的危险，更要看到危机中隐藏的机遇。

二、突发还是累积：大学生心理危机的特点

学业压力、情感纠纷、突发公共事件等都可能导致大学生产生心理危机。大学生心理危机具有如下特征。

（一）普遍性

大学生处于青春期晚期，人生观、世界观和价值观没有完全成形，自我同一性没有最终确立。从一定意义讲，每个大学生都会遇到心理危机。学习、工作、生活中的"小问题"都可能给大学生的心理带来冲击。从心理学角度看，这一非正常、非均衡的心理状态是一种正常的生活经历，并非疾病。心理危机表明个体正在努力抗争，力求保持自身与环境间的平衡。虽然心理危机是不可避免的，但是大学生通过设定目标、形成计划、妥善处理，是可以顺利度过心理危机的。

（二）复杂性

造成大学生心理危机的原因可以是生理的，如生理方面的成长与变化、疾病等；也可以是心理的，如需求、价值、个性等；还可以是社会性的，如文化方面的变革与冲突、突发公共卫生事件等。大学生心理危机的来源可以是外部的，如环境的要求与压力；也可以是内部的，如个体生理和心理的变化与要求。从过程来看，造成大学生心理危机的原因可以是突发性灾难，如交通事故；也可以是一系列事件的日积月累，如人际关系恶化。种种问题极容易形成困扰性或逆反性心理冲突，尤其当大学生受到重大应激事件的重创时，其对现实、自身的迷惘、误解、困惑等都会凸显出来，并演化成心理危机。

（三）差异性

心理危机既是危险，又是机会，危险与机遇并存。对不同的大学生而言，心理危机具有不同的效果。面对完全相同的环境或事态，不同的人的表现不同。如果在心理危机

状况下，个体成功地把握心理危机或及时进行适当有效的干预，个体可能会从中学会新的应对技能，使得个体不但重新得到了心理平衡，而且获得了心理的进一步成熟和发展，对个体来说，这样的心理危机就是机遇。如果心理危机过于严重，影响到了正常的生活，个体可能会采用不恰当的方法进行应对，从而导致个体心理社会功能的下降，甚至出现精神崩溃等情况，这样的心理危机就是危险。差异性的存在并不是让个体轻视甚至无视心理危机，而是个体要加深对心理危机的认识。

（四）动力性

动力性指在发生大学生心理危机的过程中，焦虑和冲突情绪导致的紧张迫使大学生积极寻求帮助，打破自身原有的心理定式或习惯，为自身做出改变提供了动力。心理危机是大学生成长的机会或催化剂，促使大学生寻求新的解决问题的方法，增强大学生对挫折的耐受性，提高大学生对环境的适应能力，从而将心理危机转化成为个体成长的契机。动力性的实质就是"祸兮福之所倚，福兮祸之所伏"。心理危机能否产生动力因人、因压力大小而异，大学生不可为了追求把危机当作成长的机会而拒绝向他人求助。

（五）时代性

时代性是指大学生在当下时代背景下产生的心理危机所具有的特点。身处政治多极化、经济全球化、社会信息化的时代，作为"互联网原住民"，当代大学生思想意识多元、多样、多变，思维开阔。但海量信息的存在、物质世界的丰富也给其精神、娱乐、选择带来了不良影响。自控能力低、三观不稳定的大学生容易被虚拟的网络世界所迷惑，患上"自闭症"或活在"佛系""宅""躺平"的世界中不能自拔。

三、偶然还是必然：大学生心理危机分类

大学阶段的学习、工作、日常生活、人际交往、就业择业等问题都是大学生需要面对的，如果处理不当，就会引发心理危机。那么，大学生心理危机主要包括哪几类呢？

心理学家布拉默把心理危机分为发展性心理危机、境遇性心理危机和存在性心理危机3种。

（一）发展性心理危机

发展性心理危机指涉及生理、心理的发展变化的心理危机。这类心理危机一般出现在大学生成长过程中的重大转折点、转折时刻，在这个时刻，外界对大学生的要求往往出现重大变化。发展性心理危机有3个特点：第一，持续时间短，但影响较大；第二，容易发生一些消极现象，如厌学、人际冲突或情绪冲动等；第三，发展性心理危机如果成功解决，则会成为大学生走向成熟和完善的阶梯。

（二）境遇性心理危机

境遇性心理危机是指突然发生、出乎大学生预料并且大学生难以控制的心理危机。

境遇性心理危机一般由各种外部环境造成，如遇到突发的外部事件（亲友突然亡故、与他人偶发的矛盾冲突等），或突然的侵犯和恐怖事件（遭到强奸、抢劫和暴力侵犯等）。这些事件是大学生本人无法预料的和难以控制的。

（三）存在性心理危机

存在性心理危机是指大学生因为生命的存在性问题而产生的心理危机。我国学者石中英曾总结了人的一生中所必须面对的存在问题：死亡、自由、有限、孤独和自我认同。大学生处于青春期晚期，其世界观、人生观、价值观正处于形成期，大学生会对以上问题不断进行探索、思考。如果受到不良文化的影响或自身遭遇不被公平对待甚至拥有不幸的生活经历，大学生就容易产生悲观、失望、极端的心理。

四、心理危机的来由：大学生心理危机的产生机制

心理危机的产生是一个复杂的过程，心理危机往往并非单一因素导致。从通常情况来看，心理危机的产生是应激源因素和个体易感性因素共同作用的结果。

应激源即能引发应对反应的刺激或环境需求，也就是能引发心理危机的事件，比如被嘲笑可能就是一个应激源。但事件本身不一定会直接引发心理危机，个体的认知和应对能力等因素还要发挥作用，即个体易感性因素。个体易感性因素是指容易引发应对反应的个体因素，包括个体的性格特征、应对方式等，例如特别敏感和内向的人在被嘲笑的时候，比外向的人更容易产生心理危机。

同样的事件发生在不同的人身上，其结果会不一样。比如，A 和 B 同时失恋了，A 的朋友比较多，失恋后有很多人安慰他，同时 A 又是一个乐观的人，那么 A 因为失恋这件事情而产生心理危机的可能性就比较小。而 B 恰恰相反，B 是一个性格孤僻的人，本身没什么朋友，对待社会和恋爱的态度又比较消极，还有人因为他失恋了嘲笑他，因此 B 产生心理危机的可能性就比 A 要大。

大学生心理危机的应激源因素和易感性因素具体包含哪些呢？

（一）应激源因素

大学生已进入青春期晚期，正处于生理发展的基本成熟和部分心理发展相对滞后的特殊时期，人生观、价值观和世界观逐渐成形，心理状态还不稳定，容易受到外界的各种因素的影响而产生心理危机。大学阶段也是种种人生压力相对集中的阶段，当问题发展到一定程度而大学生不能克服和有效解决时，大学生极易做出自伤、自尽或伤人等事件。当前引发大学生心理危机的具体问题有以下几个方面。

（1）学习压力和对大学环境的不适应。

（2）一些长期的、慢性的身体疾病，或者突发的严重身体疾病。

（3）情感问题，如失恋的打击、三角恋的纠纷等。

（4）心理障碍和精神疾病，典型的如抑郁症、焦虑症等。

（5）就业形势严峻，且未进行职业生涯规划。

（6）人际关系问题，如被孤立、和别人发生冲突等。

（7）家庭问题，如丧亲、家庭经济条件突然变动等。

（8）自我相关的问题，如自卑、不自信等。

（二）个体易感性因素

个体遇到的问题并不一定会导致产生心理危机，就像我们现实生活中一样，并不是每一个失恋的人都会想不开，也并不是每一个找不到工作的人都会报复社会，绝大部分人都能从阴霾中走出来。而让人从阴霾中走出来的决定性因素就是个体易感性因素。通常情况下，个体易感性因素主要有以下4种。

（1）认知方式。个体对自我及周围环境的认知方式、对外在事件的认知方式在个体应对应激源因素的过程中起着重要作用。例如归因风格，有的人习惯把失败归结为自己的原因，而把成功归结为运气，这类人就比较容易产生心理危机。还有的人习惯使用负性思维模式，看问题只看到消极的一面，在遇到压力和挫折的时候也易发生心理危机。

（2）应对方式。应对方式又称应对策略，是个体在应激期间处理应激情境、保持心理平衡的一种手段。有的人遇到问题会积极想办法解决问题，而有的人会选择回避问题，有的人会寻求他人的帮助和支持来解决问题，而有的人宁愿自己独自解决问题。相比之下，习惯于回避问题和独自解决问题的人易发生心理危机。

（3）社会支持系统。社会支持系统即个人可用于整合以充分应对压力和挫折的社会联系。大学生的社会支持系统通常包括家人、同学、朋友、室友、老师和学校各级组织等。个人如果没有一个质量较高的社会支持系统，就容易产生心理危机。

（4）其他因素。其他因素包括过往经历、适应能力和生理条件等，如过去是否有过严重的精神创伤、身体是否患有残疾等。

第三节　兵来将挡，水来土掩——
心理危机的预防和干预

20世纪末，世界卫生组织专家曾经断言，到21世纪中叶，没有任何一种灾难能像心理危机那样给人们带来持续而深刻的痛苦，人类已进入"心理疾病"时代。由此，"能否正确处理心理危机"成为判断新世纪个体健康的重要标准。心理危机不可避免，但如果我们能正确且积极地面对心理危机，就可能将心理危机转化为机遇，使其成为个人成长的契机。

191

一、未雨绸缪：大学生心理危机预防

（一）培养积极认知

对突发事件的认知和在事件中的主观感受在大学生应对心理危机时起着重要的作用。心理危机干预的认知理论模式认为，心理危机产生的原因是对事件的错误思考，是在自身认知方面存在某些不足或消极因素，而不是事件本身或与事件、情境有关的事实。对事件的不同认知会产生不同的心理反应，不同的心理反应对大学生心理危机的解决会产生不同的影响。认知模式通常适用于心理危机状态较平缓、程度较轻、情绪基本稳定的当事人。

例如面对恋情结束时，消极认知的人会认为，一定是因为自己不够优秀，对方才会跟自己分手；积极认知的人会认为，双方分手的原因有很多，自己要想一想在这个过程中收获了什么，还可以在哪些方面继续提高，从而使下一段恋情更顺利。

（二）建立良好的应对方式

应对方式是个人在应激期间处理应激情境、保持心理平衡的一种手段，它会直接影响到心理危机的严重程度。通常情况下，人的应对方式主要有3种类型。

（1）成熟型。这类人在面对应激事件或环境时，常能采取"解决问题"和"求助"等成熟的应对方式，而较少使用"退避""自责"和"幻想"等不成熟的应对方式。这类人在生活中会表现出一种成熟稳定的人格特征和行为方式。

（2）不成熟型。这类人在生活中常以"退避""自责"和"幻想"等应对方式应对压力和挫折，而较少使用"解决问题"这类积极的应对方式，表现出一种回避、害羞的人格特点，其情绪和行为均缺乏稳定性。

（3）混合型。"合理化"应对因子既与"解决问题""求助"等成熟应对因子正相关，也与"退避""自责""幻想"等不成熟应对因子正相关。这类受试者的应对行为集成熟与不成熟的应对方式于一体，在应对行为上表现出一种矛盾的心态和两面性的人格特点。

我们在遇到危机时，应致力于危机的应对，积极了解危机本身，获得对情境的控制，并适时求助他人，这样的应对方式更能让我们将危及转化为机遇。

（三）丰富自己的社会支持系统

社会支持系统通常是指社会各个方面，如父母、亲戚、朋友等给予个体物质或精神上的支持和帮助的系统。

社会支持可以分为两类：客观实际的支持，即实际社会支持，包括物质上的援助和直接服务；主观体验的或情绪上的支持，即领悟社会支持，指个体感到在社会中被尊重、被支持和被理解。其中领悟社会支持通过支持的主观感知这一心理现实影响着个体的行为和发展，更可能表现出对个体心理健康的增益性功能。社会支持能够缓解个体的心理压力，消除个体的心理障碍，在促进个体心理健康方面发挥重要作用。

扩展阅读

没有谁是一座孤岛

作者：[英]约翰·多恩（1572—1631）

没有谁是一座孤岛，

在大海里独踞；

每个人都像一块小小的泥土，

连接成整个陆地。

如果有一块泥土被海水冲刷，

欧洲就会失去一角，

这如同一座山岬，

也如同一座庄园，

无论是你的还是你朋友的。

无论谁死了，

都是我的一部分在死去，

因为我包含在人类这个概念里。

因此，

不要问丧钟为谁而鸣，

丧钟为你而鸣。

二、相机而动：大学生心理危机干预

心理危机干预指对处在心理危机状态下的个人采取明确、有效的措施，帮助其最终战胜心理危机，重新建立或恢复心理危机发生前的心理平衡状态，重新适应生活。成功干预后，个体可以从心理危机中得到对现状的把握，重新认识心理危机事件，并在未来出现类似的心理危机时，有更好的应付策略与手段。

（一）风起于青萍之末——心理危机识别

大学生处于人生的特殊发展时期，对外界充满了探索求知的欲望和热情，但是其心智和情商没有达到足以应对这一过程中可能出现的挫折或打击的成熟程度，因而其心理难免有处于危机状态的可能。郑希付先生在《临床心理学》一书中把大学生心理危机的表现归纳为躯体、情绪、认知、行为 4 个方面，结合后来研究者们的观点，大学生心理危机的表现如下。

（1）躯体方面。个体出现睡眠困难、头晕、胃部不适、食欲改变、体重增加或下降、腹痛、容易疲倦等症状。

（2）情绪方面。个体出现极度焦虑、紧张、恐惧、愤怒等负性情绪体验；易被激怒，持续不断地感到悲伤或焦虑，常流泪，情绪易波动，时而抑郁、时而亢奋；无缘无故地生气或与人敌对。其日记或其他发挥想象力的作品的主题多为无望、孤独、愤怒、绝望等负面内容。

（3）认知方面。个体缺乏理智，知觉改变，记忆力下降，难以深入地考虑问题，不能真正区分事物的异同，不能理清事物之间的脉络，从而难以做出决定；偏激、极端敏感及多疑、难以集中精神、消极想法较多、容易内疚及自责、有强烈的被害感、思想逐渐脱离现实。

（4）行为方面。个体注意力不集中，学习成绩下降，经常缺勤，性格越发孤僻、人际交往明显减少，对任何事都失去兴趣，生活节奏日夜颠倒；酒精或违禁品的使用量增加。行为紊乱或古怪；甚至出现自伤作为。

扩展阅读

创伤后应激障碍指外部发生的严重性死亡、受伤或威胁事件对个体造成内心伤害，但个体外部完整无缺。他人无法看到个体内心受到的伤害，个体自己有时也不能觉察。个体在带有内在创伤工作和生活一段时间后，会在特定时间或场合下出现适应障碍和精神痛苦。创伤后应激障碍的核心症状如下。

1. 闯入性记忆（强迫反应）

个体在清醒或睡眠时，其思维、记忆或梦中会反复、不自主地涌现与创伤有关的情境或内容，创伤记忆强行进入脑海，以闪回或噩梦的形式重现当时的事件场景，使个体不断地重复体验当初的情绪和感觉，其强烈程度也相差无几，创伤性事件好像再次发生一样。

2. 躲避反应

个体努力避免谈论或回忆与经历过的创伤相关的人物和情境，会选择性遗忘，"遗忘"事件细节，和他人保持距离，感到极为孤独，不愿意参加社会活动。

3. 唤起反应

个体表现为过度警觉、容易发怒、容易受惊吓、失眠、紧张不安和焦虑，对小事反应过度，注意力不能集中。

（二）谋时而动，顺势而为：心理危机应对

1. 自助者天助——当自己遭遇心理危机时

一个人遭遇心理危机时，最需要做的就是求助，求助主要分为以下两个方面。

（1）寻求专业帮助。个体遭遇心理危机后，往往会出现一些应激症状，如失眠、情绪低落、胃口不好等。通常情况下，这些应激症状都会在一周内减轻或者消失。如果这些症状持续两周以上，那就说明个体需要寻求专业帮助了，比如寻求心理咨询师或者精神科医生的帮助。

另一个需要注意的是创伤后应激障碍。创伤后应激障碍是指个体经历、目睹或遭遇到一个或多个涉及他人或自身的实际死亡，或受到死亡的威胁、严重的受伤、躯体完整性受到威胁后，所导致的个体延迟出现和持续存在的精神障碍。引发创伤后应激障碍的外部事件包括战争、严重灾害、严重事故、被强暴、受酷刑、被抢劫等。创伤后应激障碍患者多在遭受创伤后数日至半年内发病。个体出现创伤后应激障碍的症状时，也需要寻求专业帮助。

（2）寻求社会支持。个体在生活中遭遇一些危机事件时，如家庭重大变故、身体疾病、失恋等，可以寻求必要的社会支持，如学校、老师、同学等的支持。"三个臭皮匠，顶个诸葛亮"，个体应集众人的力量帮助自己摆脱心理危机。个体要树立一种意识：求助是强者的行为。只有勇于面对问题、面对自己，个体才能得到他人的理解、帮助。

2. 赠人玫瑰，手有余香——当身边的人出现心理危机时

一项对大学生求助行为的研究发现，大学生出现心理危机时，第一时间可能将求救信号发送给自己的朋友和同学。比如，很多大学生都会及时更新微信朋友圈或微博的状态，辅导员和同学往往可以通过这些内容来敏锐识别危险信号。我们识别到这种危险信号之后应该如何帮助身边的人应对危机呢？我们可以借鉴下面的操作。

第一步，保证安全。了解对方所在位置，在做什么，是否安全。如果不安全，尽量劝对方转移到安全的场所。我们可以使用"你可以从窗台上下来吗？/待在那儿别动，我现在马上过来陪你。"等话语。

第二步，表达支持。当同学发生心理危机时，我们要学会倾听，了解和承认对方的想法和感受，不做任何反驳，使用"我知道你遇到了一个坎，此刻很难受。"等话语，而不是"你不能这样想，你这样做值得吗？"同时，我们可以及时向对方表达自己的关心，比如"我知道你现在很困难，不知道我是否能给你提供一些帮助？咱们一定能一起渡过难关的。"

第三步，寻求外界帮助。大学生遇到心理危机时，一定要记得求助。有的同学可能担心会给老师和别人添麻烦，这种想法是不对的。因为生命是第一位的，而且大学生要相信，人们会因为自己帮助了别人而感到幸福和有价值。

3. 危机事件影响群体的自我照顾

危机事件影响群体是指事件目击人、危机相关人（心理学意义上的有替代创伤或次级创伤的人），也就是与当事人有关联的人。因此，危机事件发生时，危机事件影响群体的自我照顾也很重要。

（1）接纳自己的感受。危机事件的目击人，或者与危机当事人社会交往较多的人在危机事件发生时，都会有较强烈的情绪体验，如震惊、不敢相信、悲痛、失眠和做噩梦等，甚至有的人会表现出创伤后应激障碍的症状。因此我们要尊重和接纳自己受到事件冲击而表现出来的一些情绪、举动。

（2）注重情绪疏导，接受过去的一切都无法改变。我们应允许自己表达或宣泄由危机事件诱发的各种情绪。只有情绪得到充分释放，我们才能理智思考。如果自己处理不了，我们还可以求助于心理咨询中心的老师。

（3）相互支持。如果受危机事件影响的是同个群体，比如同宿舍的室友、同学，大家可以建立起相互支持的联盟，比如共同缅怀逝去的同学，在面对悲恸时相互给予支持，互相照顾彼此的生活等。

本章小结

（1）生命是人的存在形式。人的生命具有 3 种形态：生理性实体生命、人际性社会生命和超越性精神生命。

（2）生命具有唯一性、不可逆性和无常性。作为人，首先要珍爱生命，保证生命安全、健康、健全，保证生命的繁衍生息；其次要发展生命，作为独一无二的"我"，要活出"我"的价值；最后要绽放生命，发展自己、完善自身，全面发展自己，成为有人性的人。

（3）危机是普遍存在的，但危机应对的结果因人而异。应对得当，个体可以获得心理的进一步成熟和发展，这样的危机就是机遇；应对不当，导致个体心理社会功能下降，甚至出现精神崩溃，这样的危机就是危险。

（4）心理危机指个体在面临自然、社会或个人的重大事件或处于应激状态，既不能回避又无法用通常解决问题的方法来解决时所出现的心理失衡状态。

（5）大学生心理危机预防的主要方法：培养积极认知、建立良好的应对方式和丰富自己的社会支持系统。

（6）大学生遭遇心理危机时要及时寻求社会支持，必要时寻找专业帮助。

（7）危机事件影响群体的自我照顾包括：接纳自己的感受、注重情绪疏导和相互支持。

思考题

如果你所在的城市或者社区暴发了疫情，对你造成了一定的负面影响，甚至给你带来了心理压力和心理问题，你将如何应对？你会如何规划未来的生活？

推荐资源

歌曲：《怒放的生命》（汪峰作词、作曲、演唱）

"我想要怒放的生命，就像飞翔在辽阔天空，就像穿行在无边的旷野，拥有挣脱一切的力量。"——《怒放的生命》创作于 2005 年，是我国男歌手、音乐人汪峰的代表作。歌曲旋律激昂，铿锵有力，极具感染力、冲击力，展示了作者对生命的诠释和理解，张扬了生命的意义。生命于人只有一次，在有限的生命旅程中，发挥出生命的最大价值，让生命怒放、绽放光彩，是每个人的心声。而想要让自己的生命怒放，就必须有勇气摆脱束缚，像鸟儿一样飞翔在辽阔天空，像千里马一样穿行在无边的旷野，所有的奋斗、努力、进取，无不浓缩在这种精神、追求之中，这就是生命的力量！

参考文献

[1] 姚信. 大学生自我概念发展状况研究[J]. 中国心理卫生杂志，2003（1）：42-44.

[2] 刘嵋. 班级团体心理辅导教程[M]. 北京：清华大学出版社，2015.

[3] 陈捷，图娅，等. 大学生心理健康[M]. 北京：清华大学出版社，2017.

[4] 向群英，黄诚，等. 大学生心理素质教育与训练[M]. 北京：科学出版社，2010.

[5] 陈少华. 人格心理学[M]. 2版. 广州：暨南大学出版社，2018.

[6] 郑雪. 人格心理学[M]. 广州：暨南大学出版社，2007.

[7] 夏翠翠. 大学生心理健康教育（慕课版）[M]. 2版. 北京：人民邮电出版社，2019.

[8] 谭芳. 大学生心理健康教育教程[M]. 2版. 北京：化学工业出版社，2016.

[9] 张将星. 大学生心理健康教育[M]. 广州：暨南大学出版社，2013.

[10] 黄小梅. 大学生心理健康教育[M]. 北京：人民邮电出版社，2014.

[11] 张海鹰. 大学生心理健康教育[M]. 北京：人民邮电出版社，2019.

[12] 莫雷. 教育心理学[M]. 北京：教育科学出版社，2007.

[13] 杨睿宇. 当代大学生人际关系学[M]. 重庆：重庆大学出版社，2014.

[14] 李龙. 大学生心理健康教育[M]. 重庆：重庆大学出版社，2018.

[15] 车绪武. 大学生心理健康教育[M]. 西安：西北大学出版社，2018.

[16] 李爱娟. 心灵之约：大学生心理健康教程[M]. 苏州：苏州大学出版社，2019.

[17] 杨丹. 人际关系学[M]. 武汉：武汉大学出版社，2010.

[18] 陈娟. 大学生心理健康体验与训练[M]. 重庆：重庆大学出版社，2017.

[19] 张英莉. 大学生心理健康教育[M]. 北京：北京理工大学出版社，2019.

[20] 张艳艳. 大学生心理健康教育[M]. 重庆：重庆大学出版社，2018.